现代服务领域技能型人才培养模式创新规划教材

物流信息技术

主　编　王　爽　鲁艳萍

副主编　翟　玲　魏旺兴　张广新

中国水利水电出版社
www.waterpub.com.cn

内 容 提 要

本教材以任务驱动教学的形式，以物流信息化建设中应用到的核心技能为主线渐次展开，分为物流信息技术认知、物流自动识别技术、电子数据交换（EDI）、物流自动跟踪系统、电子商务与物流、数据库技术、典型的物流信息系统 7 个项目，每个项目根据企业应用实例设定若干任务，每个项目后还有以技能应用为核心的技能训练，以期为学生提供一个专业的、实用的、立体的学习指导。

图书在版编目（CIP）数据

物流信息技术 / 王爽，鲁艳萍主编. -- 北京 : 中国水利水电出版社，2014.8
现代服务领域技能型人才培养模式创新规划教材
ISBN 978-7-5170-2220-6

Ⅰ. ①物… Ⅱ. ①王… ②鲁… Ⅲ. ①物流－信息技术－高等职业教育－教材 Ⅳ. ①F253.9

中国版本图书馆CIP数据核字(2014)第140837号

策划编辑：杨庆川　责任编辑：张玉玲　加工编辑：夏雪丽　封面设计：李　佳

书　　名	现代服务领域技能型人才培养模式创新规划教材 物流信息技术
作　　者	主　编　王　爽　鲁艳萍 副主编　翟　玲　魏旺兴　张广新
出版发行	中国水利水电出版社 （北京市海淀区玉渊潭南路 1 号 D 座　100038） 网址：www.waterpub.com.cn E-mail：mchannel@263.net（万水） sales@waterpub.com.cn 电话：（010）68367658（发行部）、82562819（万水）
经　　售	北京科水图书销售中心（零售） 电话：（010）88383994、63202643、68545874 全国各地新华书店和相关出版物销售网点
排　　版	北京万水电子信息有限公司
印　　刷	北京蓝空印刷厂
规　　格	184mm×260mm　16 开本　11.75 印张　287 千字
版　　次	2014 年 8 月第 1 版　2014 年 8 月第 1 次印刷
印　　数	0001—3000 册
定　　价	24.00 元

前　　言

随着我国国民经济的高速发展，物流产业作为国民经济发展的动脉和基础产业也迎来了空前的发展机遇和挑战。立足现状，我国大多数物流一线作业人员工作环境较差、薪资偏低，这就导致了作业人员流动性大。传统的物流管理主要依靠人的经验，当面对企业高速发展，货物数量激增的时候，师徒相传模式的弊病也会集中爆发。

现代物流是将传统物流与信息技术以及现代物流管理理念融合，注重标准化、精益化、高效化的新型服务产业。物流管理和作业信息化是现代企业发展的基础和必然要求。企业只有将物流信息化上升到战略高度去部署和实施，才能提高自身竞争力。现代物流信息系统应用了条形码技术、非接触式数据识别和采集技术、射频识别技术、全球定位技术，以及标准化的数据传输和交换技术等。市场主流的仓储管理系统（WMS）、运输管理系统（TMS），以及系统间的数据交换系统（EDI）等都是以这些物流技术为基础日益成熟起来的。企业内部各物流活动对应的信息系统不是独立存在的，为了防止“信息孤岛”现象的出现，每个物流信息系统须具备良好的拓展性、前瞻性，从而提高现代物流管理的综合能力。随着现代物流信息技术的不断发展，产生了一系列新的物流理念和新的物流经营方式，推进了中国物流业的变革。

虽然我国物流信息化建设发展迅速，但是国内企业对信息化需求的层次不高，企业各层面缺乏专业物流信息化人才，物流信息化系统实施成本仍然非常得高，加之我国物流信息化标准不完善，这些问题将在未来几年制约我国物流信息化的发展，因此，物流领域的信息化建设是一个长期而系统化的工程，本教材即将物流信息化建设过程中应用到的技术知识本着“够用、好用、实用”的原则进行编写。教材以任务驱动教学的形式，以物流信息化建设中应用到的核心技能为主线渐次展开，分为物流信息技术认知、物流自动识别技术、电子数据交换（EDI）、物流自动跟踪系统、电子商务与物流、数据库技术、典型的物流信息系统7个项目，每个项目根据企业应用实例设定若干任务，每个项目后还有以技能应用为核心的技能训练，以期为学生提供一个专业的、实用的、立体的学习指导。

本教材由天津滨海职业学院王爽、鲁艳萍担任主编并拟定了编写大纲，分别编写了7个项目的必备知识，并对全书进行了审校和统稿，翟玲、魏旺兴（永利建机（天津）有限公司）、张广新担任副主编，分别编写了7个项目的技能训练，马文祥、王桂英（天津商务职业学院）、于邵鹏（天津渤海职业技术学院）也参加了部分编写工作，分别编写了7个章节的任务引入和相关知识内容，并对教材进行了校对。由于作者水平与行业视野的局限，加之时间仓促，教材中不免有诸多纰漏和不足之处，敬请各位读者予以批评指教！

编　者

2014年5月

目　录

项目一　物流信息技术认知

本项目旨在对信息技术及信息技术在物流领域的应用进行认知，通过任务实施与知识学习，认知和理解数据以及信息和信息技术的概念、特征；掌握物流信息的特点、分类；熟悉物流信息的定义、特点和分类；熟悉物流信息技术的概念和组成。

任务1　信息与信息系统认知

【任务介绍】

随着社会发展，信息对于企业经营越来越重要。面对企业运营过程中的各种大量数据，建立一套完善的信息系统能够帮助企业各个层面实现卓越管理。本节任务从数据与信息、信息系统两个部分引导认知。

【任务目标】

- 认知和理解数据以及信息和信息技术的概念、特征；
- 掌握物流信息的特点、分类。

【任务引入】

联邦快递核心竞争力优势——现代物流信息技术

成立于1907年的美国联邦快递公司（United Parcel Service，UPS）是世界上最大的配送公司。2000年联邦快递公司年收入接近300亿美元，其中包裹和单证流量大约35亿件，平均每天向遍布全球的顾客递送1 320万件包裹。公司向制造商、批发商、零售商、服务公司以及个人提供各种范围的陆路和空运的包裹和单证的递送服务，以及大量的增值服务。

表面上联邦快递公司的核心竞争优势来源于其由15.25万辆卡车和560架飞机组成的运输队伍，而实际上联邦快递公司今天的成功并非仅仅如此。

20世纪80年代初，联邦快递公司以其大型的棕色卡车车队和及时的递送服务，控制了美国路面和陆路的包裹速递市场。然而，到了20世纪80年代后期，随着竞争对手利用不同的定价策略以及跟踪和开单的创新技术对联邦快递的市场进行蚕食，联邦快递的收入开始下滑。许多大型托运人希望通过单一服务来源提供全程的配送服务，进一步，顾客们希望通过掌握更多的物流信息，以利于自身控制成本和提高效率。随着竞争的白热化，这种服务需求变得越来越迫切。正是基于这种服务需求，联邦快递公司从20世纪90年代初开始致力于物流信息技术的广泛利用和不断升级。今天，提供全面物流信息服务已经成为包裹速递业务中一个至关重要的核心竞争要素。

联邦快递公司通过应用3项以物流信息技术为基础的服务提高了竞争能力：

第一，条形码和扫描仪使联邦快递公司能够有选择地每周7天、每天24小时地跟踪和报告装运状况，顾客只需拨个免费电话号码，即可获得“地面跟踪”和航空递送这样的增值服务。

第二，联邦快递公司的递送驾驶员携带着以数控技术为基础的笔记本电脑到排好顺序的线路上收集递送信息。这种笔记本电脑使驾驶员能够用数字记录装运接收者的签字，以提供收货核实。通过电脑协调驾驶员信息，减少了差错，加快了递送速度。

第三，联邦快递公司最先进的信息技术应用，是创建于1993年的一个全美无线通信网络，该网络使用了55个蜂窝状载波电话。蜂窝状载波电话技术使驾驶员能够把实时跟踪的信息从卡车上传送到联邦快递公司的中央电脑。无线移动技术和系统能够提供电子数据储存，并能恢复跟踪公司在全球范围内的数百万笔递送业务。通过安装卫星地面站和扩大系统，到1997年，实时包裹跟踪成为了现实。

请思考：联邦快递公司在企业发展过程中，都采用了哪些新技术新方法？

物流信息技术对联邦快递公司的成长和发展起到了什么样的作用？

【任务分析】

信息化是企业战略管理过程、战略实施过程的基础设施。正因如此，联邦快递公司通过以物流信息技术为基础的服务提高了综合竞争能力。

【相关知识】

一、数据与信息

（一）数据

所谓数据，就是用来反映客观事物的性质、属性以及相互关系的任何字符、数字和图形。

在计算机中，数据的 3 个基本特征是数据名、类型和长度。数据名是表示某数据的唯一名称；类型表示数据的类别，如整数型、日期型等，每一个数据只能所属一类；数据长度以字节为单位，表示需要占用的存储空间，对于非数值型数据还要定义其精度。

（二）信息

1. 信息的定义

现代经济社会每天都产生大量各式各样的信息，根据人们不同的研究目的和定义角度，信息可以有很多种定义。一般来讲，大多数学者认为，信息是指能够反映事物内涵的知识、资料、情报、图像、数据、文件、语言、声音等。信息是事物的内容、形式及其发展变化的反映。

信息普遍存在于人类社会和自然界中，它是物质形态及其运动形式的体现。在科学技术高速发展的今天，信息的开发和利用越来越成为经济发展和社会进步的关键，它已成为人类不可或缺的资源之一。人们对信息及时、准确、完整地掌握和处理的程度会直接影响到其行为的大小。

2. 信息的特征

（1）识别性。信息是可以识别的，信息识别又可分为直接识别和间接识别。直接识别是指通过感官的识别；间接识别是指通过各种测试手段的识别。不同的信息源有不同的识别方法。

（2）存储性。信息是可以通过各种方法存储的。

（3）扩充性。信息随着时间的变化，将不断扩充。

（4）压缩性。人们对信息进行加工、整理、概括、归纳就可使之精炼，从而浓缩。

（5）传递性。信息的可传递性是信息的本质特征。

（6）转换性。信息可以由一种形态转换成另一种形态。

（7）特定范围有效性。信息在特定的范围内是有效的，否则是无效的。

二、信息系统

（一）信息系统的定义

系统的作用是为了达到一定目的而对一组单元作出有规律地安排，使之成为一个相关联的整体。系统必须在环境中运转，不能孤立存在。系统与其环境相互交流、影响。即使是一个最简单的系统也有它的目的，而且必然是在它的环境中运转。

信息系统是一个人造系统，它由人、计算机硬件及软件和数据资源组成，目的是及时、准确地收集、加工、存储、传递和提供决策所需的信息，实现组织中各项活动的管理、调节和控制。简单地说，输入资料经过处理输出信息的系统就是信息系统。由于信息只有在广泛交流中才能充分发挥出来，因此，通信技术的进步极大地促进了信息系统的发展。信息系统的主要部分是为了生产决策信息所制定的一套有组织的应用程序。信息系统可以用各种形式来表示，但不管何种形式，其输出的结构总是人们所需要的原始数据。

（二）信息系统的类型

在一些企业和组织内，信息系统可以分为作业信息系统和管理信息系统两大类。

1. 作业信息系统

作业信息系统的任务，是有效地处理组织的业务，控制工业的生产过程和支持办公事务，并更新有关的数据库。作业信息系统由业务处理系统、过程控制系统和办公自动化系统 3 部分组成。

（1）业务处理系统。业务处理系统的目标是迅速、及时、正确地处理大量信息，如产量产值统计、工资计算、成本计算、库存记录等。一个现代化企业需要加工的数据是十分庞大的。例如，在沃尔玛，一个现代化的物流配送中心每天要处理将近 4 万种商品的出入库，而且这些过程必须是实时控制并且在规定时间内完成。这个流程中涉及商品的种类和数量、时间和空间的调度和管理、成本与资金的计算和分析等方面的大量信息，这样大的工作量在没有计算机的情况下，靠人力在短时间内是难以完成的，而利用计算机，则能及时准确地完成、并进行综合应用，从而可以大大提高管理工作的效率和水平。

（2）过程控制系统。过程控制系统主要是指计算机控制正在进行的生产过程。例如，炼油厂通过敏感元件及时检测生产数据，并实时调整其过程的偏差。

（3）办公自动化系统。这是利用先进的科学技术，不断使人的部分办公业务活动物化于各种设备之中，并由这些设备与办公人员构成服务于某种目标的人机信息处理系统，目的是充分利用信息资源，提高生产效率、工作效率和质量，辅助决策，达到既定目标。办公自动化的具体工程包括文字处理、数据处理、图像处理、声音处理、网络化工程等。目前，办公自动化已取得不少成果。比如，采用网络视频技术开展远程电话会议，甚至可以进行电子商务交易等。

2. 管理信息系统

当信息系统的功能集中于为管理者提供信息和决策支持时，这种信息系统就发展成为管理信息系统。管理信息系统的概念是不断发展的。管理信息系统主要包括信息报告系统、决策支持系统、经理信息系统等。

任务2 认知物流信息与物流信息系统

【任务介绍】

物流信息经过物流信息系统的采集、分析和处理，成为企业决策的依据，对整个物流活动起着运筹、指挥和协调的重要作用。通过对本节任务的学习，要求读者掌握物流信息与物流信息系统之间的协同关系。

【任务目标】

- 熟悉物流信息的定义、特点和分类；
- 熟悉物流信息技术的概念和组成。

【任务引入】

以联邦快递为代表的企业应用和推广的物流信息技术是现代物流的核心，是物流现代化的标志。尤其是飞速发展的计算机网络技术的应用使物流信息技术达到新的水平，物流信息技术也是物流技术中发展最快的领域，从数据采集的条形码系统，到办公自动化系统中的微机、互联网，各种终端设备等硬件以及计算机软件等都在日新月异地发展。同时，随着物流信息技术的不断发展，产生了一系列新的物流理念和新的物流经营方式，推进了物流的变革。今天来看，物流信息技术主要由通信、软件、面向行业的业务管理系统3大部分组成。包括基于各种通信方式基础上的移动通信手段、全球卫星定位（GPS）技术、地理信息（GIS）技术、计算机网络技术、自动化仓库管理技术、智能标签技术、条形码及射频技术、信息交换技术等现代尖端科技。在这些尖端技术的支撑下，形成以移动通信、资源管理、监控调度管理、自动化仓储管理、业务管理、客户服务管理、财务处理等多种信息技术集成的一体化现代物流管理体系。譬如，运用卫星定位技术，用户可以随时“看到”自己的货物状态，包括运输货物车辆所在的位置（某座城市的某条道路上）、货物名称、数量、重量等，从而不仅大大提高了监控的“透明度”，降低了货物的空载率，做到资源的最佳配置，而且有利于顾客通过掌握更多的物流信息，以控制成本和提高效率。

联邦快递公司通过在3方面推广物流信息技术发挥了核心竞争优势：

在信息技术上，联邦快递已经配备了第三代速递资料收集器III型DIAD，这是业界最先进的手提式计算机，可几乎同时收集和传输实时包裹传递信息，也可让客户及时了解包裹的传送现状。这台DIAD配置了一个内部无线装置，可在所有传递信息输入后立即向联邦快递数据中心发送信息。司机只需扫描包裹上的条形码，获得收件人的签字，输入收件人的姓名，并按动一个键，就可同时完成交易并送出数据。III型DIAD的内部无线装置还在送货车司机和发货人之间建立了双向文本通信。专门负责某个办公大楼或商业中心的司机可缩短约30分钟的上门收货时间。每当接收到一个信息，DIAD角上的指示灯就会闪动，提醒司机注意。这对消费者来说，不仅意味着所寄送的物品能很快发送，还可随时“跟踪”到包裹的行踪。通过这一过程，速递业真正实现了从点到点、户对户的单一速递模式，向除为客户提供传统速递服务外，还包括库房、运输及售后服务等全方位物流服务的发展，从而大大地拓展了传统物流的概念。

在信息系统上，联邦快递将应用在美国国内运输货物的物流信息系统，扩展到了所有国际运输货物上。这些物流信息系统包括追踪系统及比率运算系统等，其解决方案包括：自动仓库、指纹扫描、光纤技术、产品跟踪和决策软件工具等。这些解决方案从商品原起点流向市场或者最终消费者的供应链上帮助客户改进业绩，真正实现了双赢。

在信息管理上，最典型的应用是联邦快递在美国国家半导体公司（National Semiconductor）位于新加坡仓库的物流信息管理系统，该系统有效地减少了仓储量及节省货品运送时间。今天我们可以看到，在联邦快递物流管理体系中的美国国家半导体公司新加坡仓库，一位管理员像挥动树枝一样将一台扫描仪扫过一箱新制造的电脑芯片。随着这个简单的举动，他启动了高效和自动化、几乎像魔术般的送货程序。这座巨大仓库是由联邦快递的运输奇才们设计建造的。联邦快递的物流信息管理系统将这箱芯片发往码头，而后送上卡车和飞机，接着又是卡车，在短短的12小时内，这些芯片就会送到国家半导体公司的客户——远在万里之外硅谷的个人电脑制造商手中。在整个途中，芯片中嵌入的电子标签将让客户以高达三英尺的精确度跟踪订货。

请思考：物流信息技术可以在物流企业的哪些运作领域发挥作用？
联邦快递公司通过推广物流信息技术取得了哪些核心竞争优势？
企业在运作过程中物流信息的特征有哪些？

【任务分析】

先进的物流信息设备是物流信息高效传递、处理的保障，通过软、硬件的良好协作实现物流活动各个节点信息的采集、分析和处理。信息技术复杂多样，应用范畴广泛，却是21世纪企业提高核心竞争力的必要手段之一。

【相关知识】

一、物流信息

（一）物流信息的定义

物流信息是指与物流活动（如运输、仓储、装卸、搬运、包装、流通加工和配送）有关的信息。物流信息的产生与物流活动密不可分。在物流活动的管理与决策中，运输工具的选择、运输路线的确定、每次运送批量的确定、货物的跟踪、仓库的有效利用、最佳库存数量的确定、订单管理、顾客服务等都需要详细和准确的物流信息。信息对这些活动具有支持保障的功能。

物流信息是一个相当宽泛的概念，它不仅包括与物流活动有关的信息，还包括大量的与其他流通活动有关的信息。例如，商品的交易信息、商品的市场信息等。商品交易信息指与买卖各交易过程有关的信息，如销售和购买信息、订货和接收信息等；市场信息是指与市场活动有关的信息，如消费者的需求信息、竞争性商品信息、促销活动信息、交通通讯等基础设施信息等。在现代经济活动中，物流信息与商品交易信息、市场信息相互交叉、融合，并具有密切的联系。

此外，物流信息还应包括政策信息、通讯交通等基础设施信息等。总之，在现代物流活动中，物流信息与其他各类相关信息相互交叉、相互融合，共同在物流系统和整个供应链活动中发挥着重要的作用。

（二）物流信息的特点

物流信息通过物流信息技术不仅对物流活动具有支持保障的功能，而且还起到了整合整个供应链的作用，物流信息除具有一般信息的特征外，还表现出以下特点。

1. 信息量大

物流信息随着物流活动以及商品交易活动的展开而大量发生。多品种小批量生产和多频度小数量配送使库存、运输等物流活动的信息大量增加。零售商广泛应用 POS（销售时点信息）系统读取销售时点的商品品种、价格、数量等即时销售信息，并对这些销售信息加工整理，通过 EDI（电子数据交换）向相关企业传送。同时为了使库存补充作业合理化，许多企业采用 EOS（电子自动订货）系统。随着企业间合作倾向的增强和信息技术的发展，物流信息的信息量在今后将会越来越大。

2. 更新速度快

由于各种作业活动频繁发生，市场状况及用户需求变化多端，物流信息会在瞬间发生变化，从而使得信息的价值衰减速度很快。多品种少量生产、多频度小数量配送及利用 POS 及时销售的各种作业活动频繁发生，从而使得物流信息不断更新，而且更新的速度越来越快。

3. 来源广泛

物流信息不仅包括企业内部的各种管理和作业信息（如生产信息与库存信息等），而且包括企业间的物流信息及与物流活动有关的现代物流技术、法律规定、条例等多方面的信息。另外，物流活动往往利用道路、港湾、机场等基础设施，因此为了高效率地完成物流活动，必须掌握设施有关的信息。

4. 信息编码趋于标准

企业竞争优势的获得需要供应链各参与企业之间相互协调合作，协调合作的手段之一是信息即时交换和共享。企业为了实现不同系统间信息的高效交换与共享，必须按照国际或国家对信息的标准化要求对信息进行管理，如采用统一的条码标准，把物流信息标准化和格式化，利用 EDI 在相关企业间进行传送，真正实现信息分享。

（三）物流信息的分类

物流系统中的信息种类多，跨地域，涉及面广，动态强，尤其是在运作工程中受自然的、社会的影响很大。根据对物流信息研究的需要，可以从以下几个方面对物流信息进行分类。

1. 按信息领域分类

按信息领域分类，物流信息可以分为物流内部信息和物流外部信息。物流内部信息是在物流内部活动中产生的信息，用于管理和指导当前的和下一个物流循环；物流外部信息是在物流活动以外发生的，但与物流活动有一定相关性的信息，如基本经济信息、交通通讯信息等。

2. 按信息的作用不同分类

（1）计划信息。计划信息指尚未实现的但已当作目标确认的一类信息，如物流量计划、仓库吞吐量计划、车皮计划等。只要尚未进入具体业务操作的，都可以归入计划信息。它的特点是带有相对稳定性，信息更新速度较慢。计划信息对物流活动有非常重要的指导意义。

（2）控制及作业信息。控制及作业信息指在物流活动过程中发生的信息，带有很强的动态性，是掌握物流现实活动状况不可缺少的信息，如库存种类、库存量、在运量、运输工具状况、物价、运费、收发货等情况。它的特点是动态性非常强，更新速度很快，信息的时效性很强。它的主要作用是控制和调整正在发生的物流活动和指导即将发生的物流活动，以实现对过程控制和对业务活动的微调。

（3）统计信息。统计信息主要指物流活动结束后，对整个物流活动的一种归纳性信息。这种信息是一种恒定不变的信息，有很强的资料性，如上一年度发生的物流量、物流种类、运输方式、运输工具等。它的特点是信息所反应的物流活动已经发生了，再也不能改变了。它的主要作用是用于正确掌握过去的物流活动及规律，以指导物流战略计划的制定。

（4）支持信息。支持信息是指能对物流计划、业务操作有影响或有关的文化、科技、产品、法律、教育、民俗等方面的信息，如物流技术革新、物流人才需求等。这些信息不仅对物流发展战略有价值，而且也对控制、操作起到指导、启发的作用，是可以从整体上提高物流水平的一类信息。

3. 按信息稳定程度分类

按信息稳定程度分类，物流信息可以分为：静态信息和动态信息。

（1）静态信息。静态信息通常具备相对稳定的特点，有 3 种形式。

1）物流生产标准信息。物流生产标准信息是以指标定额为主体的信息，如各种物流活动的劳动定额、物资消耗定额、固定资产折旧等。

2）物流计划信息。物流计划信息是指物流活动中在计划期内已定任务所反映的各项指标，如物资年计划吞吐量、计划运输量等。

3）物流查询信息。物流查询信息是在一个较长的时期内很少发生变更的消息，如国家和各主要部门颁发的技术标准，物流企业内的人事制度、工资制度、财务制度等。

（2）动态信息。与静态信息相反，动态信息是物流系统中经常发生变动的信息。这种信息以物流各作业统计信息为基础，如某一时刻物流任务的实际进度、计划完成情况、各项指标的对比关系等。

4. 按物流活动领域分类

物流各个不同应用领域的信息是具体指导物流各个领域活动，使物流管理细化必不可少的信息。物流各个分系统、各个不同功能要素领域，由于物流活动性质不同，信息也有所不同，按这些领域分类，有运输信息、储存信息、配送信息等，甚至更细化分成集装箱信息、托盘交换信息、库存量信息、汽车运输信息等。

二、物流信息系统

（一）物流信息系统的概念

物流信息系统（Logistics Management System，LMS）是以现代思想和理论为依据，以计算机软硬件、网络通信和其他现代信息技术为技术基础，以降低经营成本、提高企业效率和效益、增强企业核心竞争力为目的，进行物流信息收集、存储、加工、更新维护、输入、输出和传输的集成化人机系统。

从广义上讲，物流信息系统应包括物流过程中各个领域的信息系统，它贯穿于物流其他各子系统的业务活动中，支撑着各项物流业务活动，通过信息传递，把运输、储存、包装、装卸搬运、配送、流通加工等业务活动联系起来，协调一致，以提高物流整体作业效率，取得最佳的经济效益。从狭义上说，物流信息系统只是管理系统在企业涉及物流管理的某一方面的应用，即某一企业（物流企业或非物流企业）用于管理物流的信息系统。

物流信息系统是通过对于物流相关信息的加工处理来达到对物流、资金流的有效控制和管理，并为企业提供信息分析和决策支持的人机系统。这个系统以人为主体，对企业的各种数据和信息进行收集、传递、加工、保存，将有用的信息传递给使用者以辅助企业的全面管理。物流信息系统具有实时化、网络化、系统化、规模化、专业化、集成化、智能化等特点。

（二）物流信息系统的结构

1. 物流信息系统的层次结构

物流信息系统是通过对与物流相关信息的加工处理来达到对物流、资金流的有效管理，并为企业提供信息分析和决策支持的人机系统。从本质上看，它体现了企业的业务特点、管理思想、管理方法和管理制度。因此，物流信息系统的层次结构是与企业管理层次密不可分的。图 1-1 为按企业管理层次划分的物流信息系统。

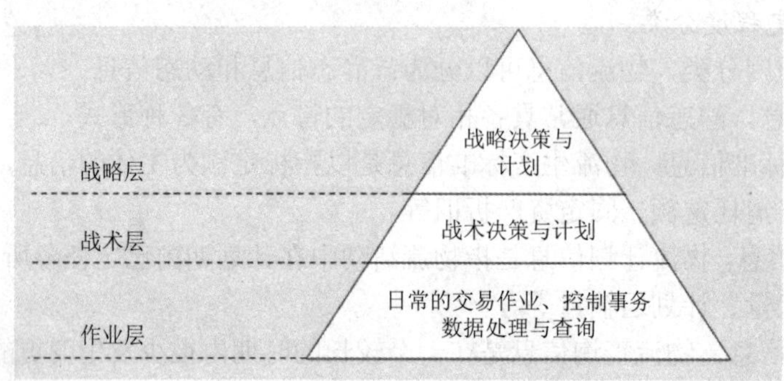

图 1-1 物流信息系统的层次结构图

（1）作业层。作业层直接面向日常的事务处理和作业，包括运输作业、仓储作业、采购作业以及财务事务、行政事务、人事事务等。该层是系统的操作层，许多数据都是在这个层次产生的，因此在这个层次会发生大量的数据录入、处理、查询和输出操作。

（2）战术层。战术层的主要使用对象是企业管理部门负责人。该层次物流管理信息系统为企业的部门负责人提供用作关系局部和中期决策所需的战术管理信息，包括客户关系管理、质量管理、计划管理、市场信息管理等。除此之外，战术层还必须制定一些战术决策，如运输线路选择、订货决策、仓储管理决策等。

（3）战略层。战略层为企业高层管理决策者提供综合反映企业运营与管理状态的信息，提供制定企业战略决策、企业长期经营目标所需要的管理信息，提供各种分析、预测功能，辅助高层进行决策。

2. 物流信息系统的功能结构

物流信息系统的功能结构包含两大子系统：计划及协调信息子系统和作业信息子系统，如图 1-2 所示。

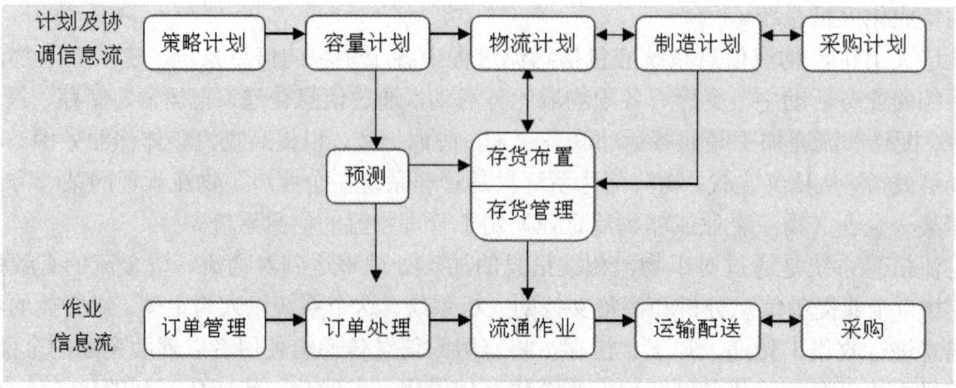

图 1-2 物流信息系统的功能结构

（1）物流信息系统的计划及协调工作包含企业内外的物料及成品计划，其主要组成包含：①策略目标；②容量限制；③物流需求；④制造需要；⑤采购计划。

（2）物流信息系统作业的信息活动包含顾客订单的接收、处理、运送，以及采购单的到货接收协调等，其主要组成包括：①订单管理；②订单处理；③流通作业；④运输与配送安排；⑤采购。

【知识链接】

物流信息技术的发展趋势

一、RFID技术将成为未来物流信息技术领域的关键技术

目前，RFID（Radio Frequency Identification，射频识别）技术在仓储、配送、运输、流通加工等诸多领域已被越来越多的使用。RFID技术应用于物流行业，可大幅提高物流管理与运作效率，降低物流成本，同时实现货物物流的实时跟踪、监控与保管，提高物流运作的管理质量。从全球发展趋势来看，随着RFID相关技术的不断完善和成熟，RFID产业将成为一个新兴的高技术产业群，成为国民经济新的增长点。因此，RFID技术有望成为推动现代物流加速发展的新品润滑剂。

二、完善物流动态信息采集技术将进一步实现突破

在全球供应链管理趋势下，及时掌握货物的动态信息和品质信息已成为企业盈利的关键因素。但是由于受到自然、天气、通讯、技术、法规等方面的影响，物流动态信息采集技术的发展一直受到很大制约，远远不能满足现代物流发展的需求。借助新的科技手段，完善物流动态信息采集技术，成为物流领域下一个技术突破点。

三、物流信息安全技术面临挑战

借助网络技术发展起来的物流信息技术，在享受网络飞速发展带来巨大好处的同时，也时刻饱受着可能遭受的安全危机，例如网络黑客无孔不入地恶意攻击、病毒的肆掠、信息的泄密等。应用安全防范技术，保障企业的物流信息系统或平台安全、稳定地运行，是企业将长期面临的一项重大挑战。

技能实训

【实训目标】

- 能够正确运用系统分析的过程和方法；
- 熟练绘制业务流程图、数据流程图。

【实训内容及要求】

（一）实训内容

观察某一家小型自选商场的业务管理，依据商城的组织结构图（见图1-3）和管理功能结构图（见图1-4），实际分析商场中的综合管理信息系统。

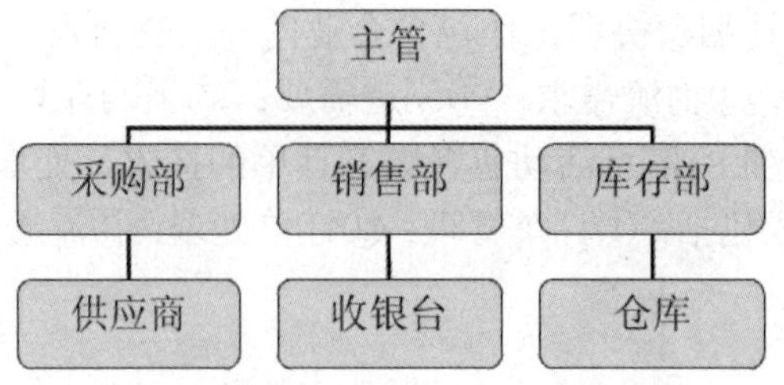

图 1-3　商场的组织结构图

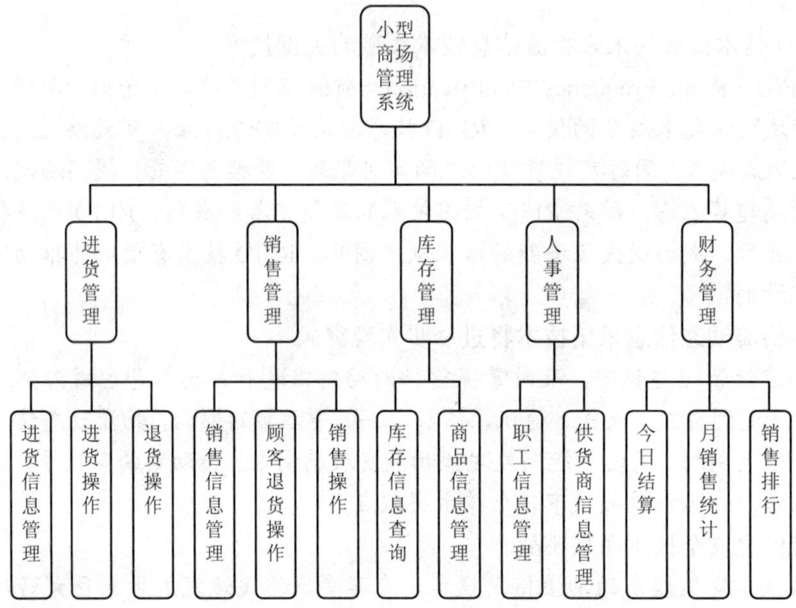

图 1-4　商场的管理功能结构图

（二）实训要求

（1）以 5～6 人为一组分析一家小型自选商场综合管理信息系统，描述其信息管理功能。

（2）根据确定的小型自选商场的综合业务内容，绘制业务流程分析图和数据流程图。

【实训分析】

小型自选商场的系统管理体现在可以查询商品的进货记录，并能按月进行统计，也可以记录每一笔售货，查询商品的销售情况，并能进行日盘存、月盘存，能按月统计某个员工的销售业绩，在记录进货及售货的同时，能动态刷新库存，能打印库存清单，查询某种商品的库存情况，能查询某个厂商或供应商的信息，能查询某个员工的基础信息。收银台操作中，能根据输入的商品编号、数量，显示某顾客所购商品的清单，并显示收付款情况，而且可以做系统初始化工作。

该综合管理信息系统应用针对商场管理体现出两大优势：第一，提高工作效率，将日常大部分工作简化成键盘录入，为管理过程提供快速、准确的数据；减少手工操作过程的失误，避免舞弊现象。第二，提供统计功能，利于小型自选商场校对各种信息的分析与决策，最终全面提高管理水平，使小型自选商场的管理走向标准化，有利于小型自选商场合理的进货和促销以及对员工的绩效考核和分析潜在顾客。

【实训链接】

管理信息系统

管理信息系统（Management Information System，MIS）是一个以人为主导，利用计算机硬件、软件、网络通信设备以及其他办公设备，进行信息的收集、传输、加工、储存、更新和维护，以企业战略竞优、提高效益和效率为目的，支持企业的高层决策、中层控制、基层运作的集成化的人机系统。完整的 MIS 应包括：决策支持系统（DSS）、工业控制系统（CCS）、办公自动化系统（OA）以及数据库、模型库、方法库、知识库和与上级机关及外界交换信息的接口。办公自动化系统（OA）、与上级机关及外界交换信息等都离不开 Intranet（企业内部网）的应用。

项目小结

该项目主要描述信息系统的基本概念和物流信息管理系统的结构和框架，明确信息化管理过程的流程和基本功能，并能够理解信息化管理为物流企业运作带来的优势。通过实训练习掌握信息化管理的方法和业务流程。

项目考核

一、选择题

1．数据处理是对数据进行（　　）和加工的技术过程。

A．分析　　B．筛选　　C．处理　　D．整理

2．（　　）是事物的内容、形式及其发展变化的反映。

A．数据　　B．数字　　C．信息　　D．情报

3．信息系统是一个（　　）系统，它由人、计算机硬件及软件和数据资源组成。

A．计算机　　B．数字　　C．人造　　D．数据库

4．物流信息可以分为（　　）信息和动态信息。

A．数字　　B．静态　　C．数据　　D．可视化

5．从（　　）上讲，物流信息系统应包括物流过程中各个领域的信息系统，它贯穿于物流其他各子系统的业务活动中，支撑着各项物流业务活动。

A．广义　　B．狭义　　C．信息化角度　　D．数据库角度

二、判断题

1．信息识别又可分为直接识别和间接识别。（　　）

2．物流信息是一个相当狭义的概念，它仅包括与物流活动有关的信息。（　　）

3．物流系统中的信息种类多，跨地域，涉及面广，动态强，尤其是在运作过程中受自然的、社会的影响很大。（　　）

三、简答题

1．什么是物流信息？
2．物流信息系统的功能和结构是什么？
3．物流信息的特点有哪些？

四、进阶应用题

小刘是 L 物流公司的物流专员，他分管一个仓库的物流信息系统运作与优化，该仓库是一个为连锁超市做仓储与配送业务的中转型仓库，请结合所学知识，分析以下问题：

1．该仓库管理运营中，有哪些属于物流信息？
2．请绘制连锁超市的物流信息结构层次图？

项目二　物流自动识别技术

本项目通过物流自动识别技术的学习与任务实施，重点掌握条码技术的基本概念、条码符号的构成及条码的分类；掌握常用条码编码的基本方法及基本内容；熟悉物流条形码的标准体系；熟悉二维条码的基本特点及使用范围；熟悉物流条形码识读技术与设备；熟悉条码技术在物流业中的应用；掌握 RFID 技术的概念及各组成部分的功能；掌握 RFID 的基本工作流程；通过查阅资料了解 RFID 技术在我国物流行业中的应用现状和发展瓶颈。

任务 1　物流条形码技术

【任务介绍】

条形码作为物流信息采集的主要媒介，能够被扫描设备非接触快速读取，且错误率极低，是现代物流信息的主要采集手段和物流信息系统的重要组成部分。通过对本节任务的学习，要求掌握条码的概念及物流条形码的分类，并通过实践制作相关物流条形码。

【任务目标】

- 掌握条码技术的基本概念、条码符号的构成及条码的分类；
- 掌握常用条码编码的基本方法及基本内容；
- 熟悉物流条形码的标准体系；
- 熟悉二维条码的基本特点及使用范围；
- 熟悉物流条形码识读技术与设备；
- 熟悉条码技术在物流业中的应用。

【任务引入】

条码技术在 Wal-Mart（沃尔玛）的应用

Wal-Mart 是美国最大的百货公司，拥有 29 个配送中心，每个配送中心为 120 家商店服务，公司每天要向各个商店发送 15 万箱货物。他们的做法是用激光打印机打印出 ITF-14 条码（即 14 位交叉 25 条码）标签，由拣货员把标签贴在纸箱的顶面，运送系统把纸箱运到分拣机上。在分拣机上，全方位扫描器扫描条码标签，并根据计算机指令，将货物分拣，直至将这些纸箱传送到开往目的地的运输车辆上。

请思考：什么是条形码技术？针对不同的应用领域，条形码又有哪些类别？

【任务分析】

条形码技术能够快速、准确地传递物流信息，条形码技术的应用是实现企业提高物流运作效率与管理质量的一次重大技术飞跃。通过 Wal-Mart 的应用案例可知条形码在零售物流领域发挥的作用，但要深入了解条形码技术，还需通过下述相关知识的学习了解条形码的构成、分类与应用。

【相关知识】

一、条形码技术

（一）条形码的概念

条形码亦称条码，是由美国的 NT.Woodland 在 1949 年首先提出的。随着计算机应用的不断普及，条形码的应用得到了很大的发展。条形码可以标出商品的生产国、制造厂家、商品名称、生产日期、图书分类号、邮件起止地点、类别、日期等信息，因而在商品流通、图书管理、邮电管理、银行系统等许多领域都得到了广泛的应用。

条形码是由宽度不同、反射率不同的条和空，按照一定的编码规则（码制）编制成的，用以表达一组数字或字母符号信息的图形标识符。也就是说，条形码是一组粗细不同，按照一定的规则安排间距的平行线条图形。常见的条形码是由反射率相差很大的黑条（简称条）和白条（简称空）组成的。在实际应用中，条形码可以分为商品条形码和物流条形码两大应用范畴。商品条形码与物流条形码的比较如表 2-1 所示。

表 2-1 商品条形码和物流条形码的比较

条码类型	应用对象	数字构成	包装形状	应用领域
商品条形码	向消费者销售的商品	13 位数字	单个商品包装	POS 系统、补充订货管理
物流条形码	物流过程中的商品	14 位数字	集合包装	出入库管理、运输保管分拣管理

（二）商品条形码

商品条形码是由国际物品编码协会（EAN）和统一代码委员会（UCC）规定的、用于表示商品标识代码的条码，包括 EAN 商品条码（EAN-13 和 EAN-8）和 UPC 商品条码（UPC-A 和 UPC-E）。商品条形码是以直接向消费者销售的商品为对象、以单个商品为单位使用的条形码。它是由 13 位数字组成，最前面的 2 个（或 3 个）数字表示国家或地区的代码，中国的代码是 690～695，接着的 4 个数字表示生产厂商的代码，其后的 5 个数字表示商品品种的代码，最后 1 个数字用来防止机器发生误读错误。例如，商品条形码 6902952880041 中，690 代表中国，2952 代表贵州茅台酒厂，88004 代表 53%（v / v）106 PROOF、500ml 的白酒。

1. 商品条码符号特征

（1）条码符号的整体形状为矩形，由一系列互相平行的条和空组成，四周都留有空白区。

（2）采用模块组合法编码方法，条和空分别由 1～4 个深或浅颜色的模块组成。

（3）在条码符号中，表述数字的每个条码字符仅有两个条和两个空组成，共 7 个模块。

（4）除了表示数字的条码字符外，还有一些辅助条码字符，用作表示起始、终止的分界符和平分条码符号的中间分隔符。

（5）条码符号可设计成既可供固定式扫描器全向扫描，又可用手持扫描设备识读的形式。

2. 常见的商品条形码

商品上最常使用的就是 EAN 商品条形码。

EAN 商品条形码亦称通用商品条形码，由国际物品编码协会制定，通用于世界各地，是目前国际上使用最广泛的一种商品条形码。我国目前在国内推行使用的也是这种商品条形码。EAN 商品条形码分为 EAN-13（标准版）（见图 2-1）和 EAN-8（缩短版）两种。

图 2-1　EAN-13（标准版）

EAN-13 通用商品条形码一般由前缀部分、制造厂商代码、商品代码和校验码组成。商品条形码中的前缀码是用来标识国家或地区的代码，赋码权在国际物品编码协会，如 00～09 代表美国、加拿大；45～49 代表日本；690～695 代表中国大陆，471 代表我国台湾地区，489 代表香港特区（见表 2-2）。制造厂商代码的赋权在各个国家或地区的物品编码组织，我国由国家物品编码中心赋予制造厂商代码。商品代码是用来标识商品的代码，赋码权由产品生产企业自己行使，生产企业按照规定条件自己决定在自己的何种商品上使用哪些阿拉伯数字为商品条形码。商品条形码最后用 1 位校验码来校验商品条形码中左起第 1～12 个数字代码的正确性。

表 2-2　国际条形码前缀

前缀码	国家和地区	前缀码	国家和地区
000～019 030～039 060～139	美国	789～790	巴西
300～379	法国	800～839	意大利
450～459 490～499	日本	850	古巴
460～465	俄罗斯	867	朝鲜
489	中国香港	880	韩国
471	中国台湾	885	泰国
500～509	英国	888	新加坡
520	希腊	930～939	澳大利亚
690～695	中国	955	马来西亚
754～755	加拿大	958	中国澳门

（三）条形码的应用

条形码技术在物流中有较为广泛的应用，主要体现在以下几个方面：

1. 销售信息系统（POS）

在商品上贴上条形码就能快速、准确地利用计算机进行销售和配送管理。其过程为：对销售商品进行结算时，通过光电扫描读取并将信息输入计算机，然后输进收款机，收款后开出收据，同时，通过计算机处理，掌握进、销、存的数据。

2. 库存系统

在库存物资上应用条形码技术，尤其是规格包装、集装、托盘货物上，入库时自动扫描并输入计算机，由计算机处理后形成库存的信息，并输出入库区位、货架、货位的指令，出库程序则和POS条形码应用一样。

3. 分货拣选系统

在配送方式和仓库出货时，采用分货、拣选方式，需要快速处理大量的货物，利用条形码技术便可自动进行分货拣选，并实现有关的管理。其过程如下：一个配送中心接到若干个配送订货要求，将若干订货汇总，每一品种汇总成批后，按批发出所在条形码的拣货标签，拣货人员到库中将标签贴于每件商品上并取出用自动分拣机分货，分货机始端的扫描器对分货机上处于运动状态的货物进行扫描，一方面确认所拣出货物是否正确，另一方面识读货物条形码上的用户标记，指定商品在确定的分支分流，到达各用户的配送货位，完成分货拣选作业。

总之，条形码技术的应用解决了数据录入和数据采集的“瓶颈”问题，为供应链管理提供了有力的技术支持。条形码在物流中的具体应用如图2-2所示。

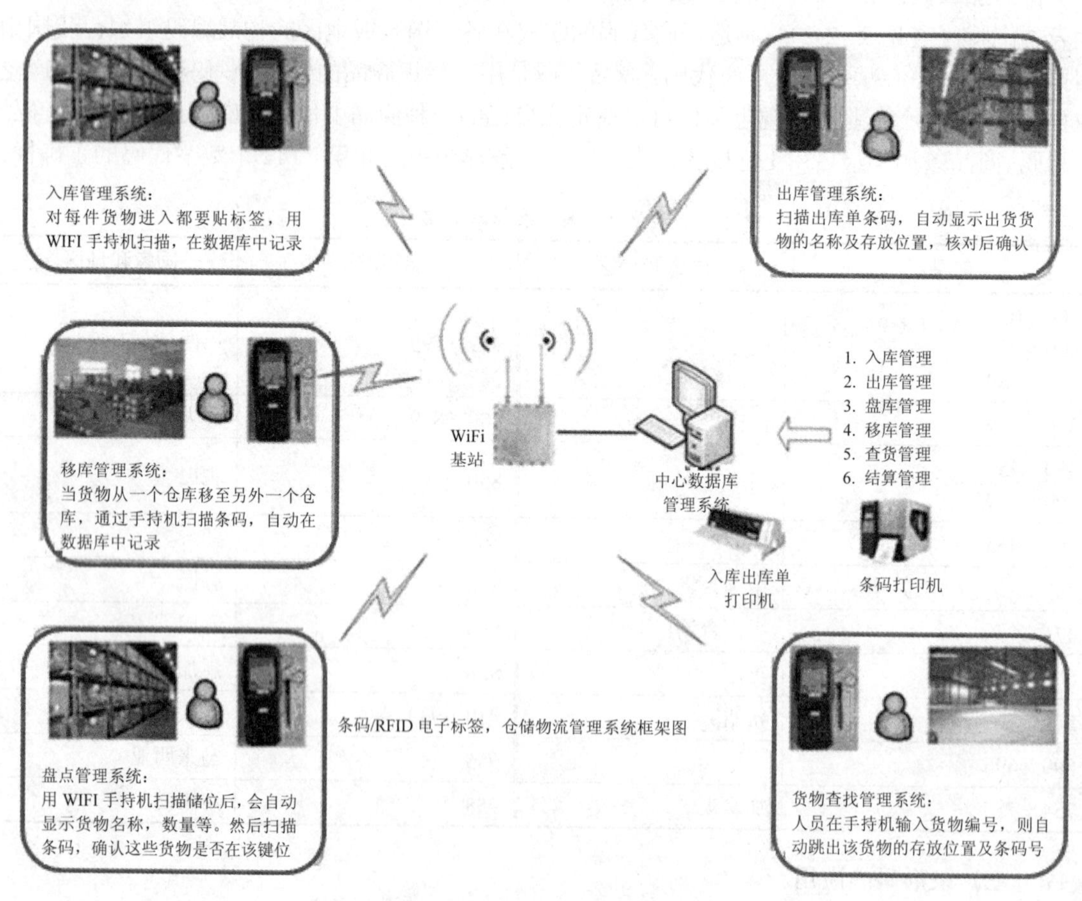

图2-2 条形码在物流中的应用

（四）条形码的优点

1. 输入速度快

键盘输入，一个每分钟打90个字的打字员1.6 s可输入12个字符或字符串，而使用条码，做同样的工作只需 0.3 s，速度提高了 5 倍，并且能实现“即时数据输入”。

2. 可靠性高

键盘输入数据出错率为三百分之一，利用光学字符识别技术出错率为万分之一，而采用条码技术误码率低于百万分之一。

3. 采集信息量大

利用传统的一维条码一次可采集几十位字符的信息，二维条码更可以携带数千个字符的信息，并有一定的自动纠错能力。

4. 灵活实用

条码标识既可以作为一种识别手段单独使用，也可以和有关识别设备组成一个系统实现自动化识别，还可以和其他控制设备联接起来实现自动化管理。同时，在没有自动识别设备时，也可实现手工键盘输入。

5. 经济便宜

与其他自动化识别技术相比较，推广应用条码技术，所需费用较低。

6. 自由度大

识别装置与条码标签相对位置的自由度要比 OCR（光学字符识别）大得多。条码通常只在一维方向上表达信息，而同一条码上所表示的信息完全相同并且连续，这样即使是标签有部分缺欠，仍可以从正常部分输入正确的信息。

7. 设备简单

条码符号识别设备的结构简单，操作容易，无须专门训练。

8. 易于制作

条码标签易于制作，对印刷技术设备和材料无特殊要求。

二、物流条形码技术

在物流业务中，与条码技术相关的术语主要有物流单元和标签文本。物流单元（Logistics Units）是指在供应链过程中为运输、仓储、配送等建立的包装单元。标签文本（Text）是指物流单元标签中用文字表示的信息。

（一）物流单元的编码

1. 物流单元标识代码的结构

物流单元标识代码是标识物流单元身份的唯一代码，具有全球唯一性。物流单元标识代码采用系列货运包装箱代码（Serial Shipping Container Code，SSCC）表示，由扩展位、厂商识别代码、系列号和校验码 4 个部分组成，是 18 位的数字代码，分为 4 种结构，如表 2-3 所示。其中，扩展位由 1 位数字组成，取值范围为 0～9；厂商识别代码由 7～10 位数字组成；系列号由 9～6 位数字组成；校验码为 1 位数字。

表 2-3 SSCC 结构

结构种类	扩展位	厂商识别代码	系列号	校验码
结构一	N1	N2 N3 N4 N5 N6 N7 N8	N9 N10 N11 N12 N13 N14 N15 N16 N17	N18
结构二	N1	N2 N3 N4 N5 N6 N7 N8 N9	N10 N11 N12 N13 N14 N15 N16 N17	N18
结构三	N1	N2 N3 N4 N5 N6 N7 N8 N9 N10	N11 N12 N13 N14 N15 N16 N17	N18
结构四	N1	N2 N3 N4 N5 N6 N7 N8 N9 N10 N11	N12 N13 N14 N15 N16 N17	N18

SSCC 与应用标识符 AI（00）一起使用，采用 UCC/EAN-128 条码符号表示；附加信息代码与相应的应用标识符 AI 一起使用，采用 UCC/EAN-128 条码表示。

2. 附加信息代码的结构

附加信息代码是标识物流单元相关信息（如物流单元内贸易项目的全球贸易项目代码（Global Trade Item Number，GTIN）、贸易与物流量度、物流单元内贸易项目的数量等信息）的代码，由应用标识符 AI（Application Identifier）和编码数据组成。如果使用物流单元附加信息代码，则需要与 SSCC 一并处理。常用的附加信息代码如表 2-4 所示。

表 2-4 常用的附加信息代码结构

AI	编码数据名称	编码数据含义	格式
02	CONTENT	物流单元内贸易项目的 GTIN	n2+n14
33nn，34nn，35nn，36nn	GROSS WEIGHT，LENGTH 等	物流量度	n4+n6
37	COUNT	物流单元内贸易项目的数量	n2+n…8
401	CONSIGNMENT	货物托运代码	n3+an…30
402	SHIPMENT NO.	装运标识代码	n3+n17
403	ROUTE	路径代码	n3+an…30
410	SHIP TO LOC	交货地全球位置码	n3+n13
413	SHIP FOR LOC	货物最终目的地全球位置码的标识符	n3+n13
420	SHIP TO POST	同一邮政区域内交货地的邮政编码	n3+an…20
421	SHIP TO POST	具有 3 位 ISO 国家（地区）代码的交货地邮政编码	n3+n3+an…9

注：n 表示数字，a 表示字母。

（二）物流单元标识代码的编制规则

1. 唯一性原则

同种规格同种产品对应同一个产品代码，同种产品不同规格应对应不同的产品代码。根据产品的不同性质，如重量、包装、规格、颜色、形状等，赋予不同的商品代码。

2. 稳定性原则

产品代码一经分配，就不再更改，保持一定稳定性。当此种产品不再生产时，其对应的产品代码只能搁置起来，不得重复使用再分配给其他的商品。

3. 无含义原则

为了保证代码有足够的容量以适应产品频繁更新换代的需要，最好采用无含义的顺序码。

三、条形码的码制与编码规则

（一）一维条形码

一维条形码是由一组规则排列的条、空以及对应的字符组成的标记，“条”指对光线反射率较低的部分，“空”指对光线反射率较高的部分，这些条和空组成的数据表达一定的信息，并能够用特定的设备识读，转换成与计算机兼容的二进制和十进制信息。通常对于每一种物品，它的编码是唯一的，对于普通的一维条码来说，还要通过数据库建立条码与商品信息的对应关系，当条码的数据传到计算机上时，由计算机上的应用程序对数据进行操作和处理。因此，普通的一维条码在使用过程中仅作为识别信息，它的意义是通过在计算机系统的数据库中提取相应的信息而实现的。

一个完整的条码的组成次序依次为：静区（前）、起始符、数据符、（中间分割符，主要用于 EAN 码）、（校验符）、终止符、静区（后），如图 2-3 所示。

图 2-3　条码的组成

静区，指条码左右两端外侧与空的反射率相同的限定区域，它能使阅读器进入准备阅读的状态，当两个条码距离较近时，静区则有助于对它们加以区分，静区的宽度通常应不小于 6 mm（或 10 倍模块宽度）。

起始符/终止符，指位于条码开始和结束的若干条与空，标志条码的开始和结束，同时提供了码制识别信息和阅读方向的信息。

数据符，位于条码中间的条、空结构，它包含条码所表达的特定信息。

构成条码的基本单位是模块，模块是指条码中最窄的条或空，模块的宽度通常以 mm 或 mil（千分之一英寸）为单位。构成条码的一个条或空称为一个单元，一个单元包含的模块数是由编码方式决定的，有些码制中，如 EAN 码，所有单元由一个或多个模块组成；而另一些码制，如 39 码中，所有单元只有两种宽度，即宽单元和窄单元，其中的窄单元即为一个模块。

码制即指条码中条和空的排列规则，常用的一维码的码制包括 EAN 码、39 条码、交叉 25 码、UPC 码、128 码、93 码、ISBN 码及 Codabar（库德巴条码）等。

1. 25 条码

25 条码是一种只有条表示信息的非连续型条码。每一个条码字符由规则排列的 5 个条组成，其中有两个条为宽单元，其余的条和空，字符间隔是窄单元，故称之为“25 条码”。25 条码的字符集为数字字符 0～9，如图 2-4 所示。

图 2-4　25 条码

25 条码是最简单的条码，它研制于 20 世纪 60 年代后期，在 1990 年由美国正式提出。这种条码只含数字 0～9，应用比较方便。当时主要用于各种类型的文件处理及仓库的分类管理、标识胶卷包装及机票的连续号等。但 25 条码不能有效地利用空间，人们在 25 条码的启迪下，将条表示信息，扩展到用空也表示信息。因此在 25 条码的基础上又研制出了条、空均表示信息的交叉 25 条码。

2. 交叉25条码

交叉25条码（Interleaved 2 of 5 Barcode）是在25条码的基础上发展起来的，由美国的Intermec公司于1972年发明的。它弥补了25条码的许多不足之处，不仅增大了信息容量，而且由于自身具有校验功能，还提高了可靠性。交叉25条码起初广泛应用于仓储及重工业领域，1987年开始用于运输包装领域。1987年日本引入了交叉25条码，用于储运单元的识别与管理。1997年我国也研究制订了交叉25条码标准（GB/T 16829—1997），主要应用于运输、仓储、工业生产线、图书情报等领域的自动识别管理。

交叉25条码是一种条、空均表示信息的连续型、非定长、具有自校验功能的双向条码。它的字符集为数字字符0～9，如图2-5所示。

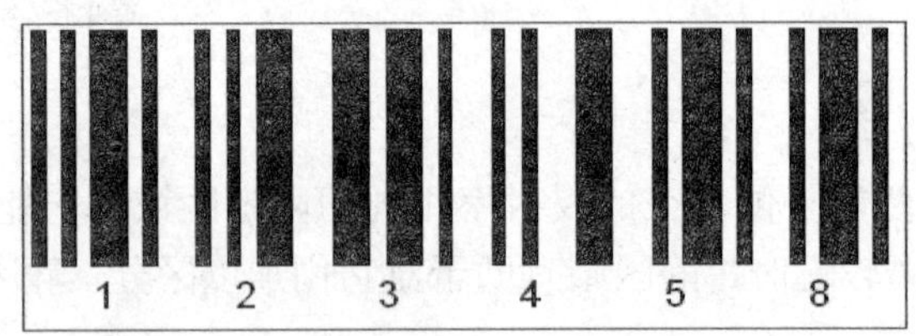

图2-5 交叉25条码

3. ITF-14条码

ITF-14条码只用于标识非零售的商品。它对印刷精度要求不高，比较适合直接印刷（热转换或喷墨）于表面不够光滑、受力后尺寸易变形的包装材料，如瓦楞纸或纤维板。ITF-14条码的条码字符集、条码字符的组成同交叉25条码。ITF-14条码由矩形保护框、左侧空白区、起始符、7对数据符、终止符和右侧空白区组成。保护框线宽的设计尺寸是4.8 mm。保护框应容纳完整的条码符号（包括空白区），保护框的水平线条应紧接条码符号条的上部和下部，如图2-6所示。

图2-6 ITF-14条码

对于不使用制版印刷方法印制的条码符号，保护框的宽度应该至少是窄条宽度的2倍，保护框的垂直线条可以缺省。

每个完整的非零售商品包装上至少应有1个条码符号，该条码符号到任何1个直立边的间距应不小于50 mm。运输过程中的包装项目上最好使用两个条码符号，放置在相邻的两个面上——短的面和长的面右侧各放1个。

4. 39条码

39条码（Code 39条码）是1975年由美国的Intermec公司研制的一种条码，它能够对数字、英文字母及其他字符等44个字符进行编码。还由于它具有自检验功能，使得39条码具有误读率低等优点，首先在美国国防部得到应用。目前广泛应用在汽车行业、材料管理、经济管理、医疗卫生和邮政、储运单元等领域。我国于 1991 年研究制订了 39 条码标准（GB/T 12908—2002），推荐在运输、仓储、工业生产线、图书情报、医疗卫生等领域应用 39 条码。

39 条码是一种条、空均表示信息的非连续型、非定长、具有自校验功能的双向条码，如图 2-7 所示。

图 2-7　Code 39 条码

5. 库德巴条码

库德巴条码是 1972 年研制出来的，它广泛应用于医疗卫生和图书馆行业，也用于邮政快件上。美国输血协会还将库德巴条码规定为血袋标识的代码，以确保操作准确，保护人类生命安全。

我国于 1991 年研究制定了库德巴条码国家标准（GB/T 12909—1991）。库德巴条码是一种条、空均表示信息的非连续型、非定长、具有自校验功能的双向条码。它由条码字符及对应的供人识别字符组成，如图 2-8 所示。

图 2-8　库德巴条码

6. 128 条码

1981 年，128 条码（Code 128 码）由 Computer Identic 公司推出。它可表示从 ASCII 0 到 ASCII 127 共 128 个字符，故称 128 码。128 条码是非定长的、连续型的一维条码，表示的字符集有 A、B、C 共 3 套字符集，EAN • UCC128 条码是 128 条码的子集（见图 2-9，表 2-5）。

图 2-9　Code 128 条码及其结构示意图

由于 Code 128 码可表示较全面的字符（数字、字母和符号），在同样长度的条码中可容纳的字符长度较长（高密度），条码长度与字符串长度无明显的敏感性，因此，Code 128 码是广泛应用在企业内部管理、生产流程、物流控制系统方面的条码码制。

表 2-5　128 码的结构

代号	码别	长度	说明
A	应用识别码	18	00 代表其后的资料内容为运输容器序号，为固定 18 位数字
B	包装形态指示码	1	3 代表无定义的包装指示码
C	前置码与公司码	7	代表 EAN 前置码与公司码
D	自行编订序号	9	由公司指定序号
E	检查码	1	检查码
F	应用识别码		420 代表其后的资料内容为邮局专用配送邮政码
G	配送邮政码		代表配送邮政码

（二）二维条形码

二维条形码最早发明于日本，它是用某种特定的几何图形按一定规律在平面（二维方向上）分布的黑白相间的图形。它可记录数据符号信息，在代码编制上巧妙地利用构成计算机内部逻辑基础的“0”“1”比特流的概念，使用若干个与二进制相对应的几何形体来表示文字数值信息，通过图像输入设备或光电扫描设备自动识读以实现信息自动处理。

二维条形码具有条码技术的一些共性：每种码制有其特定的字符集；每个字符占有一定的宽度；具有一定的校验功能等。同时还具有对不同行的信息自动识别功能及处理图形旋转变化等特点。在“资料储存量大”“资讯随着产品走”“可以传真影印”“错误纠正能力高”等特性下，二维条形码在 1990 年代初期已逐渐被使用。二维条形码能够在横向和纵向两个方位同时表达信息，因此能在很小的面积内表达大量的信息。

1. 二维条码的分类

二维条码通常分为以下两种类型。

（1）行排式二维条码。行排式二维条码，又称堆积式二维条码或层排式二维条码，其编码原理是建立在一维条码基础之上，按需要堆积成两行或多行。它在编码设计、校验原理、识读方式等方面继承了一维条码的一些特点，识读设备与条码印刷与一维条码技术兼容。但由于行数的增加，需要对行进行判定，其译码算法与软件也不完全相同于一维条码。比较有代表性的行排式二维条码有 Code 49（见图 2-10），Code 16 K，PDF 417 等。

图 2-10　Code 49 条码

Code 49 条码是一种多层、连续型、可变长度的条码符号，它可以表示全部的 128 个 ASCII 字符。每个 Code 49 条码符号由 2 到 8 层组成，每层有 18 个条和 17 个空。层与层之间由 1 个层分隔条分开。每层包含 1 个层标识符，最后一层包含表示符号层数的信息。

1988 年 Laser light 系统公司的 Ted Williams 推出第二种二维条码 Code 16 K 条码（见图 2-11）。

图 2-11　Code 16 K 条码

Code 16 K 条码是一种多层、连续型可变长度的条码符号，可以表示全 ASCII 字符集的 128 个字符及扩展 ASCII 字符。它采用 UPC 及 Code 128 字符。一个 16 层的 Code 16 K 符号，可以表示 77 个 ASCII 字符或 154 个数字字符。Code 16 K 通过唯一的起始符/终止符标识层号，通过字符自校验及两个模 107 的校验字符进行错误校验。

（2）矩阵式二维条码。矩阵式二维条码，又称棋盘式二维条码，它是在一个矩形空间通过黑、白像素在矩阵中的不同分布进行编码。在矩阵相应元素位置上，用点（方点、圆点或其他形状）的出现表示二进制“1”，点的不出现表示二进制的“0”，点的排列组合确定了矩阵式二维条码所代表的意义。矩阵式二维条码是建立在计算机图像处理技术、组合编码原理等基础上的一种新型图形符号自动识读处理码制。具有代表性的矩阵式二维条码有 Code One，Maxi Code，QR Code，Data Matrix 等。

在目前几十种二维条码中，常用的码制有 PDF 417，Data Matrix，Maxi Code，QR Code，Code 49，Code 16 K，Code One 等，除了这些常见的二维条码之外，还有 Vericode 条码、CP 条码、Codablock F 条码、田字码、Ultracode 条码、Aztec 条码。以下是几种较常见的二维条码（见图 2-12）。

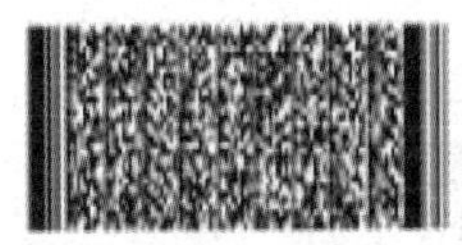

417 条码

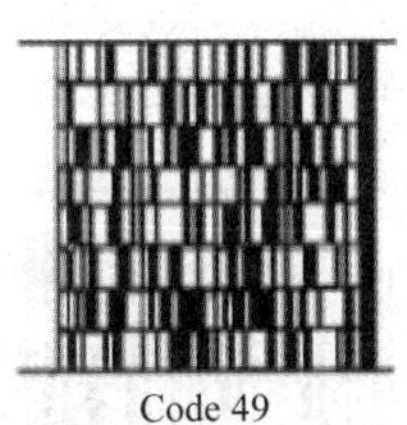

Code 49

Code 16K

Data Matrix

Code one

QR Code

图 2-12　几种常见的二维条码

2. 二维条形码的特点

（1）高密度编码，信息容量大。二维条形码可容纳多达 1 850 个大写字母或 2 710 个数字或 1 108 个字节，或 500 多个汉字，比普通条码信息容量约高几十倍。

（2）编码范围广。二维条形码可以把图片、声音、文字、签字、指纹等以数字化的信息进行编码，用条码表示出来；可以表示多种语言文字；可表示图像数据。

（3）容错能力强，具有纠错功能。二维条码因穿孔、污损等引起局部损坏时，照样可以正确得到识读，损毁面积达 50%仍可恢复信息。

（4）译码可靠性高。二维条形码比普通条码译码错误率百万分之二要低得多，误码率不超过千万分之一。

（5）可引入加密措施。二维条形码保密性、防伪性好。

（6）成本低，易制作，持久耐用。

（7）条码符号的形状、尺寸大小比例可变。

（8）二维条码可以使用激光或 CCD 阅读器识读。

四、物流条形码的设计与制作

（一）物流条形码的设计内容

每个物流单元都要有自己唯一的 SSCC，在实际应用中，一般不事先把包括 SSCC 在内的条码符号印在物流单元包装上。比较合理的办法是，在物流单元确定时制作标签并贴在物流单元上面。

1. 物流条形码的信息

一个标签区段是信息的一个合理分组。一般来说，标签区段从顶部到底部的顺序依次为：承运商、客户和供应商。每个区段均采用两种基本形式表示一类信息的组合。标签文本内容位于标签区段的上方，条码符号位于标签区段的下方。其中，SSCC 条码符号应位于标签的最下端。物流标签表示的内容和这种从上到下的次序可以根据物流单元的尺寸和贸易过程来做调整。图 2-13 为最基本的物流标签，图 2-14 为完整的物流标签。

图 2-13 最基本的物流标签

SSCC 是所有物流单元标签的必备项，其他信息如果需要应配合应用标识符 AI 使用。

（1）承运商区段。承运商区段通常包含在装货时就已确定的信息，如到货地邮政编码、托运代码、承运商特定路线和装卸信息。

（2）客户区段。客户区段通常包含供应商在订货和订单处理时就已确定的信息。主要包括到货地点、购货订单代码、客户特定路线和货物的装卸信息。

（3）供应商区段。供应商区段通常包含包装时供应商已确定的信息。SSCC 是物流单元应有的唯一的标识代码。

图 2-14　包含供应商、客户、承运商区段的完整物流标签

客户和承运商所需要的产品属性信息，如产品变体、生产日期、包装日期和有效期、批号（组号)、系列号等也可以在此区段表示。

2. 物流条形码尺寸

用户可以根据需要选择 105 mm×148 mm（A6 规格）或 148 mm×210 mm（A5 规格）两种物流条形码尺寸。当只有 SSCC 或者 SSCC 和其他少量数据时，可选择 105 mm×148 mm。

（1）条码符号要求。物流单元标签上的条码符号应符合下列要求和 GB/T 15425 的规定。

1）尺寸要求。X 尺寸最小为 0.495 mm，最大为 1.016 mm。在指定范围内选择的 X 尺寸越大，扫描可靠性越高。条码符号的高度应大于等于 32 mm。

2）条码符号在标签上的位置。条码符号的条与空应垂直于物流单元的底面，在任何情况下，SSCC 条码符号都应位于标签的最下端。

供人识读字符可以放在条码符号的上部或下部，包括应用标识符、数据内容、校验位，但不包括特殊符号字符或符号校验字符。应用标识符应通过圆括号与数据内容区分开来。供人识读字符的高度不小于 3 mm，并且清晰易读，位于条码符号的下端。

3）检测和质量评价。条码的符号等级不得低于 1.5/10/670，条码符号的检测和质量评价见 GB/T 18348。

（2）标签的文本。

1）文字与标记。标签的文字与标记包括发货人、收货人名字和地址、公司的标志等。

2）标签文本要清晰易读，并且字符高度不小于 3 mm。

3）人工识读的数据。人工识读的数据由数据名称和数据内容组成，内容与条码表示的单元数据串一致，数据内容字符高度应不小于 7 mm。

3. 条码符号的颜色搭配

条码识读设备是通过条码符号中条、空对光反射率的对比来实现识读的。不同颜色对光的反射率不同。一般来说，浅色的反射率较高，可作为空色，如白色、黄色等；深色的反射率较低，可作为条色，如黑色、深蓝色等。

商品条码要求条与空的颜色反差越大越好，最理想的颜色搭配为白色作空、黑色作条。

在进行条码符号的颜色搭配时，一般要注意以下原则。

（1）条空宜采用黑白颜色搭配，这样可以获得最大的对比度，是最安全的颜色搭配。

（2）红色不能用作条色。由于条码识读器使用的一般是波长为 630~700 nm 的红色光源，红光照射到红色的条时，会获得最高的反射率，也就无法保证条空之间的对比度，从而影响对条码的识读。

（3）对于透明或半透明的印刷载体，应禁用与其包装内容物相同的颜色作为条色。此时可以采用在印条码的条色前，先印一块白色的底色作为条码的空色，然后再印刷条色的方式予以解决。

（4）当装潢设计的颜色与条码设计的颜色发生冲突时，应以条码设计的颜色为准，改动装潢设计颜色。

（5）慎用金属材料做印刷载体。金属表面往往容易形成镜面反射，从而影响条码的识读，可以采取打毛或者印刷底色的方法来解决条码在金属载体上的印刷。

（二）物流条形码位置

1. 符号位置

每个完整的物流单元上至少应有一个印有条码符号的物流标签。物流标签宜放置在物流单元的直立面上。推荐在一个物流单元上使用两个相同的物流标签，并放置在相邻的两个面上，短面的右边和长面的右边各放一个，如图 2-15 所示。

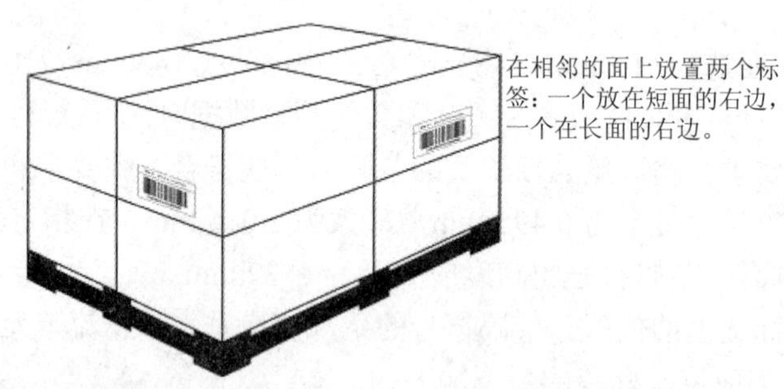

图 2-15　物流单元上的物流标签

2. 符号方向

条码符号应横向放置，使条码符号的条垂直于所在直立面的下边缘。

3. 条码符号放置

（1）托盘包装。对于托盘包装，条码符号的下边缘宜处在单元底部以上 400～800 mm 的高度（h）范围内，对于高度小于 400 mm 的托盘包装，条码符号宜放置在单元底部以上尽可能高的位置；条码符号（包括空白区）到单元直立边的间距应不小于 50 mm。在托盘包装上放置条码符号的示例如图 2-16 所示。

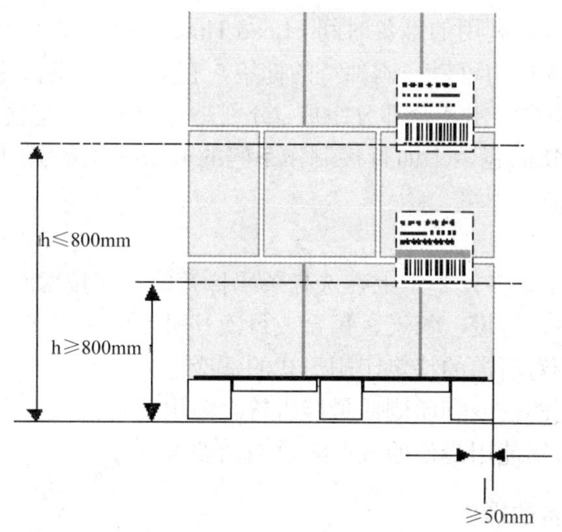

图 2-16　托盘包装放置条码符号的示例

（2）箱包装。对于箱包装，条码符号的下边缘宜在单元底部以上 32 mm 处，条码符号（包括空白区）到单元直立边的间距应不小于 19 mm，如图 2-17（1）所示。

如果包装上已经使用 EAN-13，UPC-A，ITF-14 或 UCC/EAN-128 等标识贸易项目的条码符号，印有条码符号的物流标签应贴在上述条码符号的旁边，不能覆盖已有的条码符号；物流标签上的条码符号与已有的条码符号保持一致的水平位置，如图 2-17（2）所示。

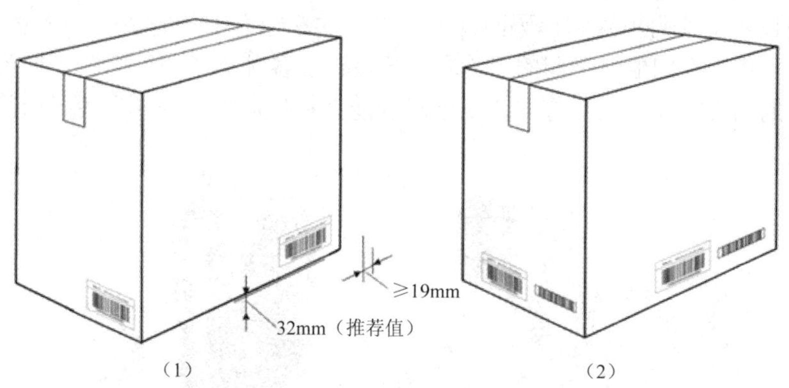

图 2-17　箱包装放置条码符号的示例

（三）物流条形码制作方式的选择

制作物流条形码，必须决定选择何种印制方式，是预先印制，还是现场打印，即是购买印制好的标签还是自己打印标签。在自动识别工业中，可将“制作和购买”的选择，称作“现场和非现场”的选择。

1. 预先印制条码

如果没有变动的数据，而且有足够的时间向供应商采购，生产成批量条码符号最经济的方法是请印刷厂印制。所有的标准商业印制方法，如胶版印刷、轮转凹版印刷以及橡胶版轮转印刷，都能印刷优质条码。

2. 现场打印条码

如果数据是变动的，而且需要尽快生产，或者每种条码的需求量不大，最好是现场打印。

这里的主要问题是可以利用的准备时间（Lead Time），就是从得到条码数据到需要印出条码符号的这个时间。现场打印可以印刷独特的标签，它上面载有刚好在印刷时得到的“实时”信息。现场条码标签打印系统由4个部分组成，分别是打印机、信息输入、供应品和标签格式。不管打印系统是采用在物品包装上面直接制作条码的方法，还是采用随后把标签贴上去的办法，这4个组成部分都缺一不可。

3. 选择打印技术

条码标签的印刷技术很多，基本上在选择条码标签的打印技术时，要考虑以下几个问题。

（1）印量。每分钟、每班、每天、每台或每次开机需要印出多少标签。

（2）灵活性。机器对所需的特定印刷形式的适应能力如何。

（3）分辨率。条码的密度和印刷质量能否符合应用要求。

（4）成本。哪种机器能用最低的成本满足应用要求。

五、物流条形码设备的操作

（一）条码识读的基本工作原理

条码识读的基本工作原理是，由光源发出的光线经过光学系统照射到条码符号上面，被反射回来的光经过光学系统成像在光电转换器上，使之产生电信号。信号经过电路放大后产生模拟电压，它与照射到条码符号上被反射回来的光成正比，再经过滤波和整形，形成与模拟信号对应的方波信号，经译码器解释为计算机可以直接接受的数字信号。

（二）条码识读器的分类

条码识别设备由条码扫描和译码两部分组成。现在绝大部分的条码识读器都将扫描器和译码器集成为一体。人们根据不同的用途和需要设计了各种类型的扫描器（见图2-18）。下面按条码识读器的扫描方式、操作方式、识读码制能力和扫描方向对各类条码识读器进行分类。

图2-18 条码识读器

1. 从扫描方式上分类

条码识读设备从扫描方式上可分为接触式和非接触式两种条码扫描器。接触式识读设备包括光笔与卡槽式条码扫描器；非接触式识读设备包括CCD扫描器与激光扫描器。

2. 从操作方式上分类

条码识读设备从操作方式上可分为手持式和固定式两种条码扫描器。

手持式条码扫描器应用于许多领域，特别适用于条码尺寸多样、识读场合复杂、条码形状不规整的应用场合。在这类扫描器中有光笔、激光枪、手持式全向扫描器、手持式CCD扫描器和手持式图像扫描器。

固定式扫描器扫描识读不用人手把持，适用于省力、人手劳动强度大（如超市的扫描结算台）或无人操作的自动识别应用场合。固定式扫描器有卡槽式扫描器、固定式单线、单方向多线式（栅栏式）扫描器、固定式全向扫描器和固定式 CCD 扫描器。

3. 按识读码制的能力来分类

条码扫描设备从原理上可分为光笔、CCD、激光和拍摄 4 类条码扫描器。光笔与卡槽式条码扫描器只能识读一维条码；激光条码扫描器只能识读行排式二维码（如 PDF 417 码）和一维码；图像式条码识读器既可以识读常用的一维条码，还能识读行排式和矩阵式的二维条码。

4. 从扫描方向来分

条码扫描设备从扫描方向上可分为单向和全向条码扫描器。其中全向条码扫描器又分为平台式和悬挂式。悬挂式全向扫描器是从平台式全向扫描器中发展而来的，这种扫描器也适用于商业 POS 以及文件识读系统。识读时可以手持，也可以放在桌子上或挂在墙上，使用时更加灵活方便。

（三）条码识读器的选择与应用

1. 条码识读器的选择

不同的应用场合对识读设备有不同的要求，用户必须综合考虑，以达到最佳的应用效果。在选择识读设备时，应考虑以下几个方面。

（1）与条码符号相匹配。条码扫描器的识读对象是条码符号，因此在条码符号的密度、尺寸等已确定的应用系统中，必须考虑扫描器与条码符号的匹配问题。例如，对于高密度条码符号，必须选择高分辨率的扫描器。当条码符号的长度尺寸较大时，必须考虑扫描器的最大扫描尺寸；当条码符号的高度与长度尺寸比值小时，最好不选用光笔，以避免造成人工扫描的困难。如果条码符号是彩色的，一定得考虑扫描器的光源，最好选用波长为 633 nm 的红光，否则可能造成对比度不足而给识读带来困难。

（2）首读率。首读率是条码应用系统的一个综合指标。要提高首读率，除了要提高条码符号的质量外，还要考虑扫描设备的扫描方式等因素。在手动操作时首读率并非特别重要，因为重复扫描会补偿首读率低的缺点。但对于一些无人操作的应用环境，则要求首读率为 100%，否则会出现数据丢失等现象。为此最好选择移动光束式扫描器，以便在短时间内有几次扫描机会。

（3）工作空间。不同的应用系统都有不同的特定的工作空间，因此对扫描器的工作距离及扫描景深有不同的要求。一些日常办公条码应用系统对工作距离及扫描景深的要求不高，选用光笔、CCD 扫描器这两种较小扫描景深和工作距离的设备即可满足要求。而对于一些仓库、储运系统，大都要求离开一段距离扫描条码符号，要求扫描器的工作距离较大，因此要选择有一定工作距离的扫描器，如激光枪等。对于某些扫描距离变化的场合，则需要扫描景深大的扫描设备。

（4）接口要求。应用系统的开发，首先是确定硬件系统环境，而后才涉及条码识读器的选择问题，这就要求所选识读器的接口要符合该系统的整体要求。通用条码识读器的接口方式有串行通信接口和键盘接口两种。

（5）性价比。条码识读器由于品牌不同，功能不同，价格也存在着很大的差别，因此在选择识读器时，一定要注意产品的性能价格比，应本着能够满足应用系统的要求且价格较低的原则选购。

最后还须注意，扫描设备的选择不能只考虑单一指标，应根据实际情况作全面考虑。

2. 条码识读器的使用

条码识读器在使用时会出现不能读取条码的情况，常见的原因有以下几种。

（1）没有打开识读这种条码的功能。

（2）条码符号不符合规范。例如，空白区尺寸过小，条和空的对比度过低，条和空的宽窄比例不合适等。

（3）工作环境光线太强，感光器件进入饱和区。

（4）条码表面覆盖有透明材料，反光度太高，虽然眼睛可以看到条码，但是条码识读器识读条件严格，不能识读。

（5）硬件故障，这种情况需要和经销商联系对识读器进行维修。

（四）数据采集器

把条码识读器和具有数据存储、处理、通信传输功能的手持数据终端设备结合在一起，成为条码数据采集器，简称数据采集器，当人们强调数据处理功能时，往往简称为数据终端。它具备实时采集、自动存储、即时显示、即时反馈、自动处理、自动传输功能。它实际上是移动式数据处理终端和某一类型的条码扫描器的集合体（见图 2-19）。

图 2-19　条码数据采集器

便携式数据采集器是集激光扫描、汉字显示、数据采集、数据处理和数据通讯等功能于一体的高科技产品，相当于一台小型的计算机，是将电脑技术与条码技术完美的结合，利用物品上的条码作为信息快速采集手段。简单地说，它兼具了掌上电脑和条码扫描器的功能。

无线数据采集器将普通便携式数据采集器的性能进一步扩展，除了具有一般便携式数据采集器的优点外，还有在线式数据采集器的优点。它与计算机的通讯是通过无线电波来实现的，可以把现场采集到的数据实时传输给计算机。相比普通便携式数据采集器又更进一步地提高了操作员的工作效率，使数据从原来的本机校验、保存转变为远程控制、实时传输。

数据采集器按处理方式分为两类：在线式数据采集器和批处理式数据采集器。数据采集器按产品性能分为：手持终端、无线型手持终端、无线掌上电脑、无线网络设备。

1. 数据采集器与扫描设备的异同点

数据采集器是一种条码识读设备，它是手持式扫描器与掌上电脑的功能组合为一体的设备单元，也就是说它比条码扫描器多了自动处理、自动传输的功能。普通的扫描设备扫描条码后，经过接口电路直接将数据传送给 PC 机；数据采集器扫描条码后，先将数据存储起来，根

系统中，信号接收设备一般叫做读写器（或读卡器），读写器的基本功能就是提供与标签进行数据传输的接口。

（6）按结构分类。根据结构的不同，RFID 标签有 3 种：主动型、半主动型和被动型。被动型结构最简单，由天线和芯片组成，其工作能量来自天线接收到的读写器发出的电磁波信号，不需要集成电路电源，成本最低。半主动式和主动式 RFID 标签则需要比原来获得更高的工作频率，或用以记录传感器数据的能量，这类标签功能强大，结构复杂，成本较高。

（7）按功能分类。从功能上分，RFID 标签又可分为只读式和读写式。只读式 RFID 标签中的数据信息不能更改，但通常可以多次读取；而读写式标签允许用户根据需要更改已经写入标签中的数据。

2. RFID 标签与条形码的区别

从概念上来说，RFID 标签与条形码很相似，目的都是快速准确地确认追踪目标物体。主要的区别如下：有无写入信息或更新内存的能力。条形码的内存不能更改。射频标签不像条形码，它特有的辨识器不能被复制。标签的作用不仅仅局限于视野之内，因为信息是由无线电波传输，而条形码必须在视野之内。由于条形码成本较低，有完善的标准体系，已在全球散播，因此已经被普遍接受，从总体来看，射频技术只被局限在有限的市场份额之内。目前，多种条形码控制模板已经在使用中，在过去信息渠道方面，射频也有不同的标准。

射频技术与条形码是两种不同的技术，有不同的适用范围，有时会有重叠。两者之间最大的区别是条形码是可视技术，扫描器在人的指导下工作，只能接受在视野范围内的条形码。相比之下，射频识别不要求看见目标，射频标签只要在接收器的作用范围内就可以被读取。条形码本身还具有其他缺点，如果标签被划破，污染或是脱落，扫描以及无法辨识目标。条形码只能识别生产者和产品，并不能辨识具体的商品，贴在所有同一种产品包装上的条形码都一样，无法辨识哪些产品先过期。

三、RFID 标签读写器

读写器是 RFID 系统中的基本单元，又称读头、查询器、通信器、扫描器、编程器、读出设备、计算机硬盘驱动器或便携式读出器，它在射频识别系统中起着举足轻重的作用。读写器的频率决定了射频识别系统的工作频段，读写器的功率直接影响射频识别的距离。RFID 系统的基本组成包括标签和读写器两部分，RFID 应用系统包括标签、读写器和 RFID 应用平台 3 大部分，如图 2-21 所示。

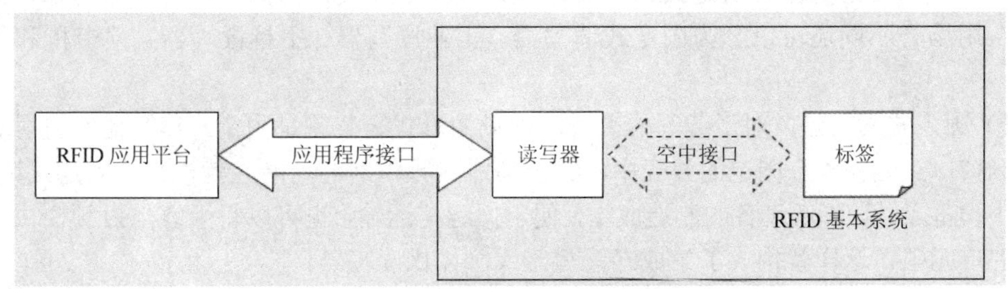

图 2-21 RFID 应用系统

读写器主要包括基带模块和射频模块两大部分，如图 2-22 所示。其中，基带模块部分包括基带信号处理、应用程序接口、控制与协议处理、数据和命令收发接口及必要的缓冲存储区等；射频模块包括射频信号的调制解调处理、数据和命令收发接口、发射通道和接收通道、收发分离（天线接口）等。

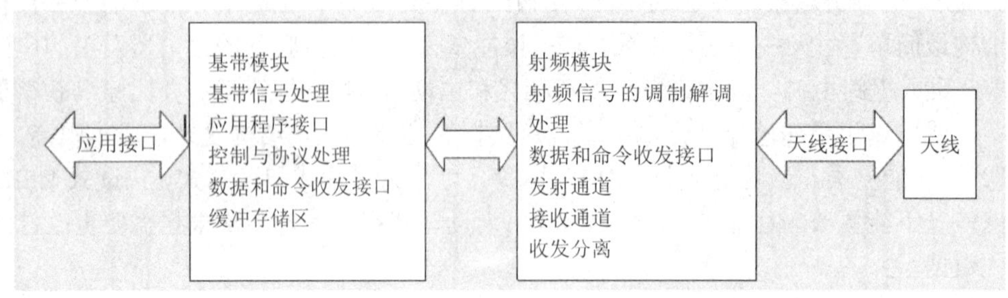

图 2-22 读写器的原理组成

1. 读写器的分类

（1）按通信方式分类，RFID 读写器可分为读写器优先和标签优先两类。读写器优先（RTF）是指读写器首先向标签发送射频能量和命令，标签只有在被激活且收到完整的读写器命令后，才对读写器发送的命令作出响应，返回相应的数据信息。标签优先（TTF）是指对于无源标签系统，读写器只发送等幅的、不带信息的射频能量。标签被激活后，反向散射标签数据信息。

（2）按传送方向分类，RFID 读写器可分为全双工和半双工。全双工方式是指 RFID 系统工作时，允许标签和读写器在同一时刻双向传送信息。半双工方式是指 RFID 系统工作时，在同一时刻仅允许读写器向标签传送命令或信息，或者是标签向读写器返回信息。

（3）按应用模式分类，RFID 读写器可以分为固定读写器、便携式读写器、一体式读写器和模块式读写器。固定式读写器是指天线、读写器和主控机分离，读写器和天线可分别固定安装，主控机一般在其他地方安装或安置，读写器可有多个天线接口和多种 I/O 接口。便携式读写器是指读写器、天线和主控机集成在一起，读写器只有一个天线接口，读写器和中控机的接口与厂家设计有关。一体式读写器是指天线和读写器集成在一个机壳内，固定安装，一般在其他地方安装或安置，一体式读写器与中控机可有多种接口。模块式读写器是指读写器一般作为系统设备集成的一个单元，读写器与主控机的接口与应用无关。

2. 读写器的结构形式

根据数据管理系统的功能需求以及不同设备制造商的生产习惯，读写器具有各种各样的结构与外观形式。根据天线和读写器模块的分离与否，可以分为分离式读写器和集成式读写器。

常见的分离式读写器有固定式读写器，而典型的集成式读写器有手持式读写器。根据读写器的应用场合不同还可以分为固定式读写器、工业读写器、手持读写器、读卡机和红外读写器。

（1）固定式读写器。对于读写器来讲，常见的形式之一就是固定式读写器。将射频控制器和高频接口封装在一个固定的外壳中，完全集成射频识别的功能，就构成了固定式读写器。为了减小设备尺寸，降低设备的制造成本，便于搬运与运输，也可以将天线与射频模块封装在一个外壳单元中，这样就构成了集成式读写器或一体化读写器。

从固定读写器的外观来看，它留有读写器接口和电源接口、安装托架以及工作灯/电源指示灯等。由于目前国内的射频设备主要是国外厂商制造的，因而电源的配置上十分混乱，有 AC 220 V，也有 AC 110 V，还有将 AC 220 V/110 V 转换为直流（通常为 12 V）作为供电方式的。因此，在使用时必须注意，以免造成不必要的损失。

（2）工业读写器。RFID 系统未来最大的应用领域主要是工业应用，包括采矿业、畜牧业和自动化生产等。工业用读写器大都具有标准的现场总接口，以便集成到现有设备当中。此外，这类设备还需要满足多种不同的应用保护需要，如矿井读写器就必须装有防爆装置。工业读写器的典型技术参数与固定式读写器的参数相同。

（3）手持式读写器。手持式读写器又称便携式读写器，是适合用户手持使用的一类射频标签读写器，其工作原理和其他形式的读写器完全一样。手持式读写器常用在动物识别、付款扫描、巡检测试等场合。手持式读写器带有 LCD（Liquid Crystal Display，液晶显示屏），而且键盘面板可以用于操作或输入数据，通常通过可选的 RS 232 串口来实现便携式读写器与 PC 或服务器之间的数据交换。与固定式读写器不同的是，手持式读写器可能会对系统本身数据存储量有所要求。手持式读写器根据工作环境的不同，可以具有其他的特性，如防水、防尘等。

（4）读卡器。读卡器也称发卡器、读卡机、读卡管理机等，主要用于对射频标签进行具体内容的操作，包括档案建立、消费纠错、挂失、补卡、信息修正等，它通常与计算机放置在一起。从本质上讲，读卡器实际上是小型的射频标签读写装置。读卡器经常与读卡管理软件结合起来使用。同一厂家的读卡器与读写器相比，具有发射功率较小、读写距离短等特点。

（5）红外读写器。红外射频自动识别系统识别方向性强，读写器精致超小，可识别无源卡，识读距离可达 4 m。该系统可广泛地应用在需要自动识别的领域，帮助客户实现高效便捷和安全的自动化管理，其应用领域包括自动化工厂、车辆货物称重处、物流运转中心、车队管理终端和停车场等。

红外射频自动识别系统利用其创新性的空间通信协议和督导的能感应红外光线的太阳能模块来实现非接触式远距离自动识别。该系统读写器精致超小，识别方向性强，识别卡无电池，无须天线。识别卡由日光、读写器中内置的红外发光二极管或扩能器的红外光提供能源。系统不受电磁场干扰，不干扰其他系统，识别精确，且使用该系统无须申请无线电通信许可。

四、RFID 的基本工作流程

射频识别系统的基本工作流程是（针对无源系统）：读写器通过发射天线发送一定频率的射频信号，当射频卡进入发射天线工作区域时产生感应电流，射频卡获得能量被激活；射频卡将自身编码等信息通过卡内置的发送天线发送出去；系统接收天线接收到从射频卡发送到后台主系统进行相关处理；主系统根据逻辑运算判断该卡的合法性，针对不同的设定作出相应的处理和控制，发出指令信号控制执行机构动作。

五、RFID 的应用

（一）RFID 在制造业中的应用

RFID 技术已成功地应用于一些著名的跨国公司，如 TESCO，Marks and Spencer，Nokia，并扩展到制造业和零售业等。知名的软件公司（如 Oracle，SAP，Microsoft 和 IBM）正在加快开发速度以适应 RFID 带来的机遇。不少 IT 服务商正在为其客户创造专用的开发软件包以连接 RFID 网络到现有的企业系统。美国国防部和美国国土安全部等最近提出了推进 RFID 技术的策略。

RFID 正从供应链进入制造过程的核心，通过在工厂车间层逐步采用 RFID 技术，制造商可以无缝且不间断地集成从 RFID 捕获的信息并链接到现有的、已验证和工业加强的控制系统基础结构，与配置 RFID 功能的供应链协调，不需要更新已有的制造执行系统（MES）和制造信息系统（MIS）就可以发送准确、可靠的实时信息流，从而创造附加值，提高生产率和大幅度的节省投资。AMR Research 在其 2004 年的一个研究报告中指出："精确和实时预测能明显地提高供应链的性能从而减少 15%的库存量，完成的订单率提高 17%，先进循环周期缩短 35%。"

1. 传统制造业的管理状况

在传统的制造业企业中，管理主要集中在产品管理、质量管理、仓库管理、移动资产管理、现场移动管理、车队管理等。通常，这些部门通过人工输入数据，并且大多数使用纸和笔，这使得制造企业大部分职能部门面对大量的数据错误，并且降低了生产力。

（1）传统的物料跟踪。物料在生产线上的移动过程是不可见的；当出现报废零件时如果无法追溯到其他产品，就会影响产品质量。

（2）传统的仓库管理。库存在每一个功能库区中存储时间延长；仓库每一个功能部门的效率很低；库存信息不能实时可见，为满足安全存量的要求，往往要花费更高的成本。

（3）传统的生产线数据采集。数据的滞后使采集的数据通常在下 1 个工作日才能反映在生产数据库中。由于数据滞后，只能通过滞留样品来维持产品质量体系和产量控制。

（4）传统的销售管理。手工填写的销售方式大大降低了销售人员的销售效率、准确率和每日访客数。销售单的再次输入降低了准确率，同时也影响了结算时间，降低了企业现金的周转周期。

（5）传统的资产管理。不能得到历史资料的支持，影响设备的维修养护时间和工程师的工作效率；现场需要的零配件和工具不能及时提供等。

2. 采用 RFID 技术后制造企业的管理状况

采用 RFID 技术可使企业管理水平和生产效率显著提高。

（1）仓库管理。通过条码、计算机和 RFID 技术实现仓库的实时化，可减少安全库存量 17%；提高员工的工作效率 32%；减少操作过程中的差错；加快现金流的周转，降低企业成本。

（2）物料跟踪。生产线的工作人员可通过条码扫描器和计算机进行数据采集；任何一件零配件从入库开始到流转上生产线直到成为产品，每一步都可以进行实时的跟踪；在生产工序中实时地校验零配件的加工或安装，建立流程控制体系；通过监控原材料的每一步提高产品质量，减少问题产品的召回数量，保护企业的品牌形象；建立产品的质量追溯跟踪体系。

（3）生产线数据采集。生产线上的数据被实时地采集并进入流程控制系统；SCADA（Supervisory Control And Data Acquisition，数据采集与监视控制系统）和 MES 被实时反映在计算机上，管理人员能够最及时地作出对产品产量和质量控制的决定。

（4）资产管理。减少耗时的纸面工作，提高技师的工作效率，技师的工作效率达到 100%准确；可以实时获取设备资产的历史维修维护记录，便于最迅速地确定设备状态和制定维护计划；根据进度安排零配件和维修工具，降低零配件库存量，确保机械设备的准时运行；提高工具和人员的效率，延长生产线的正常运行时间。

（5）销售管理。计算机和无线广域网的采用实现了销售订单的实时化，日销售费用减少 15%，司机和管理人员工作效率提高 15%，销售量增加了 9%，提高了客户的满意度。

（二）RFID 在产品仓储中的应用

1. RFID 在仓储中的应用方案

现有的仓储管理系统主要有两种，一种是由传统的管理系统与人工记忆相结合，这种方式不仅费时费力，而且容易出错，使得货品仓储环节效率低下，给企业带来了不可估量的损失；第二种是使用电子标签完全取代货品上条形码的自动化仓储管理系统，这种方式虽然增加了查询和盘点精度、加快了出入库的流转速度，但是由于现阶段标签的价格远远高于条形码，使得系统应用的成本非常高，因此，这种管理系统还处于概念性试验阶段。

为了弥补以上两种仓储管理系统的缺点，提出了一种应用 RFID 技术的仓储管理优化系统。根据对实际仓储管理流程的分析，该系统应满足以下几个方面的目标。

（1）具有通常信息管理系统的权限管理、数据查询和统计管理功能。

（2）能够提高货品查询的准确性。

（3）能够改善盘点作业的质量。

（4）帮助企业降低库存管理的成本。

（5）在货品库存量低于安全库存量时，系统能够自动提供警示。

（6）系统的运行能够加快货品出入库速度，从而增大库存中心的吞吐量。

（7）能够给管理者与决策者提供及时准确的库存信息。

（8）能够对库存信息自动化收集，从而实现库存管理的无纸化作业。

2. 总体方案设计

在该方案中，根据每批入库货品的信息，管理系统生成了用于仓储内部管理的货品包装箱条形码，克服了原有货品条码无法反映入库信息的缺点；同时在仓库中的每个货架上放置了一张电子标签，用来收集该货架上所摆放的货品的信息；货架标签上的信息通过手持电子标签条形码读写器，在扫描可摆放在货架上的货品包装箱条形码后进行更新；主机系统通过仓库顶部的固定阅读器以无线方式收集货架标签上的信息，并进行实时处理。该方案通过在原有条形码方式下的内嵌 RFID 技术，有效地提高了信息收集的自动化程度，实现了对出入库作业的实时监控，方便了对库存货品的定位与查询，同时避免了电子标签完全替代条形码的高额成本，从而大幅度提高了仓储作业的工作效率。系统主要由手持电子标签条形码读写器、固定读写器、货架标签、货品包装箱条形码和主机管理系统 5 部分组成。

手持电子标签读写器（简称手持设备）是本系统仓储出入库操作的核心设备，它集成了条形码扫描和电子标签读写功能，并且可以通过员工卡间接与主机系统进行通信。在仓储操作过程中，操作员首先用手持设备扫描货品包装箱上的条形码信息，而后将货品入库和出库的信息通过手持设备写入货架上的电子标签，以更新货架标签上的货品库存信息。

多部固定读写器将仓库划分为若干区域，每个区域顶部放置一部 RFID 读写器，通过多串口卡连接到管理主机，用来监控该区域内各个货架上的电子标签，并实时读取货架标签上的库存信息，及时更新管理系统的数据库，确认货品的出入库信息。

货架标签即电子标签，仓库的每个区域中包含若干个货架，每个货架上置有一张电子标签，用来记录该货架上的货品库存信息。货架标签上的信息在每次仓储操作后，由手持设备刷新，并且接受该区域固定读写器的实时查询。

货品包装箱条形码是管理系统自己生成的与商品入库信息相关联的内部条形码。它记录了货品信息和商家的库存信息，其中主要包括入库时间信息、入库区域编号和流水号。

主机管理系统主要由基本信息管理模块、出入库操作管理模块、手持设备管理模块、设备及标签检测模块、库存报警模块、库存信息查询模块等组成，用来对整个仓储过程实施多方位、全天候的监控与管理。

（三）RFID 在配送中心的应用

1. 物流配送中心模型

假设我们以某电脑配件的配送中心为模型，对 RFID 在配送中心的应用进行研究。该配送中心经营各种电脑配件，如 CPU、硬盘、内存、主板和显示器等，配送中心的客户则是相对稳定的规模较大的分销商。在配送中心物流作业过程中数据采集技术采用 RFID 技术。

配送中心因配送商品和配送要求的不同，在特性和规模上有所不同。

电脑配件配送中心主要活动分信息流和物流两部分。而信息流的层级是：上层是策略信息，中层是经营管理信息，下层是物流作业信息。中层经营管理信息主要分为进货、存货和销货等项目的管理信息；下层物流作业管理分为入库管理、在库（库存）管理和出库管理。

由于配送中心的客户群特点，配送中心内采用的是按照订单进行拣货的方式，拣货后无须按照客户对货物进行分类即可直接装车进行配送。

2. 传统物流配送中心存在的几个问题

消费者需要高水平的服务和具有竞争力的价格，因此需要设置配送中心进行集中配送，这样可以更有效地组织物流活动，控制物流费用，集中存储物资，保持合理的库存，提高服务质量，扩大销售，防止出现不合理运输。为了完成这些目标，传统的配送中心面临以下几个方面的问题。

（1）存货统计缺乏准确性。由于某些条码不可读或者一些人为错误，使得存货统计常常不是十分精确，从而影响到配送中心作出正确的决定。

（2）订单填写不规范。很多订单没有正确填写，因此很难保证配送中心每次都可以将所需货物的正确数量发送到正确的地点。

（3）货物损耗。在运输过程中的货物损耗始终是困扰配送中心的问题，损耗有因货物存放位置错误引起的，也有货物被偷盗而损失的，还有因为包装或者发运时出错的。根据一项美国的调查表明，零售业的货物损耗可以达到销售量的 1.71%。

（4）清点货物。传统方法在清点货物时效率很低，但为了及时了解货物的库存状况又需要随时清点，为此需要大量的人力、物力。

（5）劳动力成本。劳动力成本已经成为一个比较严重的问题，有数字统计表明，在整个供应链成本中，劳动力成本所占比重已经上升到 30%左右。

3. RFID 技术在供货配送中心的具体应用

针对传统物流配送中心存在的问题，可以从以下几个方面详细论证如何在配送中心应用 RFID 技术。

（1）入库和检验。当贴有射频标签的货物运抵配送中心时，入口处的读写器将自动识别标签，根据得到的信息，管理系统会自动更新存货清单；同时，根据订单的需要，将相应的货品发往正确的地点。这一过程将传统的货物验收入库程序大大简化，省去了繁琐的检验、记录、清点等大量需要人力的工作。

（2）整理和补充货物。装有移动读写器的运送车自动对货物进行整理，根据计算机管理中心的指示自动将货物运送到正确位置，同时将计算机管理中心的存货清单更新，记录下最新的货品位置。存货补充系统将在存货不足指定数量时自动向管理中心发出申请，根据管理中心的命令，在适当的时间补充相应数量的货物。在整理货物和补充存货时，如果发现有货物堆放到了错误位置，读写器将随时向管理中心报警，根据提示，运送车将把这些货物重新堆放到指定的正确位置。

（3）订单填写。通过 RFID 系统，存货和管理中心紧密联系在一起，而在管理中心的订单填写，将发货、出库、验收和更新存货目录整合成一个整体，最大限度地减少了错误的发生，同时也大大节省了人力。

（4）货物出库运输。应用 RFID 技术后，货物运输将实现高度自动化。当货品在配送中心出库，经过仓库出口处读写器有效范围时，读写器自动读取货品标签上的信息，不需要扫描，可以直接将出库的货物运输到需要者的手中，而且由于前述的自动操作，整个运输过程速度大为提高，同时所有货物都避免了条码不可读和存放位置错误等情况的出现，准确率大大提高。

【知识链接】

物联网技术

一、物联网概述

进入21世纪以来，随着感知识别技术的快速发展，信息从传统的人工生成的单通道模式转变为人工生成和自动生成的双通道模式。物联网概念最早出现于比尔·盖茨1995年《未来之路》一书。在《未来之路》中，比尔·盖茨已经提及物物互联，只是当时受限于无线网络、硬件及传感设备的发展，并未引起重视。1998年，美国麻省理工学院（MIT）创造性地提出了当时被称作EPC系统的物联网构想。1999年，建立在物品编码、RFID技术和互联网的基础上，美国Auto-ID中心首先提出物联网概念。

物联网的基本思想出现于20世纪90年代，但近几年才真正引起人们的关注。物联网就是“物物相连的互联网”。这有两层意思：第一，物联网的核心和基础仍然是互联网，是在互联网基础之上的延伸和扩展的一种网络；第二，其用户端延伸和扩展到了任何物品与物品之间，进行信息交换和通信。因此，物联网的定义是通过射频识别（RFID）装置、红外感应器、全球定位系统、激光扫描器等信息传感设备，按约定的协议，把任何物品与互联网相连接，进行信息交换和通信，以实现智能化识别、定位、跟踪、监控和管理的一种网络。

二、物联网的特点

（1）感知识别普适化。作为物联网的末梢，自动识别和传感网技术近些年来发展迅猛，应用广泛。仔细观察就会发现，人们的衣食住行都能折射出感知识别技术的发展。无处不在的感知与识别将物理世界信息化，对传统上分离的物理世界和信息世界实现高度融合。

（2）异构设备互联化。尽管硬件和软件平台千差万别，各种异构设备（不同型号和类别的RFID标签、传感器、手机、笔记本电脑等）利用无线通信模块和标准通信协议，构建成自组织网络。在此基础上，运行不同协议的异构网络之间通过“网关”互通互联，实现网际间信息共享和融合。

（3）联网终端规模化。物联网时代的一个重要特征是“物品触网”，每一件物品均具备通信功能，成为网络终端。

（4）管理调控智能化。物联网将大规模数据高效、可靠地组织起来，为上层行为应用提供智能的支撑平台。数据存储、组织以及检索成为行业应用的重要基础设施。

三、物联网在现代物流业中的应用

物流业是物联网很早就实实在在落地的行业之一，很多先进的现代物流系统已经具备了信息化、数字化、网络化、集成化、智能化、柔性化、敏捷化、可视化、自动化等先进技术特征。很多物流系统和网络也采用了最新的红外、激光、无线、编码、认址、识别、定位、无接触供电、光纤、数据库、传感器、RFID、卫星定位等高新技术，这种集光、机、电、信息等技术为一体的新技术在物流系统的集成应用就是物联网技术在物流业应用的体现。概括起来，目前相对成熟的应用主要在四大领域：

1. 物联网是产品的智能可追溯的网络系统

如食品的可追溯系统、药品的可追溯系统等。这些智能的产品可追溯系统为保障食品安全、药品安全提供了坚实的物流保障。

粤港合作供港蔬菜智能追溯系统就是一个案例。通过安全的 RFID 标签，可实现对供港蔬菜进行溯源。实现了对供港蔬菜从种植、用药、采摘、检验、运输、加工到出口申报等各环节的全过程监管，可快速、准确地确认供港蔬菜的来源和合法性，加快了查验速度和通关效率，提高了查验的准确性。通过 RFID 标签与数据库形成的“物联网”实现对供港蔬菜的自动化识别、判断和监管，可提高监管效率，实现快速通关。

目前，在医药领域、农业领域、制造领域，产品追溯体系都发挥着货物追踪、识别、查询、信息等方面的巨大作用，有很多成功案例。

2. 物联网是物流过程的可视化智能管理网络系统

这是基于 GPS 卫星导航定位技术、RFID 技术、传感技术等多种技术，在物流过程中可实时实现车辆定位、运输物品监控、在线调度、配送可视化与管理等。目前，全网络化与智能化的可视管理网络还没有，但初级的应用比较普遍，如有的物流公司或企业，建立了 GPS 智能物流管理系统；有的公司建立了食品冷链的车辆定位与食品温度实时监控系统等，初步实现了物流作业的透明化、可视化管理；在公共信息平台与物联网结合方面，也有一些公司在探索新的模式，展望未来，一个高效精准、实时透明的物流业将呈现在我们眼前。

3. 物联网是智能化的企业物流配送中心

这是基于传感、RFID、声、光、机、电、移动计算等各项先进技术，建立全自动化的物流配送中心，建立物流作业的智能控制、自动化操作的网络，实现物流与制造联动，实现商流、物流、信息流、资金流的全面协同。如：一些先进的自动化物流中心实现了机器人码垛与装卸，利用无人搬运车进行物料搬运，自动化的输送分拣线上开展拣选作业，出入库由自动化的堆垛机自动完成，物流中心信息与制造业 ERP 系统无缝对接，整个物流作业系统与生产制造实现了自动化、智能化。这也是物联网的初级应用。

4. 物联网是企业的智慧供应链

在竞争日益激烈的今天，面对着大量的个性化需求与订单，怎样使供应链更加智慧，怎样才能做出准确的客户需求预测，是企业经常遇到的现实问题。这就需要智慧物流和智慧供应链的后勤保障网络系统支持。打造智慧供应链，是 IBM 智慧地球解决方案中重要的组成部分，也有一些应用的案例。

此外，基于智能配货的物流网络化公共信息平台建设，物流作业中智能手持终端产品的网络化应用等，也是目前很多地区推动的物联网在物流业中应用的模式。

在物流业，物联网在物品可追溯领域的技术与政策等条件已经成熟，应该全面推进；在可视化与智能化物流管理领域应该开展试点，力争实现重点突破，取得有示范意义的案例；在智能物流中心建设方面需要物联网理念进一步提升，加强网络建设和物流与生产的联动；在智能配货的信息化平台建设方面应该统一规划，全力推进。

技能实训

【实训目标】

- 能够正确运用条码制作与检测设备；
- 熟练掌握编制条码的规则和方法，实施条码的打印与检测并适应实际作业应用。

【实训内容及要求】

（一）实训内容

每位学生利用条码打印机选择合适的条码软件打印个人名片。

（二）实训要求

名片上要有文字、数字、图片、线条。文字是自己的名字，数字是自己的手机号码，图片是自己的二维条码。二维条码制作除包括以上要求之外，还要增加若干自定义的其他相关信息。

【实训分析】

该项目要求根据条码编制的规则，编制并打印条码。项目在实施中主要考查学生对一维条形码和二维条形码的选择与应用；训练学生对二维条形码编制与应用的技能，包括条码软件的使用和条码硬件的操作应用。

【实训链接】

手机二维条码应用

手机扫描二维码技术，简单地说是通过手机拍照功能对二维码进行扫描，快速获取二维条码中存储的信息，进行上网、发送短信、拨号、资料交换、自动文字输入等。手机二维码目前已经被各大手机厂商使用开发。

手机二维码是二维码的一种，手机二维码不但可以印刷在报纸、杂志、广告、图书、包装以及个人名片上，用户还可以通过手机扫描二维码，或输入二维码下面的号码实现快速手机上网功能，并随时随地下载图文、了解企业产品信息等。

项目小结

本项目主要描述条码的码制与制作生成以及检测内容，分析条码的应用范围及物流中的应用形式，同时分析 RFID 技术在应用中的优势及特点，说明今后适用的应用领域和使用方法与技术原理。

项目考核

一、选择题

1．物流条形码是指在物流过程中以商品为对象、以包装商品为单位使用的条形码。标准物流条形码由（　　）位数字组成。

A．16　　B．8　　C．14　　D．15

2．（　　）是无线电技术在自动识别领域应用中的具体运用。

A．RFID　　B．一维条码　　C．二维条码　　D．三维条码

3．一维条形码的容量是（　　）字节，二维条形码最大的容量可储存 2～3 000 字节，RFID

最大的容量则有数兆字节。

A．50　　B．100　　C．200　　D．400

4．RFID 标签通常由 3 部分组成，包括读出器、硅芯片和（　　）。

A．天线　　B．无线　　C．读取器　　D．输入器

5．（　　）是标签与读出器收发报机之间的管道，通过天线来控制系统信号地获得与交换。

A．天线　　B．无线　　C．读取器　　D．输入器

二、判断题

1．RFID 技术已逐渐成为企业提高物流供应链管理水平、降低成本、加大企业管理信息化、参与国际经济大循环、增强企业核心竞争力不可缺少的技术工具和手段。（　　）

2．RFID 承载的电子式信息，如果其数据内容不经由密码保护，则很容易被伪造及更改。（　　）

3．有源卡，卡内有电池提供电源，作用距离较远，但寿命有限、体积较大、成本高，且不适合在恶劣环境下工作。（　　）

三、简答题

1．什么是条形码？

2．条形码技术在物流中的应用主要有哪几个方面？

3．常用的一维码的码制主要有哪些？

4．二维条码的特点是什么，它与条码技术的共性与个性有哪些？

5．RFID 标签通常由哪几部分组成？

6．射频识别系统的基本工作流程是什么？

四、进阶应用题

小刘所管理的仓储配送中心尚没有信息系统和设备，通常在采集信息的时候都是通过人工登账和单据流转，这样信息采集的效率差，还容易出差错，影响了工作效率和质量。你能否为他出个方案，如何通过硬件设备，提高物流信息采集的效率和质量？

项目三　电子数据交换（EDI）

本项目旨在通过对电子数据交换技术的学习和任务实施，掌握 EDI 的概念；通过对比了解 EDI 技术应用的优越性；掌握 EDI 应用系统的构成及基本工作原理；掌握 EDI 技术在供应链物流中的基本应用。

任务 1　EDI 概述

【任务介绍】

企业与企业间以及企业内部管理不同活动的信息系统之间往往需要打通、联接才能完成管理水平整体的提升,解决方案之一是将企业内部信息系统间的数据接口通过对不同信息系统数据格式的统一从而实现整体的信息系统管理。EDI 技术除了实现企业与企业信息系统间交换数据无缝联接外，还可以实现制式单据传递等功能，本节任务通过手工条件下与 EDI 技术条件下贸易单证的传递对比，介绍了 EDI 技术应用的优越性。

【任务目标】

- 掌握 EDI 的概念；
- 通过对比了解 EDI 技术应用的优越性。

【任务引入】

宁波集装箱实时管理系统达国际先进水平

2004 年 5 月 27 日交通部科技教育司在宁波港北仑第二集装箱有限公司主持召开了《国际集装箱码头业务实时管理集成系统》项目鉴定会。鉴定委员会由来自交通部水运司、北京交通大学、上海交通大学、青岛港信息中心、上海港航 EDI 中心、浙江省科技情报研究院等 9 位专家组成。相关专家听取系统项目的工作汇报，审阅技术文件、系统测试分析报告和查新报告，观看系统功能演示后，一致同意该项目通过鉴定，并且认为该系统在港口与口岸的业务集成处理技术方面实现突破，达到国际先进水平，这也是宁波港计算机科技成果首次获此殊荣。

国际集装箱码头 EDI 与业务实时管理集成系统实现了实时高效的业务处理需求，能实时采集、传输和处理集装箱码头业务数据；在国内首次尝试自主开发与美国 Navis 公司 SPARCS 软件的接口处理模块，运行稳定可靠，具有创新性；系统对于国际中转集装箱信息自动交换平台的设计具有创新性，成功解决了海关、码头与客户间的“无纸化”信息处理；硬件采用双机热备份、基于千兆位高速主干网络和关键业务点冗余链路设计，体现了及专项码头不间断运作的特点，有良好的可靠性和安全性；系统采用自主开发核心业务模块并外挂国外先进软件产品的开发模式优势明显，快速提升了宁波港集装箱作业效率和管理水平，能够满足业务快速发展的需要。该系统从宁波港自身发展的需要和宁波港口岸国际集装箱业务运作模式的特点出发，采取自主开发系统核心应用软件，外挂国外通用性强、先进、成熟软件的总体策略，构建国际机组昂新码头业务实时管理系统，并于2003年2月6日成功上线。系统运行以来，集装箱1小时进提箱完成率稳定在99%以上，半小时进提箱完成率也提升到了80%以上；集装箱单机装卸效率从原先的每小时23自然箱上升到目前的29自然箱；集装箱船时效率5次创出新高，目前最高船时效率每小时262.8自然箱，达到国内港口领先水平；另外，码头堆场利用率也得到较大的提高，取得了良好的社会效益和经济效益。

请思考：什么是EDI？EDI在物流领域是如何应用的？

【任务分析】

EDI技术是宁波国际集装箱码头提升吞吐量的主要支撑技术，同时也是当今国际物流领域里，解决“象征性交付”，单证传输、数据报文的重要技术，因此有必要学习和了解EDI的概念与传递方式。

【相关知识】

在国际贸易中，由于买卖双方地处不同的国家和地区，因此在大多数情况下，不是简单地直接地面对面地买卖，而必须以银行进行担保，以各种纸面单证为凭证，方能达到商品与货币交换的目的。这时，纸面单证就代表了货物所有权的转移，因此从某种意义上讲“纸面单证就是外汇”。

全球贸易额的上升带来了各种贸易单证、文件数量的激增。虽然计算机及其他办公自动化设备的出现可以在一定范围内减轻人工处理纸面单证的劳动强度，但由于各种型号的计算机不能完全兼容，实际上又增加了对纸张的需求，美国森林及纸张协会曾经做过统计，得出了用纸量超速增长的规律：即年国民生产总值每增加10亿美元，用纸量就会增加8万吨。此处，在各类商业贸易单证中有相当大的一部分数据是重复出现的，需要反复地键入。有人对此也做过统计，计算机的输入平均70%来自另一台计算机的输出，且重复输入也使出差错的机率增高，据美国一家大型分销中心统计，有5%的单证中存在着错误。同时重复录入浪费人力、浪费时间、降低效率。因此，纸面贸易文件成了阻碍贸易发展的一个比较突出的因素。另外，市场竞争也出现了新的特征。价格因素在竞争中所占的比重逐渐减小，而服务性因素所占比重增大。销售商为了减少风险，要求小批量、多品种、供货快，以适应瞬息万变的市场行情。而在整个贸易链中，绝大多数的企业既是供货商又是销售商，因此提高商业文件传递速度和处理速度成了贸易链中所有成员的共同需求。同样，现代计算机的大量普及和应用以及功能的不断提高，已使计算机应用从单机应用走向系统应用；同时通信条件和技术的完善、网络的普及又为EDI的应用提供了坚实的基础。

正是在这样的背景下，以计算机应用、通信网络和数据标准化为基础的EDI应运而生。EDI一经出现便显示出了强大的生命力，迅速地在世界各主要工业发达国家和地区得到广泛的应用。

EDI（Electronic Data Interchange）可译为“电子数据交换”，是一种在公司之间传输订单、发票等作业文件的电子化手段。它通过计算机通信网络将贸易、运输、保险、银行和海关等行业信息，用一种国际公认的标准格式，实现各有关部门或公司与企业之间的数据交换与处理，并完成以贸易为中心的全部过程，它是20世纪80年代发展起来的一种新颖的电子化贸易工具，是计算机、通信和现代管理技术相结合的产物。国际标准化组织（ISO）将EDI描述成“将贸易（商业）或行政事务处理按照一个共认的标准变成结构化的事务处理或信息数据格式，实现从计算机到计算机的电子传输”。而ITU-T（原CCITT）将EDI定义为“从计算机到计算机之间的结构化的事务数据互换”。又由于使用 EDI 可以减少甚至消除贸易过程中的纸面文件，因此 EDI 又被人们通俗地称为“无纸贸易”。

对比传统手工条件下贸易单证的传递方式和 EDI 条件下贸易单证的传递方式，可以发现，手工条件下贸易单证的传递方式是买方向卖方提出订单。卖方得到订单后，就进行内部的纸张文字票据处理，准备发货。纸张票据中包括发货票等。买方在收到货和发货票之后，开出支票，寄给卖方。卖方持支票至银行兑现。银行再开出一个票据，确认这笔款项的汇兑（见图 3-1）。

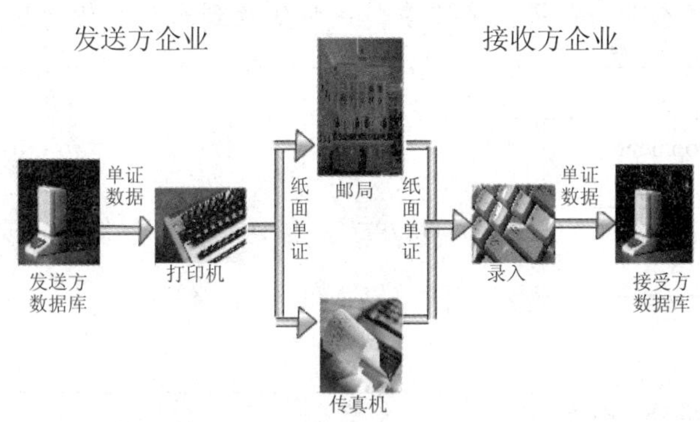

图 3-1　手工条件下贸易单证的传递方式

而一个生产企业的 EDI 系统，就是要把上述买卖双方在贸易处理过程中的所有纸面单证由 EDI 通信网来传送，并由计算机自动完成全部（或大部分）处理过程。具体为：企业收到一份 EDI 订单，则系统自动处理该订单，检查订单是否符合要求；然后通知企业内部管理系统安排生产；向零配件供销商订购零配件等；有关部门申请进出口许可证；通知银行并给订货方开出 EDI 发票；向保险公司申请保险单等，从而使整个商贸活动过程在最短时间内准确地完成。图 3-2 表示了国际贸易中的 EDI 系统。从中可以直观地看到，一个真正的 EDI 系统是将订单、发货、报关、商检和银行结算合成一体，从而大大加速了贸易的全过程。因此，EDI 对企业文化、业务流程和组织机构的影响是巨大的。

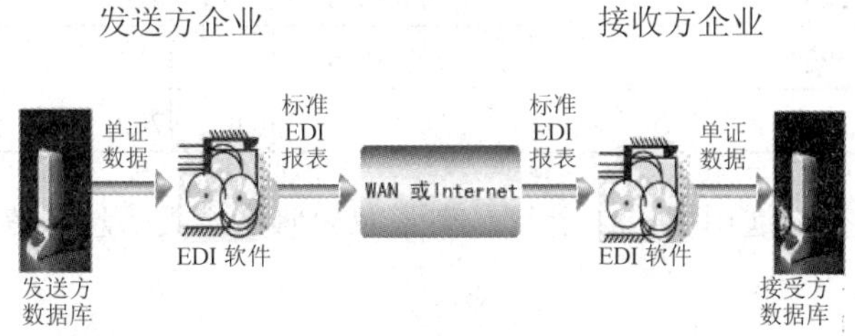

图 3-2　EDI 条件下贸易单证的传递方式

任务 2　EDI 的构成及单证处理过程

【任务介绍】

EDI 技术实现的是结构化标准报文在计算机应用系统之间的自动交换和处理。本任务应通过知识学习，掌握其单证处理过程及 EDI 应用系统的构成。

【任务目标】

- 掌握 EDI 应用系统的构成；
- 掌握单据流转基本工作原理。

【任务引入】

小张为某综合物流企业货代部业务专员，一日他收到客户发来的业务信息，如下：

ISSUER:	*PACKING LIST*				
Aoweisi Machinery Development Co.,Ltd					
#G116 Exhibition Quanzhou City Fujian Province China					
TO:					
ROSE FRANCE IMPORT AND EXPORT CO., 24 SANT MART RUE PARIS	NO.	yyy	DATE:	2003-1-10	
TRANSPORT DETAILS:	S/C NO.	20020001	L/C NO:		
	TERMS OF PAYMENT:	D/P			
MARKS & NO.	DESCRIPTION & SPECIFICATION	QUANTITY	G.W. (KGS)	N.W. (KGS)	MEAS. (CBM)
	Machinery				
	check2"	2000PCS	500.00	460	34.00X23.00X24.00
	check3"	1000PCS	340.00	320	35.00X33.00X23.00
	check2"	2000PCS			
	TOTAL:		840	780	0.64CBM

上述信息为 EDI 报文通用格式，请问：小张应如何将相关信息和单据根据物流业务进行流转？

【任务分析】

结合该任务，应分析 EDI 报文的原理、标准、通用格式及其适用范围，同时还应掌握 EDI 信息系统的构成及流转流程。

【相关知识】

一、EDI 的构成

构成 EDI 系统的 3 个要素是 EDI 软件和硬件、通信网络以及数据标准化。一个部门或企业若要实现 EDI，首先必须有一套计算机数据处理系统；其次，为使本企业内部数据比较容易地转换为 EDI 标准格式，须采用 EDI 标准；另外，通信环境的优劣也是关系到 EDI 成败的重要因素之一。

EDI 是为了实现商业文件、单证的互通和自动处理，采用的是不同于人机对话方式的交互式处理，而是计算机之间的自动应答和自动处理（见图 3-3），因此文件结构、格式、语法规则等方面的标准化是实现 EDI 的关键。世界各国开发 EDI 得出一条重要经验，就是必须把 EDI 标准放在首要位置。EDI 标准主要分为以下几个方面：基础标准、代码标准、报文标准、单证标准、管理标准、应用标准、通信标准和安全保密标准。

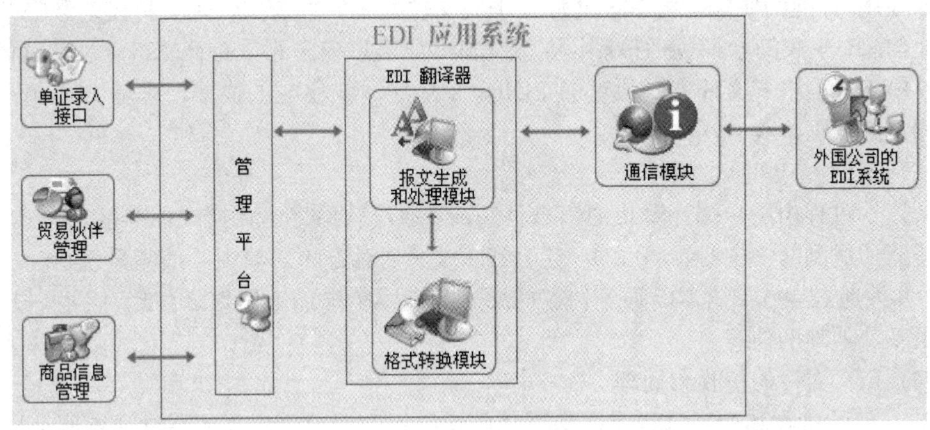

图 3-3　EDI 应用系统

二、EDI 单证处理过程

EDI 技术实现的是结构化标准报文在计算机应用系统之间的自动交换和处理。其单证处理过程可分为以下 4 个步骤（见图 3-4）。

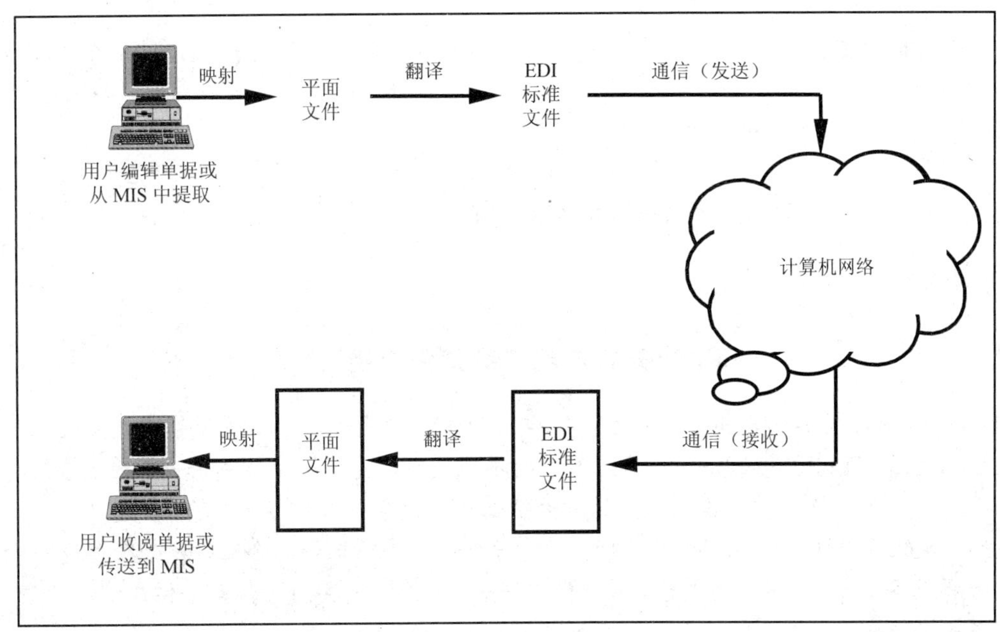

图 3-4　EDI 单证处理过程

（一）生成 EDI 平面文件

用户应用系统将用户的应用文件或数据库中的数据取出，通过映射程序把用户格式的数据转换为被称之为平面文件的一种标准中间文件。平面文件是一种普通的文本文件，其作用在于生成 EDI 电子单证，以及用于内部计算机系统的交换和处理等。应用文件是用户通过应用系统直接编辑、修改和操作的单证和票据文件，可直接阅读、显示和打印输出。

（二）翻译生成 EDI 标准格式文件

将平面文件通过翻译软件生成 EDI 标准格式文件。EDI 标准格式文件是按 EDI 数据交换标准，即 EDI 标准的要求，将单证文件（平面文件）中的目录项，加上特定的分隔符、控制符和其他信息，生成的一种包括控制符、代码和单证信息在内的只有计算机才能阅读的 ASCII 码文件。EDI 标准格式文件就是所谓的 EDI 电子单证，或称电子票据。它是 EDI 用户之间进行贸易往来的依据，具有法律效力。

（三）通信

通信这一过程由用户端计算机通信软件完成。通信软件将已转换成标准格式的 EDI 报文，经通信线路传送到网络中心，将 EDI 电子单证投递到对方的信箱中。信箱系统自动完成投递和转接，并按照 X.400 或 X.435 通信协议的要求为电子单证加上信封、信头、信尾、投递地址、安全要求及其他辅助信息。

（四）EDI 文件的接收和处理

EDI 文件的接收和处理过程是发送过程的逆过程。用户首先需要通过通信网络接入 EDI 信箱系统，打开自己的信箱，还原成应用文件进行编辑、处理和回复。

任务 3　物流 EDI 的应用

【任务介绍】

本节任务通过 EDI 技术在美的供应链中的综合应用为案例，介绍了 EDI 技术在供应链物流领域的应用。

【任务目标】

- 掌握 EDI 技术在供应链物流中的基本应用。

【任务引入】

EDI 助美的实现“敏捷供应链”

创业于 1968 年的美的集团，是一家以家电业为主，涉足房产、物流等领域的大型综合性现代化企业集团。随着自身业务在全球范围内的不断扩大，美的已经形成了一个覆盖全球，从生产制造、供应商、物流、渠道到客户的庞大企业供应链群。2010 年，美的制定“十二五”发展规划。美的意识到，要实现既定目标，成为一个屹立全球市场的企业，就必须要进一步联合上下游的业务伙伴，紧密合作关系，加强供应链一体化管理，共同增强整条供应链的竞争力，实现“敏捷供应链”。

敏捷供应链的第一步，便是提升供应链成员在业务合作中大量信息交换的速度和准确性，这将直接影响到整个供应链的运作效率。美的的供应链伙伴群体十分庞大，上下游企业和合作伙伴众多，每年需要交换大量的单据，美的与业务伙伴之间典型的信息交互如图 3-5 所示。

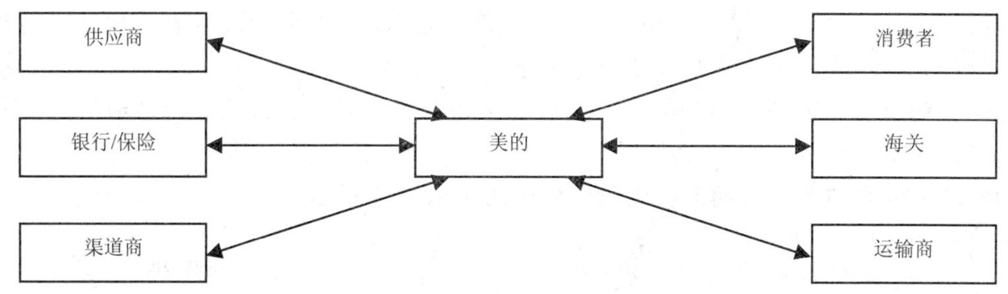

图 3-5　美的与业务伙伴之间信息交互图

之前，美的是采用人工的方式实现对大量业务单据的接收、处理和发送，需要花费较长时间来完成单据的处理；同时，人工处理方式难免发生错误。为了满足美的与供应链合作伙伴之间实时、安全、高效和准确的业务单据交互，提高供应链的运作效率，降低运营成本，美的迫切需要利用企业级（B2B）数据自动化交互和传输技术，即 EDI（电子数据交换）方案来解决这个问题。

美的 EDI 平台需求的特点

美的的 EDI 平台需求具有如下特性：

第一，美的供应链内众多的合作伙伴，包括供应商、物流商、渠道商、银行和保险机构等都有自己的业务数据标准和传输协议，同时，美的内部各子应用系统也有各自的数据标准，因此 EDI 平台方案必须具备强大的数据处理能力，能够将各类异构数据迅速转换为标准 EDI 报文，同时还要具备支持多种传输协议的能力。

第二，EDI 平台作为连接美的与众多合作伙伴的中间平台，是双方进行业务数据集成和交互的核心，处理速度直接影响到业务流程的效率，因此需要具备数据快速处理和传输能力，同时，整个处理和传输过程应该完全自动化而无须人工干涉。

第三，随着业务不断发展，美的供应链内的合作伙伴、业务流程、数据标准会发生相应的变动，因此 EDI 平台方案必须具备良好的柔韧性，以迅速适应业务需求的变更和拓展。

基于上述需求，美的 EDI 平台具备以下特点：

（1）高度灵活、反应敏捷，可高效、快速地适应业务需求的变化。不管是有新的合作伙伴的加入，还是有新的数据格式，EDI 平台都可在不影响现有平台运行的情况下，快速接入新合作伙伴，增加新的数据格式，且平台架构不会发生任何大的变化。

（2）支持任何数据格式。强大的 EDI 引擎可支持各个时期各个版本的 EDI 标准。

（3）安全、高效、统一的 B2B 传输网关。B2B 传输网关不仅提供了一个 B2B 传输的统一接入点，便于管理，具备强大的合作伙伴管理（TPM）功能；同时，保证所有通过网关的数据都能安全发送与接收，提供多层次的安全防护，包括协议安全策略、SSL/TLS 策略等。

（4）强大的数据并发及处理能力。EDI 平台独特的设计，具备高效的数据处理能力，性能极其出色。

（5）与后台各种系统实现无缝集成。如 SAP、IBM MQ、J2EE 应用、数据库等都有相应的直连接口，便于美的内部各业务系统与 EDI 平台的高度集成。

美的 EDI 平台应用的效益

美的的 EDI 已成功运转了一年多，先后接入伊莱克斯、中信保等业务合作伙伴，美的已经明显感到集成、开放、灵活的 EDI 应用所带来的效益。

首先，美的与业务伙伴之间的数据交互由过去的人工方式转变为完全的自动化，极大地提升了供应链的工作效率。

美的实施 EDI 之前和之后的业务流程变化如图 3-6、3-7 所示。

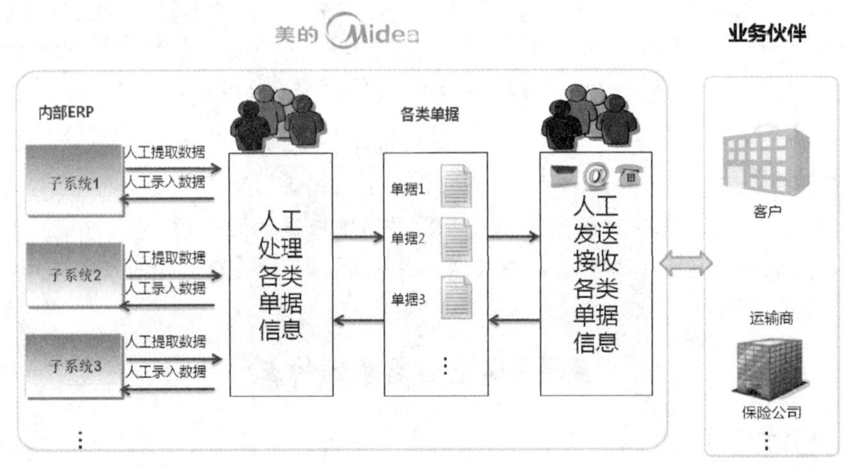

图 3-6 美的实施 EDI 之前的业务流程

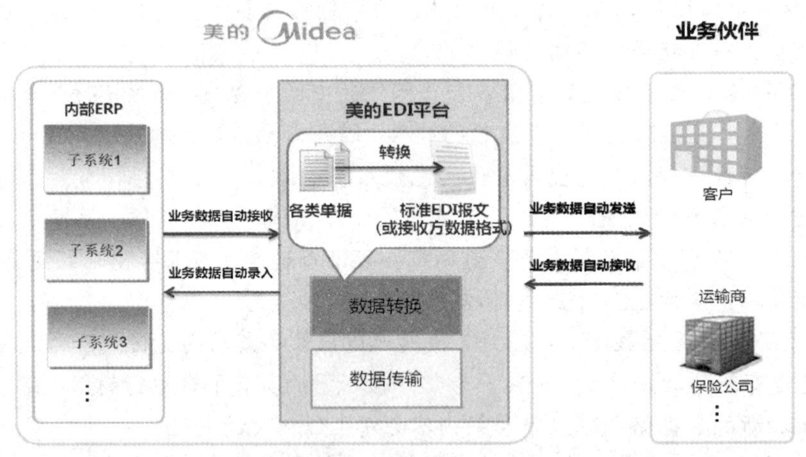

图 3-7 美的实施 EDI 后的业务流程

以前的人工处理方式需要从美的的各个业务子系统（如 ERP、CRM 等）提取出相关数据，再人工转换成合作伙伴所需要的单据格式，通过邮件、传真、电话等方式向相应的接收方发送（人工转换的过程可在美的或合作伙伴方进行）。同样地，当从合作伙伴处接收到各类异构形态的单据之后，要通过人工方式识别、读取，并录入到相应的子系统中。

现在，这个工作流程变为 EDI 平台自动接收各子系统发出的数据，再自动转换成标准 EDI 报文（或者合作伙伴系统能够直接识别的数据格式），再自动传输给接收方，整个过程无需人工干预，极大地提升了工作效率。

美的 EDI 平台实施的经验

（1）企业相应业务流程的改造。之前，企业内部和业务伙伴之间已形成了相应的业务操作流程，而采用 EDI 之后，业务操作流程将有所调整，更新后的流程通过 EDI 平台固化下来，形成了统一的、规范的数据交互模式。

（2）项目进行过程中往往会涉及企业内部和企业间多个业务部门的合作，因此沟通至关重要。EDI 平台供应商对美的的业务和 IT 人员做了完善的 EDI 知识、EDI 平台操作和业务流程变更等方面的培训，并配合美的做好 EDI 项目的宣传推广，让相关人员充分了解 EDI 平台带来的效益。在项目实施前期，EDI 平台供应商作为美的的代表，直接与美的合作伙伴进行沟通，同时，EDI 平台供应商把与美的合作伙伴之间的沟通汇总给美的，并为其做相应的说明和解答，这样的沟通方式大大加快了项目实施的进程。

（3）根据美的业务伙伴的实际情况，推荐最简便的解决方案。例如，合作伙伴与美的之间使用的是 Excel 单证往来，EDI 平台供应商可为其设计具有类似 EDI 功能的 Excel 单证格式，完全不改变其日常的业务单证制作流程。这样可以最迅速地推广 EDI 的应用。

请思考：美的集团的 EDI 实施特点和流程是什么？

EDI 能为企业的物流运作带来哪些效益？

【任务分析】

美的集团通过 EDI 平台实现了高效、准确的供应链管理，为实际的经营活动设计了完善的 EDI 实施流程和实施方法。EDI 技术作为当今国际物流领域使用范围最广的技术之一，有必要学习和了解 EDI 技术在诸多领域里的应用方法。

【相关知识】

一、采购的 EDI 应用

当公司监测物料库存状态或根据 MRPII 生成的采购请求时，应用程序就会通知翻译软件，创建一个 EDI 采购订单，并转送给供应商，供应商收到该采购订单即回传一份已收到采购订单的通知，同时把相关的数据传输到供应商的仓库系统和供应商的发票系统。

供应商备好物料后，产生一张运输通知单并通知公司准备接受货物。当货物收到以后，运输通知单进入接受系统，自动地转到应付款和发票系统，供应商的发票就自动地输出并传给公司。

公司计算机收到发票后，将其转换成公司的格式，并把它和接受通知单、采购订单自动匹配（取消会计审计这一步）。一旦匹配成功就自动地产生付款授权并传到应付款系统，同时通知供应商应收款系统可以收款了，并通过银行自动转账到供应商的银行账户，这时一份自动汇款通知单就传给了供应商。一个完整的物料采购过程就这样完成了，在这整个过程中，最多只需 3～4 次手工录入，具体应用如图 3-8 所示。

二、配送中心的 EDI 应用

配送中心引入 EDI 可改善作业流程，如图 3-9 所示。例如，引入 EDI 出货单后可与自己的拣货系统集成，生成拣货单，这样就可以加快内部作业速度，缩短配货时间；在出货完成后，可将出货结果用 EDI 通知客户，使客户及时知道出货情况，也可尽快处理缺货情况。对于每月的出货配送业务，引入 EDI 催款对账单，同时开发对账系统，并与出货配送系统集成来生成对账单，从而减轻财务部门每月的对账工作量，降低对账的错误率，以及减少业务部门的催款人力。

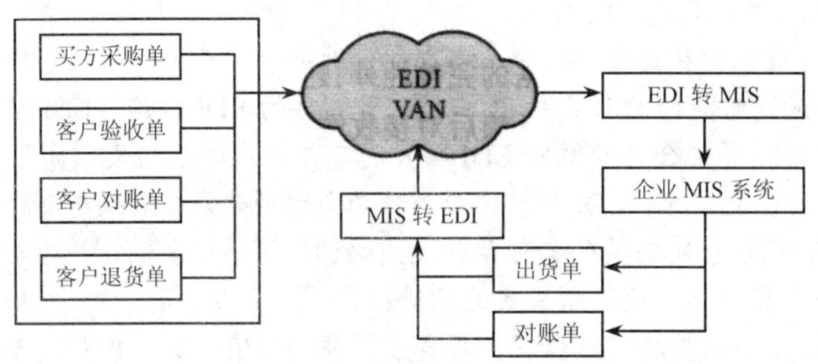

图 3-8 EDI 在采购中的应用

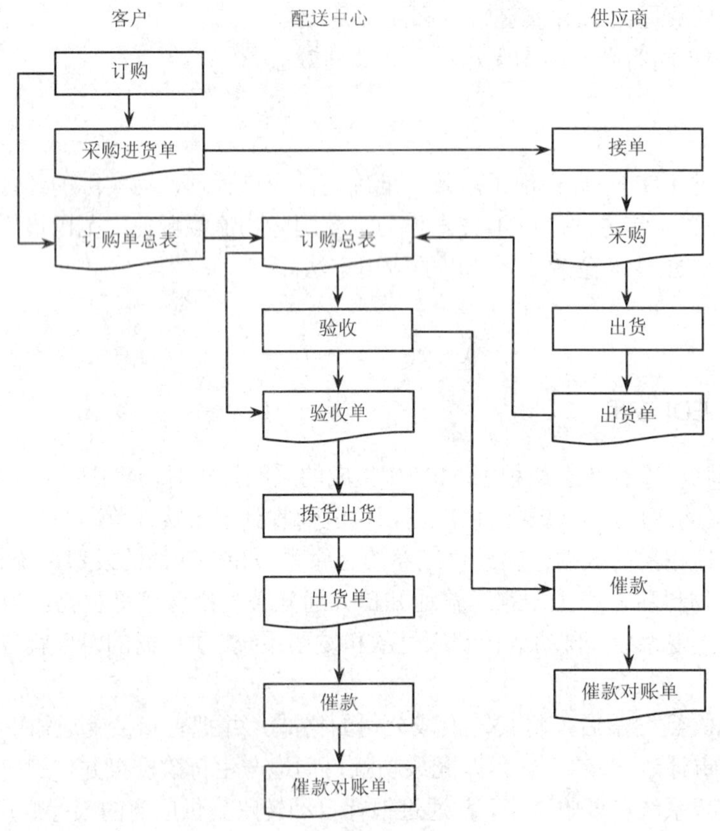

图 3-9 EDI 在配送中的应用

三、运输商的 EDI 应用

运输商引入 EDI，可接收托运人传来的 EDI 托运单报文，从而可事先得知托运货物的详情，包括箱数、重量等，以便调配车辆；不需重新输入托运单数据，节省人力和时间，减少人为错误。

引入 EDI 可改善托运、收货、送货、回报、对账、收款等作业流程。EDI 托运数据可与发送系统集成，自动生成发送明细单；托运数据可与送货的回报作业集成，将送货结果及早回报给托运人，提高客户服务质量；此外，还可回报运费，供客户提早核对并可运用 EDI 催款对账单向客户催款，如图 3-10 所示。

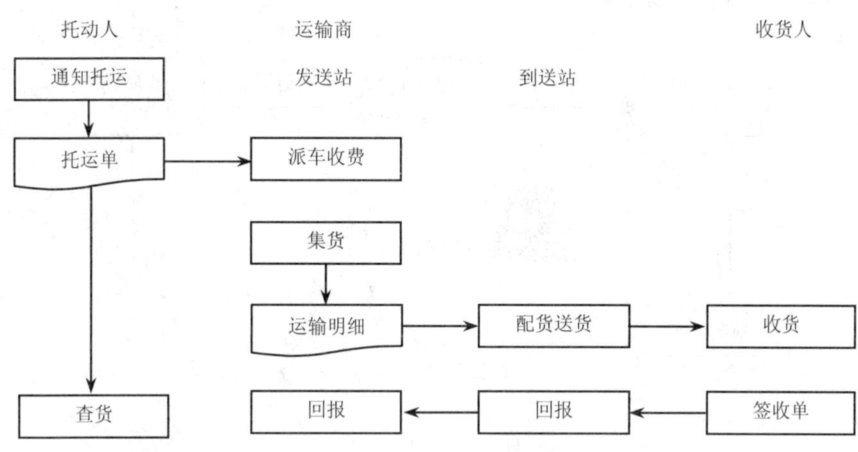

图 3-10　EDI 在运输中的应用

四、海关的 EDI 应用

有资料表明：一艘装运 2700 个集装箱的远洋货轮，压港一天就要损失 5～6 万美元，还不包括一系列连锁损失；另外，如果海关与中央银行国库以及进出口纳税人之间采用电子支付系统来完成缴税手续，仅就税款提前入库一项，每年就可为国家省出在途资金利息数十亿元。海关 EDI 应用效益体现在：加快海关通关速度；提高海关监管水平；提高海关廉政建设，海关的 EDI 应用如图 3-11 所示。

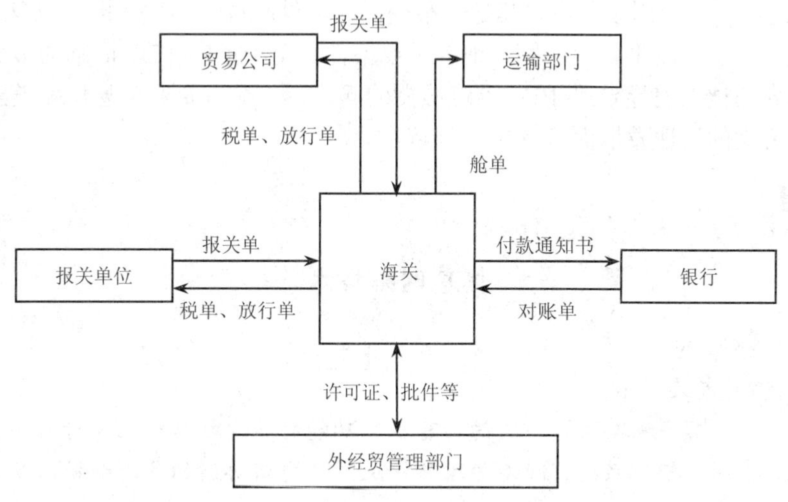

图 3-11　EDI 在海关的应用

五、商检的 EDI 应用

外贸公司通过 EDI 与商检局进行产地证的电子单证传输，无须再为产地证的审核签发来回跑商检局，既节约了时间和费用，也节约了纸张，如图 3-12 所示。对商检局来说，有了 EDI 单证审批系统，不仅减轻了商检局录入数据的负担，减少了手工录入出差错的机会，同时也方便了对大量各种单证的统一管理。

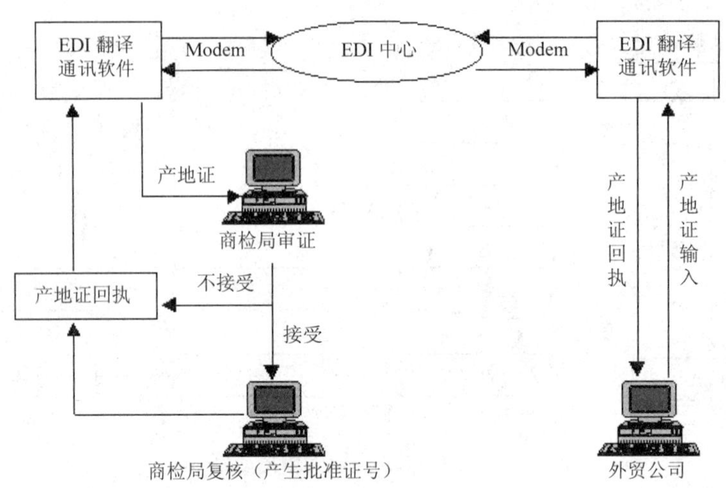

图 3-12　EDI 在商检中的应用

EDI 在欧美发达国家已经得到了广泛的应用，我国的企业加入全球供应链、为全球市场提供产品和服务的同时，往往会遇到来自国外客户的压力，尤其是大量的中小企业，正面临着减少订单甚至被排除在供应链一体化之外的风险。EDI 平台供应商的中国 EDI 企业级数据整合解决方案在企业实施应用的结果表明，EDI 技术可以提高数据处理速度、准确性和安全性，降低成本，改善经营状况，提高顾客服务水平，从而大大增强企业的竞争优势。目前几乎所有供应链管理的运作方法（如快速反应（QR）、高效客户反应（ECR）等）都离不开它的支持。因此，EDI 的广泛应用是中国企业，尤其是中小企业参与供应链一体化，提升自身运营效益，从而在激烈的全球竞争市场中赢得一席之地的重要条件。至于推广 EDI 面临的最大障碍——供应链成员间观念和技术差异导致 EDI 推进缓慢的问题，正随着企业信息化建设意识的不断提高，以及应用方案的迅速发展而将逐步得到解决。

【知识链接】

信息网络技术

一、信息网络概述

1．信息网络的定义

计算机网络，是指将地理位置不同的具有独立功能的多台计算机及其外部设备，通过通信线路连接起来，在网络操作系统、网络管理软件及网络通信协议的管理和协调下，实现资源共享和信息传递的计算机系统。

计算机网络包括计算机和网络两部分。其中计算机又称电子计算机，俗称电脑，是一种能够按照程序运行，自动、高速处理海量数据的现代化智能电子设备。由硬件和软件所组成，没有安装任何软件的计算机称为裸机。常见的形式有台式计算机、笔记本计算机、大型计算机等，较先进的计算机有生物计算机、光子计算机、量子计算机等。而网络就是用物理链路将各个孤立的工作站或主机相连在一起，组成数据链路，从而达到资源共享和通信的目的。

2. 计算机网络的分类

计算机网络可按网络拓扑结构、网络涉辖范围和互联距离、网络数据传输和网络系统的拥有者、不同的服务对象等不同标准进行种类划分。

（1）按网络范围划分为：局域网、城域网和广域网。

1）局域网（LAN）。

局域网的地理范围一般在 10 千米以内，属于一个部门或一组群体组建的小范围网，例如一个学校、一个单位或一个系统等。

2）广域网（WAN）。

广域网涉辖范围大，一般从几十千米至几万千米，例如一个城市，一个国家或者洲际网络，此时用于通信的传输装置和介质一般由电信部门提供，能实现较大范围的资源共享。

3）城域网（MAN）。

城域网介于 LAN 和 WAN 之间，其范围通常覆盖一个城市或地区，距离从几十千米到上百千米。

（2）按网络的交换方式分类，可分为：电路交换、报文交换和分组交换。

除以上几种分类外，还可以按所采用的拓扑结构将计算机网络分为星型网、总线网、环型网、树形网和分布型网；按其所采用的传输介质分为双绞线网、同轴电缆网、光纤网、无线网；按信道的带宽分为窄带网和宽带网；按不同的途径分为科研网、教育网、商业网、企业网、校园网等。计算机网络由一组结点和链路组成。网络中的结点有两类：转接结点和访问结点。通信处理机、集中器和终端控制器等属于转接结点，它们在网络中转接和交换传送信息。主计算机和终端等是访问结点，它们是信息传送的源结点和目标结点。

二、局域网组网方法

1. 局域网概述

目前，局域网（Local Area Network，简称 LAN）技术发展非常迅速，应用也最为广泛。计算机网络已经渗透到我们生活的方方面面，成为现代信息社会中人与人之间传递信息的一个重要工具。不仅各公司、企业、事业单位建立了局域网，许多办公室、家庭里面的小型局域网也纷纷出现。局域网最大的特点就是可以实现资源共享，如共享打印机、共享 VCD、收看网络广播、进行 CAD 技术的设计等，而且可以借助代理服务器使用一条电话线和一个账号，使局域网内的全部机器连上 Internet，不仅速度较快，还可节省大量的上网费用。

（1）局域网的定义。

为了完整地给出 LAN 的定义，必须使用两种方式：一种是功能性定义，另一种是技术性定义。前一种将 LAN 定义为一组台式计算机和其他设备，在物理地址上彼此相隔不远，以允许用户相互通信和共享诸如打印机和存储设备等计算资源的方式互连在一起的系统。这种定义适用于办公环境下的 LAN、工厂和研究机构中使用的 LAN。就 LAN 的技术性定义而言，它定义为由特定类型的传输媒体（如电缆、光缆和无线媒体）和网络适配器（亦称为网卡）互连在一起的计算机，并受网络操作系统监控的网络系统。

（2）局域网 LAN 的特点。

实现资源共享可以说是局域网一个最基本的应用，它具有如下特点：①可实现对数据的安全集中管理；②可进行网络远程访问；③便于协同操作；④具有较高的网络安全性和稳定性。

2. 局域网组建方法

在 Windows XP 中，用户可以通过局域网实现资料共享和信息的交流。

（1）配置局域网

在正确安装完网卡及相应的驱动程序后，Windows XP 将为检测到的网卡创建一个局域网连接。

1）打开控制面板中的“网络连接”项，可以看到在“网络连接”窗口中已经建立的局域网连接。

2）右键单击“本地连接”图标，在快捷菜单中选择“属性”命令，打开“本地连接属性”对话框，在对话框的上方将列出连接时使用的网络适配器，单击“配置”按钮，打开相应的对话框，在该对话框中可以对网络适配器进行设置。

3）在该对话框中共有“常规”、“高级”、“驱动程序”、“资源”四个标签，通过这四个标签可以对网络适配器进行相应的配置。由于其配置方法与 Windows 9x/2000 相似，此处不再详细讲述。

（2）网络组件的设置。

网络组件是指当计算机连接到网络时，用来进行通信的客户、服务和协议。

1）安装协议：在网络适配器安装正确后，Windows XP 默认安装 Internet 协议，即 TCP/IP 协议。如果需要添加其他的协议，可单击“安装”按钮，以打开“选择网络组件类型”对话框，在此对话框中用户可以选择要安装组件的类型。

双击“协议”选项，打开“选择网络协议”对话框，该对话框的列表中列出了当前可用的协议，选中需要添加的协议，单击“确定”按钮即可进行安装。

2）设置 TCP/IP 协议：TCP/IP 协议是 Internet 最重要的通信协议，它提供了远程登录、文件传输、电子邮件和 WWW 等网络服务，是系统默认安装的协议。

在“本地连接属性”对话框中，双击列表中的“Internet 协议（TCP/IP）”项，打开“Internet 协议属性”对话框，在该对话框中，可以设置 IP 地址、子网掩码、默认网关等。

IP 地址：在局域网中，IP 地址一般是 192.168.0.X，X 可以是 1～255 之间的任意数字，但在局域网中每一台计算机的 IP 地址应是唯一的。也可以选中“自动获得 IP 地址”项，让系统自动在局域网中分配一个 IP 地址。

子网掩码：局域网中该项一般设置为 255.255.255.0。

默认网关：如果本地计算机需要通过其他计算机访问 Internet，需要将“默认网关”设置为代理服务器的 IP 地址。

上述选项设置完成后，单击“确定”按钮即可。

（3）工作组的设置。

局域网中的计算机应属于同一个工作组，才能相互访问。

1）右键单击“我的电脑”图标，在快捷菜单中选择“属性”命令，打开“系统属性”对话框。

2）在“计算机名”选项卡中单击“更改”按钮，打开“计算机名称更改”对话框。在“隶属于”选项组中单击“工作组”选项，并在下面的文本框中输入工作组的名称。

按照同样的方法设置局域网中的每一台计算机。

三、信息网络安全

网络技术的广泛应用实现了资源的共享，但由于计算机系统和通信设施本身的脆弱性，构成了对计算机网络系统潜在的威胁。网络安全技术，包括修补网络漏电、认证、加密、防火墙、安全协议及法律手段。

1. 防火墙

防火墙是一种被动式防御访问控制技术，是通过在网络边界上建立网络通信监控系统来实现其功能的。防火墙通常位于内部网和外部网之间，用来防止外部非法用户访问内部网络资源和内部网络用户非法向外部网络传递信息。在网络数据通信中起着“海关屏障”的作用。防火墙系统本身具有很强的防御各种进攻和渗透的能力。路由器具有优化选路功能，它可以为数据包选择安全通路，起到防火墙的作用。

比较成熟的防火墙技术有包过滤型（Packet Filtering）、代理服务型（Proxy Server）和复合型等。包过滤是一种保安机制，路由器之间通过诸如RIP和OSPF的路由发送协议相互通信并在内存中建立路由表。当路由器接收和发送数据包时，它将数据包的目的地址与路由表的入口地址相比较，并依据路由表来发送此包。代理服务器等效于一个网络传输层的数据转发器，将被保护的网络内部拓扑结构和主机资源隐藏起来，充当应用层的网关。由于包过滤是基于IP 实现的，因而不能在网络高层（如应用层）进行过滤，即不能鉴别用户身份的真伪和对通信进行监视的统计，同时过滤规则的合理性检验很难正确实施，安全性能较差。

防火墙的类型结构有三种：

（1）双址主机型（Dual-homed Host）；

（2）主机过滤型（Screened-Host）；

（3）子网过滤型（Screened-Subnet）。

双址主机位于内部网和外网之间，是内外数据通信的唯一屏障，故存在单点失效的问题。主机过滤结构由一个屏蔽路由器和一个堡垒主机构成。任何对内部网资源的访问都必须通过堡垒主机才能完成。子网过滤是在内部网和外部网之间构建的隔离网，它的结构由两个屏蔽路由器和一个堡垒主机构成。

2. 数据加密

与防火墙的被动防御相反，数据加密则是一种主动安全防御策略，可以用很小的代价为信息提供相当大的安全保护。加密即将网络中传输的信息用一定的加密算法使之由明文（PlainText）变成密文（Ciphertext）然后通过网络传输，到达目的网点后，再将密文还原成明文，此过程称为解密。数据加密是实现分布式系统和网络环境下数据安全的重要手段之一。

（1）链路加密。

通常将网络以下的加密称为链路加密，它可以有效地保护通信链路上节点的数据不被非法破坏。加密过程是由置于节点的加密设备完成的。但是，在网络交换节点处信息是以明文的形式出现，这就成了链路加密传输过程中的“软肋”，往往成为网络不安全的一个主要因素。链路加密由网络自动进行，不需要用户的干预，整个加密和解密过程对用户是透明的。

（2）节点加密。

节点加密是对链路加密的优化改进，它在协议传输层上进行加密，克服了链路加密在网络交点处易遭非法存取的缺点。

（3）端到端加密。

端到端加密在源节点和目的节点中对传送的PDU进行加密和解密，报文的安全性不会因节点的不可靠而受到影响。同链路加密的逻辑空间不同，端到端加密超出了通信子网的范围，因此要在传输层或以上各层来实现。这样就使端到端加密的层次选择有一定的灵活性。在端到端加密的情况下，PDU 的控制信息部分（如源节点地址、目的节点地址路由信息等）不能被加密，否则中间节点就不能正确选择路由。这就容易受到通信量分析的攻击。有时采用报文填充（发送假 PDU 来掩盖有意义的报文流动）的方法进行防范，但是，这将使网络的性能大大降低，端到端加密实现的难点在于密钥的管理复杂，主要应用于大型网络系统中。

技能实训

【实训目标】

- 能够正确运用 EDI 软件生成报文的步骤；
- 熟练掌握报文制作方法和技巧。

【实训内容及要求】

（一）实训内容

以 5～6 人为一组，利用 EDI Express 软件将港航运输的主要单证生成报文形式，按照报文格式标准对报文进行校验，并通过一定的通讯协议与 EDI 中心进行报文交换。

（二）实训要求

根据当日实训时间的港口出口船舶的信息，完成 10 条信息的报文制作转换，并完成传输过程。

【实训分析】

（一）进入系统

运行系统后，系统出现登录（Login）窗口，如图 3-13 所示。如果是第一次使用，User Name 和 Password 都为空，输入正确的用户名和密码（如果用户希望更改用户名和密码，进入系统后，在菜单“系统维护/口令设置”中可进行修改），单击“OK”进入系统主窗口，如图 3-14 所示。

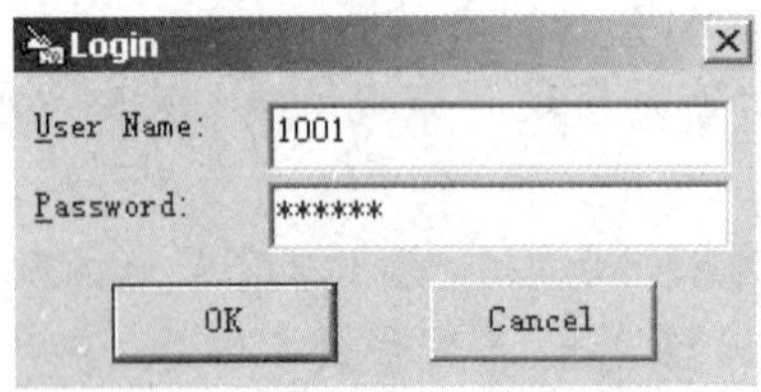

图 3-13 系统登录界面

进入系统后，在进行其他操作之前，需要根据用户各自的情况进行系统设置，才能正确校验、收发文件。

1. 获取系统管理员的口令

进入菜单“帮助/关于”，系统将显示一个关于系统信息的窗口，在窗口的倒数第二行有字样：S/N：XXXX，“XXXX”就是系统管理员口令，如图 3-15 所示。该口令每天更新一次，所以用户如果要获得口令，必须查看该窗口，前一天的口令无效。

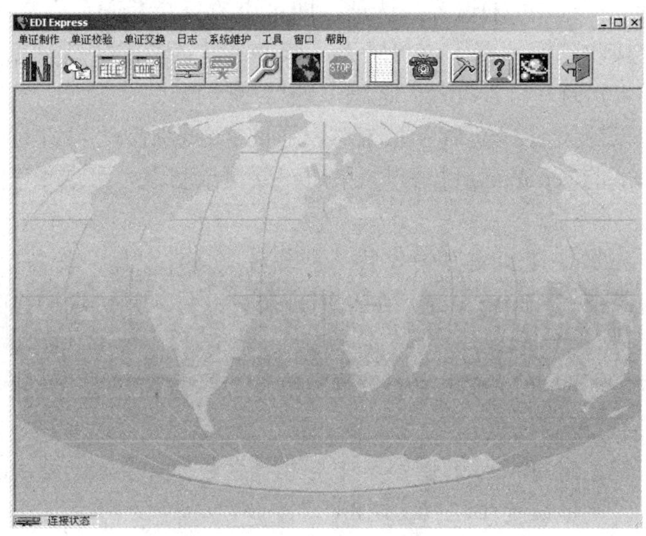

图 3-14　系统主界面

图 3-15　关于系统信息的窗口

2. 系统参数的设置

进入菜单“系统维护/系统设置”，系统将提示“请输入系统管理员口令:”，此时用户需输入系统管理员口令。如果口令正确，将进入系统设置窗口。

（1）远程系统设置。

Remote Host：如果用户通过 Internet 网络与中心相连，则地址为 edi.portinfo.net.cn。如果用户是专线与中心相连，则地址为 197.100.2.22。

User Name：xxxxxx（EDI 中心提供给用户的 FTP 用户名）。

Password：xxxxxx（EDI 中心提供给用户的 FTP 用户口令）。

Interval：10（自动运行中收发报文的时间间隔）。

RecvDir：./out/（用户在中心的接收目录，固定）。

SendDir：./in/（用户在中心的发送目录，固定）。

RespDir：./ack/（用户在中心的接收回执目录，固定）。

TempDir：./（用户在中心的收发临时目录，固定）。

（2）本地系统设置。

发送目录：用户发送文件时，文件应置于该目录下，该目录默认值是安装目录下的/send 目录，如果用户要更改目录，可选中“[]设置”选项，即可更改目录。

接收目录：用户接收的文件置于该目录下，该目录默认值是安装目录下的/receive 目录，如果用户要更改目录，可选中“[]设置”选项，即可更改目录。

回执目录：用户接收的回执置于该目录下，该目录默认值是安装目录下的/recvack 目录，如果用户要更改目录，可选中“[]设置”选项，即可更改目录。

备份目录：用户发送文件成功后，系统对发送的文件制作一份备份置于该目录下，该目录默认值是安装目录下的/sendback 目录，如果用户要更改目录，可选中“[]设置”选项，即可更改目录。

错件目录：用户发送或校验文件失败后，系统对该文件制作一份备份置于该目录下，该目录默认值是安装目录下的/ermsg 目录，如果用户要更改目录，可选中“[]设置”选项，即可更改目录。

系统设置做好以后，即可与 EDI 中心进行网络连接、数据交换。

（3）出口船舶信息下载设置。

服务器：如果用户通过 Internet 网络与中心相连，则地址为www.portinfo.net.cn。如果用户是专线与中心相连，则地址为 197.100.3.188。

用户：xxxxxx（EDI 中心提供给用户下载出口船舶信息的专用用户名，固定）。

口令：xxxxxx（固定）。

目录：/expvsl/（固定）。

3. 用户代码维护

进入菜单“系统维护/用户代码维护”。首先找到自己的代码，将用户类型设为 99。若有新的用户加入，本中心将及时通知各用户，用户通过该界面对其进行及时维护。

（二）单证输入

进入菜单“单证制作/新建”，再选择单证类型，即可进入单证输入界面，以下内容以装箱单的制作为例。

1. 装箱单的制作程序

（1）进入菜单“创建新单证”，选择“装箱单报文”，如图 3-16 所示。

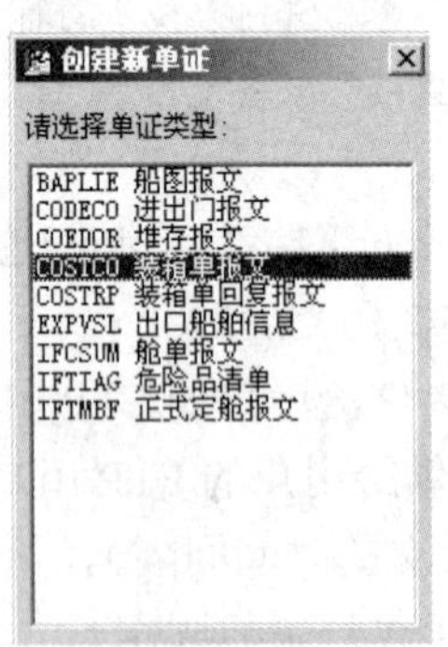

图 3-16 “创建新单证”对话框

（2）输入各数据项。输入界面是以箱号为关键字段，同一箱号下可以输入多票提单。输入数据时，请注意使用标准化代码。如有补充信息，按“补充信息”或“Alt+Z”键，在弹出窗口中输入相关信息。

（3）按“保存”或“Alt+S”键进行保存入库。如有一些必需的数据项缺少，将不能保存入库，此时系统会提醒所缺少的数据项。

（4）要输入下一个箱子装箱信息，按“新建”或“Alt+A”键。

（5）生成报文：可以输完一个箱子的装箱信息后生成，也可以输入完所有数据后统一生成报文，再进行发送。生成报文则按“生成报文”按钮进入报文生成界面。

同一船名航次的可以在一个报文中发送，发送后该集装箱信息的发送标志变为“True”。若发现已发送的装箱单信息有错，则必须将“发送标志”单击变为“False”，且将“文件功能”改为“5=更改”，才能再次发送。

选择发送方、接收方，以及船名航次，按“生成”按钮生成报文，并保存到先前系统参数设置时的发送目录下，文件名为：COSTCO.*。

2. 装箱单制作的几个要点

（1）代码的标准化。

EDI 报文传输是基于标准化代码的，本中心提供下列标准代码：沿海港口泊位代码、中国和世界贸易港口名称与代码、海上运输航线代码、海上集装箱船舶名称与代码、海上国际集装箱运输企业及有关单位代码、货物包装类型代码、集装箱损伤部位代码、运输货物分类代码、海关 HS 货物编码、集装箱尺寸类型代码、承运人代码、运输条款代码。代码标准详见：菜单“单证校验/代码标准”。

（2）船名、呼号和航次的标准化。

为了规范这 3 个字段的写法，各船代及时将出口船舶信息发送至本中心，由中心发布在网上：http://www.portinfo.net.cn/scc/ship/EXPVSL.asp。用户可利用“刷新”按钮进行下载，然后用“选择”按钮选择正确的船名、呼号和航次。

（3）打印报表。

如果用户需要打印报表，则先按“生成报表”按钮，把当前数据窗口中的一个箱子的信息生成报表数据，然后再按“打印报表”按钮。打印报表一次只能打印一个箱子的信息。

（4）回执查询。

如果用 EDI Express 输入装箱单，可以使回执与箱号对应起来，通过回执查询模块了解每个箱号的发送情况。可按“回执查询”按钮进入回执查询界面。

回执查询界面中可以看到每个箱号的发送时间和回执状态。回执状态为“RECEIVED”，表示中心已经收到该箱子的信息。回执状态为“SENT”，表示接收方已经收到该箱子的信息。

特别注意：用 EDI Express 发送报文，报文与回执的对应依赖于报文中头记录的文件说明字段，所以用 EDI Express 发送报文必须使每个报文中头记录的文件说明字段各不相同。

（三）单证校验

单证校验是本系统重要的功能之一，为了保证接收方能正确接收处理报文，对文件进行格式校验是十分必要的。系统在两个地方实现校验功能，一个是在菜单“单证校验/格式校验”或工具栏中“格式校验”按钮中弹出格式校验界面，该校验允许用户选择特定文件进行校验，校验结束后，显示校验结果。另一个在“手工处理”或“自动运行”中发送报文前进行校验。

1. 校验标准

交通部颁发的 EDI“四点一线”平台文件标准。系统还可对用户自定义平台文件进行校验。本系统分别对平台文件的结构、数据段的长度、类型及记录、字段必选项进行校验。

2. 记录结构校验

平台文件的每条记录都有其固有的结构，如船图记录结构为：

00（M）--10（M）--11（M）--50（M）--52（M）--53（C）--54（C）--99

______________________[________9999_________]____

其中 M 表示必选，C 为可选，由此可见：10 记录应该跟在 00 记录后面，11 记录跟在 10 记录后，50 记录可跟在 11 和 54、53、52 记录后，依次类推。如果记录结构有错，系统将提示“RecXX should not follow with RecXX，should follow with RecXX”。

3. 必选项校验

如果某个必选数据段缺省，系统将提示“RecXX:Field X must be M !”或者“RecXX:Field X and Field Y can not all be EMPTY !”。

4. 数据段长度、类型校验

超长提示：RecXX:Field X XXXXXXX is too LARGE !

数字类型：RecXX:Field X must be NUMERIC !

5. 循环次数校验

循环次数超出提示：RecXX:循环次数大于 xxxx 次。

6. 经校验平台文件正确无误，系统将提示：（例）INFO 98-6-22 13:21:36 XXXXXX.XXX's structure is OK。

（四）单证交换

单证交换是报文发送传输的过程，有以下几个步骤。

1. 拨号

用户通过拨号（或通过专线）连接 EDI 中心。

系统提供了一个拨号连接窗口，它将 Windows 系统的拨号号码簿连到列表框中。用户选中某一拨号号码簿，双击或按“连接”按钮就可以拨号了。

在拨号连接界面中，如果自动拨号参数设置为 true，系统将自动拨号号码簿选择框中的信息保存起来，在系统自动运行时，系统会调用该自动拨号号码簿来拨号。注意：如果用户在自动运行时，不需要断开拨号连接，则应将自动拨号参数设置为 false。

2. 连接

这是指每个用户与各自的远程目录连接。

进入菜单“单证交换/连接”或单击“连接”按钮，如果系统已设置好，即可连接网络。连接成功后，可进行报文收发处理。进入菜单“单证交换/断开连接”或单击“断开连接”按钮，将断开网络连接。

3. 报文发送

本系统提供两种传输方式：手工处理和自动运行。

（1）手工处理。

进入菜单“单证交换/手工”或单击“手工处理”按钮，进入手工处理的窗口界面。界面分为三部分：①本地系统；②传输信息；③远程系统。

1）本地系统部分：指用户本地的计算机与文件交换有关的 5 个目录系统及文件。5 个目录系统含义同“（2）本地系统设置”中的 5 个本地目录系统。右边的文件列表框列出了当前目录中的文件。如果当前目录为“发件”，双击文件列表框的文件，将进行文件校验，如果校验成功则发送至 EDI 中心系统，同时在“备份”目录中产生所发送文件的备份。如果校验失败，则不发送，出错文件将移至“错件”目录中，同时产生同名出错信息文件，置于第二部分（传输信息）的出错文件列表框中，用户可打开文件查看出错原因。

2）传输信息部分：显示文件校验、发送、接收情况；显示出错信息文件。

3）远程系统部分：指用户在 EDI 中心主机系统上的 3 个信箱目录及文件。3 个信箱的含义为："已发报文"指用户发出的文件将送至该目录，几秒钟后，EDI 中心主机系统将处理掉该文件，文件列表栏中不再有该文件。"待收报文"指用户滞留在 EDI 中心等待接收的报文，双击该文件，将收取该报文至本地系统"收件"目录中。"待收回执"指用户滞留在 EDI 中心等待接收的回执，双击该文件，将收取该回执至本地系统"回执"目录中。

选中文件后，右击文件列表框，可打开、删除、复制、粘贴该文件，或刷新该目录。

（2）自动运行。

进入菜单"单证交换/自动"或单击"自动运行"按钮，进入"自动运行"的"Current Event Log"窗口界面，同时主窗口极小化成图标至 Windows 任务栏托盘中。若要停止自动运行，则双击任务栏托盘中极小化的图标，恢复主窗口，按"STOP"按钮。

（3）自动运行原理。

如果用户是拨号接入，并在"拨号连接"窗口中的"自动拨号参数设置"选项设置为 true，则系统进入自动运行状态后，检测到有需要发送的报文，将自动拨号、连接中心主机、发送/接收报文、断开拨号连接；或者每隔一段时间（时间间隔在"系统设置"中 Interval 项设置）进行一次自动拨号、连接中心主机、接收报文、断开拨号连接的动作。

如果用户是专线接入，或者用户虽是拨号接入，但在"拨号连接"窗口中的"自动拨号参数设置"选项为 false，则系统进入自动运行状态后（在进入自动运行前，先拨号接入），检测到有需要发送的报文，直接连接中心主机、发送/接收报文；或者每隔一段时间（时间间隔在"系统设置"中 Interval 项设置）进行一次连接中心主机、接收报文的动作，不需要自动拨号和断开拨号。

在自动运行时，出口船舶信息刷新时间间隔为 2 小时，用户可以在其他模块中进行出口船舶信息刷新。在自动运行时，首先完成一次出口船舶信息刷新。在自动运行时，发生出错情况不再弹出出错对话框，而是将所有信息（包括错误信息）都显示在自动运行文本框中。在自动运行时，自动运行文本框每次刷新都显示在最后一行。

4. 接收回执

当中心接收到报文，会及时反馈给用户一个"Received"的回执，确认已收到报文；再过数分钟，反馈给用户另一个"Sent"的回执，确认报文的接收方已收取该报文。

关于回执的说明：

用户可以凭日志号向中心查询报文传输情况；

接收方和发送方代码可以在菜单"系统维护/用户代码维护"中查询。

报文类型描述字段的作用：当同时收到多份回执时，利用该字段的内容可以与装箱单报文建立一一对应关系。

（五）查看日志

进入菜单"日志/日志"或单击"日志"按钮，即可查看数据交换日志。系统对每个收发报文的信息都存在数据库中，用户可以通过该窗口查看数据交换的详细情况。

1. 窗口中显示字段介绍

（1）序号：指本系统收发报文的序列号，每收发一报文，序号自动加一。

（2）文件名：报文的原文件名。

（3）类型：报文的类型，00 记录的 2 字段。

（4）描述：报文的文件说明字段，00 记录的 3 字段。为了回执与发送报文的匹配，发送报文的该字段必须各不相同。

（5）校验状态：发送报文校验是否成功，成功为“OK”，不成功为“ERROR”。

（6）发送状态：发送报文校验成功后，查看发送到中心是否成功，成功为“OK”，不成功为“ERROR”。

（7）发送时间：发送报文的发送时间。

（8）接收状态：查看接收报文是否成功，成功为“OK”，不成功为“ERROR”。

（9）接收时间：接收报文的时间。

（10）回执：发送报文的回执状态。中心收到为“RECEIVED”，接收方收到为“SENT”，如果没有回执，则该字段为空。

（11）发送方：报文的发送方代码，00 记录的 5 字段。

（12）接收方：报文的接收方代码，00 记录的 6 字段。

（13）文件大小：报文的文件大小。

2. 按钮功能介绍

（1）“发送日志”按钮：显示所有的发送日志信息。

（2）“发送日志 RECEIVED”按钮：显示发送成功，并且收到“RECEIVED”回执的日志信息。

（3）“发送日志 SENT”按钮：显示发送成功，并且收到“SENT”回执的日志信息。

（4）“发送日志 NOACK”按钮：显示发送成功，但没有收到回执的日志信息。

（5）“接收日志”按钮：显示成功接收报文的日志信息。

（6）“刷新”按钮：显示所有的日志信息。

（7）“箱单回执查询”按钮：调用回执查询窗口。

（8）“日期”复选框：如果为 true，则按钮 1～5 显示该日期的相应日志信息。如果为 false，则按钮 1～5 显示相应所有日期的日志信息。

（六）数据备份

数据备份的主要功能对各目录下的文件进行备份，清空日志数据库。

进入菜单“系统维护/数据备份”，以系统管理员身份登录，在备份数据前系统会弹出“提示关闭所有窗口”的提示对话框，最后显示数据备份窗口。选择要备份的文件类型和备份的目标路径。

在数据备份窗口中有 7 个复选框，分两种情况：一是文件的备份（发送文件备份、收到的文件备份、回执文件、出错文件、出错信息文件），另一种是数据库的备份（日志、装箱单数据）。用户可以根据自己的需要，选择要备份的文件或数据，在相应的复选框设为 true。

当用户按下“备份”按钮后，系统会出现“是否保留数据？”的提示对话框。如果在提示对话框中选择“是”按钮，系统将把需要备份的文件移到备份目录，需要备份的数据库拷贝一份复件在原目录中，再从数据库中删除需要备份的数据。如果在提示对话框中选择“否”按钮，系统将把需要备份的文件直接删除掉，需要备份的数据从数据库中直接删除。

当用户按下“还原”按钮后，系统会弹出还原装箱单数据库窗口。所要还原的数据库应该是系统以前备份的数据库，类型为“C_*.MDB”。“还原”按钮，只还原数据库的数据，对备份的文件不做还原。用户可以从备份的文件目录中查找所需的各种文件。

（七）工具运用

系统提供对报文过滤回车换行符或添加回车换行符的小工具。

【实训链接】

国外EDI的发展过程

20世纪60年代末，美国在航运业首先使用EDI。1968年美国运输业许多公司联合成立了一个运输业数据协调委员会（TDCC），研究开发电子通信标准的可行性。早期EDI是点对点，靠计算机与计算机直接通信完成的。

20世纪70年代，数字通信网的出现加快了EDI技术的成熟和应用范围的扩大，出现了一些行业性数据传输标准并建立行业性EDI，例如，银行业发展的电子资金汇兑系统（SWIFT）；美国运输业数据协调委员会（TDCC）发展了一整套有关数据元目录、语法规则和报文格式，这就是ANSLX.12的前身；英国简化贸易程序委员会（SIMPRO）出版了第一部用于国际贸易的数据元目录（UN／TDED）和应用语法规则（UN／EDIFACT），即EDIFACT标准体系。20世纪70年代EDI应用集中在银行业、运输业和零售业。

20世纪80年代EDI应用迅速发展，美国ANSIX.12委员会与欧洲一些国家联合研究国际标准。1986年欧洲和北美20多个国家代表开发了用于行政管理、商业及运输业的EDI国际标准（EDIFACT）。随着增值网的出现和行业性标准逐步发展成通用标准，加快了EDI的应用和跨行业EDI的发展。

20世纪90年代出现了Internet EDI，使EDI从专用网扩大到因特网，降低了成本，满足了中小企业对EDI的需求。

20世纪90年代初，全球已有2.5万家大型企业采用EDI，美国100家最大企业中有97家采用EDI。20世纪90年代中期，美国有3万多家公司采用EDI，西欧有4万家EDI企业用户，包括化工、电子、汽车、零售业和银行。

项目小结

该项目主要描述EDI的概念及应用领域、优势。通过对EDI的使用方法及软件操作实训，进一步熟悉其技巧和运用技术。

项目考核

一、选择题

1．（　）是为了实现商业文件、单证的互通和自动处理，采用的是不同于人机对话方式的交互式处理，而是计算机之间的自动应答和自动处理。

A．RFID　　B．EDI　　C．信息系统　　D．GPS

2．EDI技术实现的是（　）标准报文在计算机应用系统之间的自动交换和处理。

A．结构化　　B．数字化　　C．无纸化　　D．逻辑化

3．将平面文件通过翻译软件生成EDI标准格式文件是（　）。

A．翻译过程　　B．转换过程　　C．译码　　D．编译

4．（　　）将已转换成标准格式的 EDI 报文，经通信线路传送到网络中心，将 EDI 电子单证投递到对方的信箱中。

A．翻译软件　　B．通信软件　　C．译码软件　　D．编译软件

5．电子数据交换的英文是（　　）。

A．GPS　　B．RFID　　C．EDI　　D．POS

二、判断题

1．构成 EDI 系统的 3 个要素是 EDI 软件和硬件、通信网络以及数据标准化。（　　）

2．文件结构、格式、语法规则等方面的标准化并不是实现 EDI 的关键。（　　）

3．配送中心引入 EDI 可改善作业流程。（　　）

三、简答题

1．EDI 是什么？

2．EDI 单证处理过程有哪几个步骤？

3．配送中心引入 EDI 对于改善作业流程有哪些帮助？

4．列举 EDI 技术可以在哪些物流领域进行应用？

四、进阶应用题

小刘所在的仓储配送中心近日接受连锁超市的委托收入一批特殊监管性质的进口食品进行仓储，并在连锁超市需要的时候向各个超市进行配送，而这些特殊监管的进口食品应在进出口通关及监管流转中向海关及相关监管单位进行报文，请根据下述商品信息模拟 EDI 报文的流程和应用特点。

```
SECTION   [HEAD]   ABC CO.                              M1
SECTION   [CARGOOTHER] SKIMMED MILK POWDER                  M999
SECTION   [TRAILER] ORIGINAL IRELAND                      M1
```

项目四　物流自动跟踪系统

本项目通过对物流自动跟踪系统的学习和任务实施，掌握 GPS 的概念、功能和特点；熟悉 GPS 的组成；熟悉 GPS 在物流领域中的应用。熟练掌握地理信息系统的概念、功能、特点及组成；掌握数据（电子）地图的基本使用；熟悉 GIS 的分类及工作流程；熟悉地理信息系统在物流领域的应用。

任务 1　全球卫星定位系统（GPS）

【任务介绍】

近年来，国内外 GPS 全球定位技术发展势头迅猛，已逐渐应用到了多个行业和领域，随着我国物流基础建设的快速发展，GPS 在陆路运输和远洋运输中的应用发展尤为迅速。本节任务以 GPS 在战争中的应用为引导，介绍了 GPS 的基本概念和 GPS 技术在物流领域中的应用。

【任务目标】

- 掌握 GPS 的概念、功能和特点；
- 熟悉 GPS 的组成；
- 熟悉 GPS 在物流领域中的应用。

【任务引入】

GPS 在战场上大发神威

阿富汗战争中，地球上空悬挂的上百颗军事卫星史无前例地成为了人类战争机器的核心。这场战争中常出现这样一个典型的场景：阿富汗的土地上，一名美军特种部队士兵发现了一处塔利班目标，于是用便携式全球卫星定位系统接收仪计算目标的位置和规模，并通过卫星电话告之远在佛罗里达的指挥中心。随后，一架“捕猎者”无人驾驶侦察机会前往目标地点，拍摄并实时传输回现场录像。指挥部批准轰炸后，在战区附近近 1 万米高空巡航的 B-52 轰炸机飞行员就会将 GPS 数据输入“聪明炸弹”，炸弹投放后会利用自带的 GPS 接收仪校准飞行轨迹，直奔目标，误差不超过几米。整个过程只需要几分钟时间，而在过去的战争中，则需要花上几天。

在伊拉克战争中，美军以一系列新战法为指导，用较少的兵力，以较快的速度和较小的伤亡，实现了既定战争目标，给世人留下了深刻印象。全新的战法，基于美国建立的强大的 GPS 全球定位系统，GPS 有极高的准确性，可以使武器准确命中目标。这些航天器向盟国指挥部提供有关战场情况的全套信息，还能指挥部队，直至每个士兵，所以美伊战争有“天战”一说。美军在伊拉克战争中使用最多的“杀手锏”是精确制导武器，而精确制导武器离不开卫星的侦察、定位作用。美军空袭几乎全部使用 GPS 辅助的精确制导武器，使美军可以在夜晚和沙尘暴气象条件下对伊拉克发起攻击。

自海湾战争美军第一次将卫星大规模、成系统地用于实战以来，卫星在其作战系统中发挥着越来越重要的作用。美军充分使用卫星资源，极大地提高了武器装备的信息化水平和作战效能。拿美军指挥官的话来说，离开了卫星，美军根本就不可能取得战场上的胜利。

请思考：GPS 是什么技术？

GPS 除了在军事领域应用，还可以应用在什么领域？

【任务分析】

美军充分使用卫星资源，极大地提高了武器装备的信息化水平和作战效能。在和平年代，GPS 技术更多地应用于商业领域，对于提高物流运输的效率与质量发挥了重要的作用，因此有必要了解 GPS 是什么技术，以及 GPS 的应用范畴。

【相关知识】

全球定位系统（Global Positioning System，GPS），简单地说，这是一个由覆盖全球的由 24 颗卫星组成的卫星系统。这个系统可以保证在任意时刻、地球上任意一点都可以同时观测到 4 颗卫星，以保证卫星可以采集到该观测点的经纬度和高度，以便实现导航、定位、授时等功能。这项技术可以用来引导飞机、船舶、车辆以及个人，安全、准确地沿着选定的路线，准时到达目的地。

GPS 是 20 世纪 70 年代由美国陆海空三军联合研制的新一代空间卫星导航定位系统。其主要目的是为陆、海、空三大领域提供实时、全天候和全球性的导航服务，并用于情报收集、核爆监测和应急通讯等一些军事目的，是美国独霸全球战略的重要组成。经过 20 余年的研究实验，耗资 300 亿美元，到 1994 年 3 月，全球覆盖率高达 98%的 24 颗 GPS 卫星美国全球定位系统已布设完成。

一、GPS 概述

（一）GPS 的定义

GPS 是利用空间卫星星座（通信卫星）、地面控制部分及信号接收机对地球上任何地方的用户都能进行全方位导航和定位的系统，如图 4-1 所示。

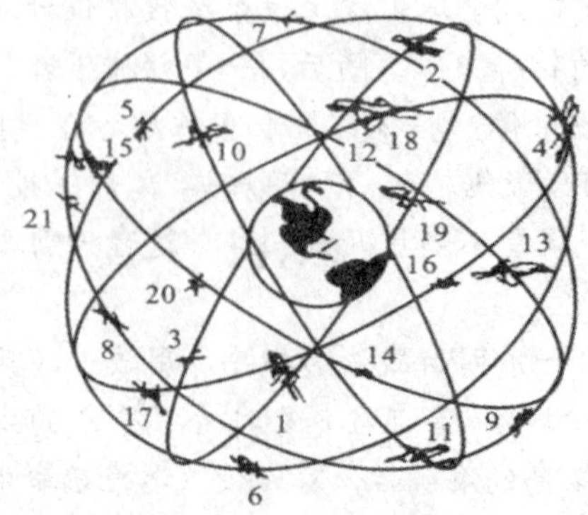

图 4-1 GPS 示意图

GPS 最早从美国军方开始使用，用于定时、定位及导航。从 1978 年的第一颗 GPS 卫星升空，到 1993 年的第 24 颗 GPS 卫星升空，可提供全世界 24 小时全天候定位与导航信息。

目前全球有两个公开的 GPS 可以利用，NAVSTAR 系统由美国研制，归美国国防部管理和操作，GLONASS 系统为俄罗斯所拥有。中国的北斗星 GPS 卫星在试验当中。

（二）GPS 的主要功能

GPS 主要具有以下功能：

（1）跟踪车辆、船舶。实时显示出车辆、船舶的实际位置。

（2）信息传递和查询。一方面可向车辆、船舶提供气象、交通、指挥等信息；另一方面，也可将运行中的车辆、船舶的信息传回。

（3）及时报警。利用 GPS，可及时接收求助信息和报警信息，从而实施紧急救援。

（4）支持管理。通过 GPS，可以实施运输指挥、实施监控、规划和选择路线，向用户发出到货预报等，有效地支持大跨度物流系统管理。

（三）GPS 的主要特点

GPS 的特点主要体现在以下几个方面。

1. 定位精度高

单机定位精度优于 10m，采用差分定位，精度可达毫米级；速度精度为 0.1 m/s（利用特殊处理可达 0.005 m/s）。

2. 实时导航

目前 GPS 接收机的一次定位和测速工作在 1 s 甚至更短的时间内便可完成，这对高动态用户来讲尤其重要。

3. 执行操作简便

GPS 接收机自动化越来越高，有的已达“傻瓜化”程度。

4. 全球、全天候作业

目前 GPS 观测可在一天（24 h）内的任何时间、任何地点进行，不受恶劣气候的影响。

5. 抗干扰性能好、保密性强

GPS 用户只接收而不必发射信号，因而 GPS 具有良好的抗干扰性和保密性，在作战时不易受到电子战的影响。

（四）GPS 的组成

GPS 由 3 部分组成：空间部分——GPS 星座；地面控制部分——地面监控系统；用户设备部分——GPS 信号接收机，如图 4-2 所示。

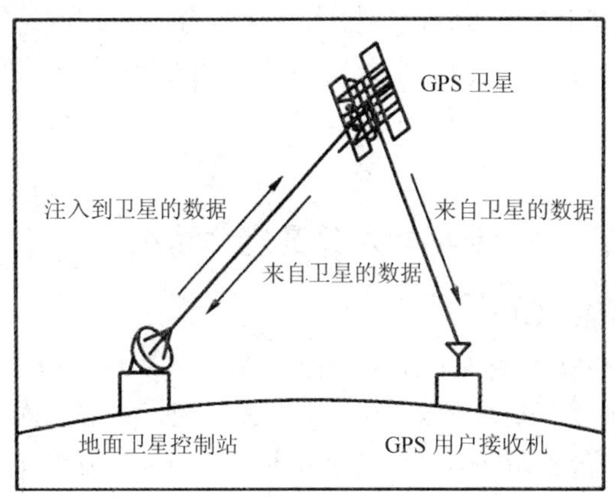

图 4-2　GPS 的组成

二、GPS 在物流中的应用

近年来，GPS 在物流领域的应用越来越多，主要体现在以下几方面。

（一）用于汽车自定位、跟踪调度

据丰田汽车公司的统计和预测，日本车载导航系统的市场在 1995 年至 2000 年间将平均每年增长 35%以上，全世界在车辆导航上的投资将平均每年增长 60.8%。因此，车辆导航将成为未来 GPS 应用的主要领域之一。我国已有数十家公司在开发和销售车载导航系统。

（二）用于内河及远洋船队最佳航程和安全航线的测定、航向的实时调度监测及水上救援

在我国，GPS 最先应用于远洋运输的船舶导航。我国跨世纪的三峡工程也已规划利用 GPS 来改善航运条件、提高航运能力。

（三）用于铁路运输管理

我国开发的基于 GPS 的计算机管理信息系统，可以通过 GPS 和计算机网络实时收集全路列车、机车、车辆、集装箱及所运货物的动态信息，可实现列车、货物追踪管理。只要知道货车的车种、车型、车号，就可立即从近 10 万公里的铁路网上流动着的几十万辆货车中找到该货车，还可得知这辆货车现在何处运行或停在何处，以及所有的车载货物发货信息。铁路部门运用这项技术可大大提高其路网及运营的透明度，为货主提供更高质量的服务。

（四）用于空中交通管理、精密进场着陆、航路导航和监视

国际民航组织提出，在 21 世纪将用未来导航系统取代现行航行系统，它是一个以卫星技术为基础的航空通信、导航、监视和空中交通管理系统，它利用全球导航卫星系统实现飞机航路、终端和进场导航。目前 GPS 只能作为民用导航的补充手段，待完好性监控报警问题解决后，将过渡为唯一的导航手段。该系统的使用可降低机场的飞机起降时间间隔，使起降路线灵活多变，使更多的飞机以最佳航线和高度飞行，还可减少飞机误点，增加飞机起降的安全系数。

我国于 1996 年 3 月在西安咸阳国际机场进行了世界首例完整的未来空中管理系统（CNS/ATM）演示，并获成功。GPS 的应用将使我国航空管制从国际 20 世纪 40 年代水平一步跨入 21 世纪，从而开创我国空中运输管理的新纪元。

（五）用于军事物流

GPS 首先是因为军事目的而建立的，在军事物流中（如后勤装备的保障等方面）应用相当普遍，尤其是在美国。其在世界各地驻扎的大量军队无论是在战时还是在平时都对后勤补给提出很高的要求，在战争中，如果不依赖 GPS，美军的后勤补给就会变得一团糟。美军在 20 世纪末的地区冲突中依靠 GPS 和其他顶尖技术，以强有力的、可见的后勤保障，为“保卫美国的利益”作出了贡献。对此，我国军事部门也在运用 GPS。

【知识链接】

全球四大卫星定位系统

一、美国全球定位系统（GPS）

美国全球定位系统（GPS）是世界上第一个卫星定位系统，由 24 颗卫星组成，分布在 6 条交点互隔 60 度的轨道面上，精度约为 10 米，军民两用，目前正在试验第二代卫星系统。主要是为船舶、汽车、飞机等运动物体进行定位导航。

二、俄罗斯“格洛纳斯（GLONASS）”系统

莫斯科时间 2011 年 11 月 4 日 16 时 51 分（北京时间 20 时 51 分），俄罗斯航天部门使用一枚“质子-M”重型运载火箭，将 3 颗“格洛纳斯-M”全球导航卫星成功送入太空，将在军民两大领域发挥作用。该系统在轨卫星群已有 28 颗卫星，达到设计水平。随着地面设施的发展，“格洛纳斯”系统预计将在 2015 年完全建成。届时，其定位和导航误差范围将从目前的 5 米至 6 米缩小为 1 米左右，就精度而言该系统将处于全球领先地位。GLONASS 在定位、测速及定时精度上则优于施加选择可用性（SA）之后的 GPS，由于俄罗斯向国际民航和海事组织承诺将向全球用户提供民用导航服务，并于 1990 年 5 月和 1991 年 4 月两次公布 GLONASS 的 ICD，为 GLONASS 的广泛应用提供了方便。GLONASS 的公开化，打破了美国对卫星导航独家经营的局面，既可为民间用户提供独立的导航服务，又可与 GPS 结合，提供更好的精度几何因子（GDOP）；同时也降低了美国政府利用 GPS 施以主权威慑给用户带来的后顾之忧，因此，引起了国际社会的广泛关注。

三、欧洲“伽利略”系统（Galileo Positioning System）

伽利略定位系统，是欧盟一个正在建造中的卫星定位系统，有“欧洲版 GPS”之称，也是继美国现有的“全球定位系统”（GPS）及俄罗斯的 GLONASS 系统外，第三个可供民用的定位系统。伽利略系统的基本服务有导航、定位、授时；特殊服务有搜索与救援；扩展应用服务系统有在飞机导航和着陆系统中的应用、铁路安全运行调度、海上运输系统、陆地车队运输调度、精准农业。2010 年 1 月 7 日，欧盟委员会称，欧盟的伽利略定位系统将从 2014 年起投入运营。欧洲“伽利略”系统的建设目的是为用户提供更准确的数据；加强对高纬度地区的覆盖，包括挪威、瑞典等地区；以及减低对现有 GPS 系统的依赖，尤其是在战争发生时。“伽利略”系统是世界上第一个基于民用的全球卫星导航定位系统，投入运行后，全球的用户将使用多制式的接收机，获得更多的导航定位卫星的信号，无形中将极大地提高导航定位的精度，这是“伽利略”计划给用户带来的直接好处。“伽利略”首颗实验卫星假想画面——“伽利略”计划是欧洲自主、独立的全球多模式卫星定位导航系统，提供高精度，高可靠性的定位服务，实现完全非军方控制、管理，可以进行覆盖全球的导航和定位功能。“伽利略”系统可以发送实时的高精度定位信息，这是现有的卫星导航系统所没有的，同时“伽利略”系统能够保证在许多特殊情况下提供服务，即使失败也能在几秒钟内通知客户。

四、中国“北斗”系统

北斗卫星导航系统是中国自行研制开发的区域性有源三维卫星定位与通信系统（CNSS），是除美国的全球定位系统（GPS）、俄罗斯的 GLONASS 之后第三个成熟的卫星导航系统。北斗卫星导航系统致力于向全球用户提供高质量的定位、导航和授时服务，其建设与发展则遵循开放性、自主性、兼容性、渐进性这 4 项原则。北斗卫星导航系统（BeiDou（COMPASS）Navigation Satellite System）是中国正在实施的自主研发、独立运行的全球卫星导航系统。与美国 GPS、俄罗斯格罗纳斯、欧盟伽利略系统并称全球四大卫星导航系统。北斗卫星导航系统由空间端、地面端和用户端三部分组成。空间端包括 5 颗静止轨道卫星和 30 颗非静止轨道卫星。地面端包括主控站、注入站和监测站等若干个地面站。定位精度可达水平精度 100 米，并可实现定位和通信双重作用，具备短信通讯功能。而其用户端由北斗用户终端以及与美国 GPS、俄罗斯“格洛纳斯”（GLONASS）、欧洲“伽利略”（GALILEO）等其他卫星导航系统兼容的终端组成。

任务2 地理信息系统（GIS）

【任务介绍】

GIS 主要应用在物流领域的配送活动中。配送系统包括货物集中、库存管理、车辆调度、配送运输等多个环节。配送系统的最终目标是降低配送总成本提高配送效率。其中，配送运输的优化是物流配送系统优化的关键。提高配送系统决策的科学性、可视性和信息化程度非常必要，而 GIS 与物流配送系统的集成则能较好地实现这一目标。

【任务目标】

- 熟练掌握地理信息系统的概念、功能、特点及组成；
- 掌握数据（电子）地图的基本使用；
- 熟悉地理信息系统的分类及工作流程；
- 熟悉地理信息系统在物流领域的应用。

【任务引入】

GIS 白沙烟草物流配送优化系统

白沙烟草物流配送 GIS 及线路优化系统集成了国际上发展成熟的网络数据库、Web/GIS 中间件、GPS、GPRS 通讯技术。该系统利用 Web/GIS 强大的地理数据功能来完善物流分析，及时获取直观可视化的第一手综合管理信息，既可直接合理调配人力、运力资源，求得最佳的送货路线，又能有效地为综合管理决策提供依据。白沙烟草物流开发使用 GIS 线路优化系统后，可以实现以下 6 大应用功能。

（1）烟草配送线路优化系统。选择订单日期和配送区域后自动完成订单数据的抽取，根据送货车辆的装载量、客户分布、配送订单、送货线路交通状况、司机对送货区域的熟悉程度等因素设定计算条件，系统进行送货线路的自动优化处理，形成最佳送货路线，保证送货成本及送货效率最佳。线路优化后，允许业务人员根据业务具体情况进行临时线路的合并和调整，以适应送货管理的实际需要。

（2）烟草综合地图查询。能够基于电子地图实现客户分布的模糊查询、行政区域查询和任意区域查询，查询结果实时在电子地图上标注出来。通过使用图形操作工具如放大、缩小、漫游、测距等，来具体查看每一客户的详细情况。

（3）烟草业务地图数据远程维护。提供基于地图方式的烟草业务地图数据维护功能，还可以根据采集的新变化的道路等地理数据及时更新地图。具有对烟户点的增、删、改；对路段和客户数据的综合初始化；对地图图层的维护操作；地图服务器系统的运行故障修复和负载均衡等功能。

（4）烟草业务分析。实现选定区域、选定时间段的烟草订单访销区域的分布，进行复合条件查询；在选定时间段内各种品牌香烟的销量统计和地理及烟草访销区域分布；配送车组送货区域的地图分布。在各种查询统计、分析现有客户分布规律的基础上，通过空间数据密度计算，挖掘潜在客户；通过对配送业务的互动分析，扩展配送业务（如第三方物流）。

（5）烟草物流 GPS 车辆监控管理。通过对烟草送货车辆的导航跟踪，提高车辆运作效率，降低车辆管理费用，抵抗风险。其中车辆跟踪功能是对任一车辆进行实时的动态跟踪监控，提供准确的车辆位置及运行状态、车组编号及当天的行车线路查询。报警功能是当司机在送货途中遇到被抢被盗或其他紧急情况时，按下车上的 GPS 报警装置向公司的信息中心报警。轨迹回放功能是根据所保存的数据，将车辆在某一历史时间段的实际行车过程重现于电子地图上，随时查看行车速度、行驶时间、位置信息等，为事后处理客户投诉、路上事故、被抢被盗提供有力证据。

（6）烟草配送车辆信息维护。根据车组和烟草配送人员的变动，及时在这一模块中进行车辆、司机、送货员信息的维护操作，包括添加车辆和对现有车辆信息的编辑。

白沙烟草物流配送 GIS 及线路优化系统的上线运行，标志着白沙物流的信息化建设迈上了一个新的台阶，对白沙打造数字化的跨区物流企业进程中起到巨大推动作用。这种"多点配送路径优化应用系统"也同样适用于国家专卖食盐配送、家电配送、易腐蚀食品（如乳制品）、冷冻食品、高级时令果品蔬菜的多点配送、城市大面积工作配餐以及加油站油品（危险品）配送等，这些行业之间可以互相借鉴，不断实现供应链优化，促进跨区配送的精确化发展。

请思考：GIS 技术是什么？具备哪些特点与功能？

GIS 与 GPS 的区别与联系是怎样的？它可以在哪些领域进行应用？

【任务分析】

企业信息系统的部署是依据企业战略需求进行的，GIS 及线路优化系统在白沙物流的运行，推动了白沙打造数字化跨区物流战略的逐步实现。因此需通过下述相关知识的学习，了解 GIS 的概念、特点、功能以及 GIS 的应用。

【相关知识】

一、GIS 的概念

地理信息系统（Geographic Information System，GIS）是以地理空间数据为基础，采用地理模型分析方法，适时地提供多种空间的和动态的地理信息，是一种为地理研究和地理决策服务的计算机技术系统。

GIS 是一种基于计算机，能把图形管理系统和数据管理系统有机结合起来，对各种空间信息进行收集、存储、分析的工具，是地理学、计算机科学、测绘遥感学、城市科学、环境科学、信息科学、空间科学、管理科学和信息科学等多种学科交叉的产物。GIS 可以对在地球上存在的东西和发生的事件进行成图和分析。它把地图这种独特的视觉化效果和地理分析功能与一般的数据库操作（如查询、统计分析等）集成在一起。

二、GIS 的主要特点与组成

（一）GIS 的特点

GIS 具有以下几个特点。

（1）GIS 使用了空间数据与非空间数据（如属性和时间数据），其他信息系统即使存储了图形，也不能进行有关空间数据的操作。

（2）GIS 强调空间分析。GIS 所具备的空间叠置分析、缓冲区分析、网络路径分析、数字地形分析等功能是一般 CAD 系统不具备的。

（3）GIS 要依靠一定的组织体系（实施组成、系统管理员、技术操作员、系统开发设计者）。

（4）信息的可视化。GIS 将不同区域的各个属性（如人口等）显示在地图上，形象、直观，让人一目了然。

（二）GIS 的组成

GIS 主要由 5 部分构成，即硬件、软件、数据、人员和方法，如图 4-3 所示。

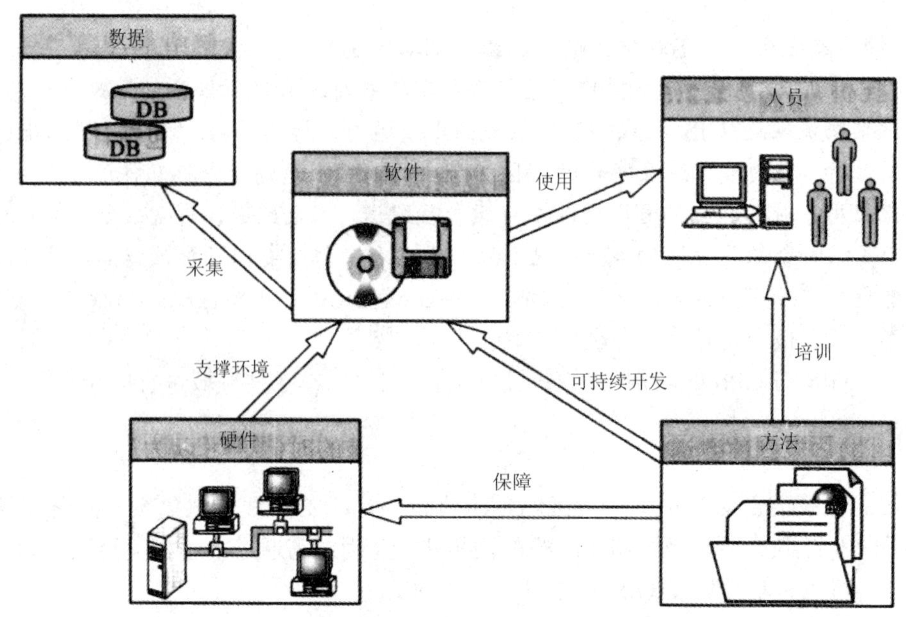

图 4-3 GIS 的组成

（三）GIS 的基本功能

GIS 的基本功能是将表格类数据（无论它来自数据库、电子表格文件或直接在程序中输入）转换为地图图形显示出来，然后对显示的结构进行浏览、操作和分析。其显示范围可以从洲际地图到非常详细的街区地图，显示对象包括人口、销售情况、运输路线以及其他内容。GIS 的基本功能如下：

1. 空间信息查询和分析功能

空间信息的查询和分析是 GIS 的基本功能。例如，GIS 可以在各种咨询服务中为房地产开发商找到适合于开发的土地；房地产经纪人可以用 GIS 在一定的区域内寻找满足（例如小高层、三房两厅等）条件的所有房屋，并可列出这些房屋的所有特点；农业人员利用 GIS 找寻粮食、土壤和天气之间的相关关系等。GIS 不仅能提供静态的查询和检索，还可以进行动态的分析，如空间信息量测与分析、地形分析、网络分析、叠置分析等。

2. 可视化功能

GIS 通过对跨地域的资源数据进行处理、分析，揭示其中隐藏的模式，发现其内在的规律和发展趋势，而这些在统计资料和图表里并不能很直观地表示出来。GIS 把空间和信息结合起来，实现了数据的可视化。对于许多类型的地理信息操作，最好的结果是以地图或图形显示出来。GIS 的数据显示集成了三维动画、图像或多媒体的形式输出，使用户能在短时间内对资源数据有一个直观地、全面地了解。

3. 制图功能

制图功能是 GIS 最重要的一种功能，对多数用户来说，也是用得最多最广的一个功能。GIS 的综合制图功能包括专题地图制作、在地图上显示出地理要素，并赋予数值范围，同时可以放大和缩小以表明不同的细节层次。GIS 不仅可以为用户输出全要素图，而且可以根据用户的需要分层输出各种专题地图，以显示不同要素和活动的位置，或有关属性内容。例如，矿产分布图、城市交通图、旅游图等。通常这种含有属性信息的专题地图主要有多边形图、线状图、点状图等 3 种基本形式，也可由这几种基本图形综合组成各种形式和内容的专题图。

4. 辅助决策功能

GIS 技术已经被用于辅助完成一些任务，例如，为计划调查提供信息，为解决领土争端提供信息服务，以最小视觉干扰为原则设置路标等。GIS 可以用来帮助人们在低风险、低犯罪的地区，离人口聚集地近的地区进行新房选址。所有的这些数据都可以用地图的形式简洁而清晰地显示出来，或者出现在相关的报告中，使决策的制定者不必再浪费精力在分析和理解数据上。GIS 快速的结果获取，使多种方案和设想可以得到高效地评估。

三、GIS 技术在物流中的应用

（一）GIS 在物流领域中的应用

GIS 已广泛应用于土地管理、资源管理、环境监测、交通运输、经济建设、城市规划、工程设计和规划以及为政府行政管理提供新知识和辅助决策等。

1. GIS 应用于物流分析

GIS 应用于物流分析，主要是指利用 GIS 强大的地理数据功能来完善物流分析技术。国外企业已经开发出利用 GIS 为物流分析提供专门的工具软件。完整的 GIS 物流分析软件集成了运输路线模型、最短路径模拟、网络物流模型、分配集合模型和设施定位模型等。

（1）网络物流模型。用于解决寻求最有效的分配货物路径问题，也就是物流网点布局问题。例如，将货物从 N 个仓库送到 M 个商店，每个商店都有固定的需求量，因此需要确定由哪个仓库提货给哪个商店，所耗的运输代价最小。

（2）分配集合模型。可以根据各个要素的相似点把同一层上的所有或部分要素分为几个组，用以解决确定服务区域的销售市场范围等问题。如某一公司要设立 X 个分销点，要求这些分销点要覆盖某一地区，而且要使每个分销点的顾客数目大致相等。

（3）设施定位模型。用于确定一个或多个设施位置。在物流系统中，仓库和运输线共同组成了物流网络，仓库处于网络的节点上，节点决定着路线，如何根据供求关系的实际需要并结合经济效益等原则，在既定区域内设立多个仓库，每个仓库的位置、规模以及仓库之间的物流关系等，运用此模型均能很容易地得到解决。

（4）运输路线模型。用于解决一个起始点、多个终点的货物运输中如何降低物流作业费用并保证服务质量的问题。包括决定使用多少运输工具，每部运输工具的行驶路线等。

2. GIS 在物流信息系统中的作用

（1）GIS 在配送中心信息系统中的应用。通过客户邮编和详细地址字符串，自动确定客户的地理位置（经纬度）和客户所在的区站、分站和投递段。通过基于 GIS 的查询、地图表现的辅助决策，实现对投递路线的合理调度和安排客户投递排序。

（2）GIS 在客户服务端的应用。客户通过物流信息系统调用数据库查询，查询结果能够实现可视化，如通过地图或图表显示；还可实现分析功能，如计算两地间的距离。

（3）GIS 在查询货物动态情况的应用。如汽车安装了 GPS，物流企业或客户可通过对物流业务系统的调用，随时查询在途货物的动态情况。如果没有 GPS，则要求司机每隔一定的时间用手机向总部汇报目前所在的位置。

3. GIS 在物流电子商务中的应用

当 GIS 与 Internet 以及无线通信相连时，所发挥的作用就更大了。运用位置信息技术，可进一步提高企业实现电子商务的竞争实力。针对客户在地理信息方面的需求，以业务数据图形化管理和业务机构、业务对象图形化编辑为核心，从客户、产品、业务结构 3 个管理层面上实现业务的全面图形化管理。通过客户邮编和详细地址字符串，自动确定客户的地理位置（经纬度）和客户所在的区站、分站和投递段。通过基于 GIS 的查询、地图表现的辅助决策，实现对投递路线的合理编辑（如创建、删除、修改）和客户投递排序。用特定的地图符号在地图上表示客户的地理位置，不同类型的客户（如普通客户和会员客户，单位客户和个人客户等）采用不同的代号表示。通过 GIS 的查询功能或在地图上单击地图客户符号，显示此客户符号的属性信息，并可以编辑属性。通过业务系统调用 GIS，以图形的方式显示业务系统各种相关操作结果的数值信息。由上级机构基于综合评估模型和 GIS 的查询，实现广告投递区域的选择。

（二）GIS 在企业中的应用

GIS 为公司和企业涉及空间分布的信息查询和决策提供服务。专业 GIS 公司在各种地理空间数据库的基础上开发相应的桌面或网络地理信息查询和分析模型，为其他公司和个人地理信息查询和分析提供桌面、线上及移动的服务。企业提高效率和竞争力，是目前国际企业一个主要的目标。例如，英国电信已经宣布采用 Mapinfo GIS 产品，估计可为该集团节省 3 千万英镑；澳洲 TOYOTA 汽车采用了 GIS 作为市场营销应用；香港 Lucent Technologies、电讯盈科关系企业 CSL 等都采用了 GIS 产品。

国内一些先进企业，相继采用了 Mapinfo GIS 系统，如北京市商业 GIS、天津可口可乐电子地图管理系统，已经投入使用的还有小红帽投递管理信息系统、工商银行系统等。

在香港，GIS 应用日渐受到关注，香港生产力促进局成立的“无线应用方案中心”便选择了“移动地图”作为推广产品。香港有线电视也通过专题介绍“无线地图应用”。

（三）GIS 在政府部门的应用

应用于政府部门的 GIS，首先是存储政府职能部门的业务信息，完成各种基础地理信息数据，为社会和个人提供专业的信息查询等。其应用包括设备管理、医疗卫生、旅游、公交、电信、房地产、城市规划、水利项目等。

（四）社会个人的 GIS 应用

个人是通过利用政府和相关 GIS 信息公司提供的空间服务，满足诸如出行最优线路选择、公共服务设施定位、旅游线路选择和网络虚拟等需要。个人应用 GIS 的参与者越来越多，规模也越来越大，但建立者和使用者的职能分化也越来越明显，模型分析功能越来越弱，而信息查询功能要求越来越强。

【知识链接】

智能交通

21 世纪将是公路交通智能化的世纪，人们将要采用的智能交通系统，是一种先进的一体化交通综合管理系统。在该系统中，车辆靠自己的智能在道路上自由行驶，公路靠自身的智能将交通流量调整至最佳状态，借助于这个系统，管理人员对道路、车辆的行踪将掌握得一清二楚。

一、智能交通系统组成

智能交通是一个综合性体系，它包含的子系统大体可分为以下几个方面：

1. 车辆控制系统

该系统辅助驾驶员驾驶汽车或替代驾驶员自动驾驶汽车。它是通过安装在汽车前部和旁侧的雷达或红外探测仪，可以准确地判断车与障碍物之间的距离，遇紧急情况，车载电脑能及时发出警报或自动刹车避让，并根据路况自己调节行车速度，人称“智能汽车”。目前，美国已有3000多家公司从事高智能汽车的研制，已推出自动恒速控制器、红外智能导驶仪等高科技产品。

2. 交通监控系统

该系统类似于机场的航空控制器，它将在道路、车辆和驾驶员之间建立快速通讯联系。哪里发生了交通事故，哪里交通拥挤，哪条路最为畅通，该系统会以最快的速度提供给驾驶员和交通管理人员。

3. 运营车辆高度管理系统

该系统通过汽车的车载电脑、高度管理中心的计算机与全球定位系统卫星联网，实现驾驶员与调度管理中心之间的双向通讯，来提供商业车辆、公共汽车和出租汽车的运营效率。该系统通讯能力极强，可以对全国乃至更大范围内的车辆实施控制。目前，行驶在法国巴黎大街上的20辆公共汽车和英国伦敦的约2500辆出租汽车已经在接受卫星的指挥。

4. 旅行信息系统

该系统专为外出旅行人员及时提供各种交通信息。它提供信息的媒介是多种多样的，如电脑、电视、电话、路标、无线电、车内显示屏等，任何一种方式都可以。无论是在办公室、大街上、家中，还是在汽车上，只要采用其中任何一种方式，都能从信息系统中获得所需要的信息。有了该系统，外出旅行者就可以眼观六路、耳听八方了。

二、智能交通系统整体性

智能交通系统主要着眼于交通信息的广泛应用与服务，进而提高交通设施的运行效率。与一般技术系统相比，智能交通系统建设过程中的整体性要求更加严格，这种整体性体现在：

1. 跨行业特性

智能交通系统建设涉及众多行业领域，是社会广泛参与的复杂巨型系统工程，从而造成复杂的行业间协调问题。

2. 技术领域特性

智能交通系统综合了交通工程、信息工程、通信技术、控制工程、计算机技术等众多科学领域的成果，需要众多领域的技术人员共同协作。

三、智能交通系统应用优势

智能交通系统的应用可以解决交通运输带来的能耗、污染以及拥堵的问题。它可以提高道路使用效率，使交通堵塞减少约60%，使短途运输效率提高近70%，使现有道路的通行能力提高两至三倍。车辆在智能交通体系内行驶，停车次数可以减少30%，行车时间减少13%～45%，车辆的使用效率能够提高50%以上。

1. 智能交通能够大幅降低汽车能耗

通过智能交通控制，由于平均车速的提高带来了燃料消耗量的减少和排出废气量的减少，汽车油耗也可由此降低 15%。以中国 7000 万辆汽车保有量测算，每年可减小约 2500 万吨汽油的消耗，占了每年成品油进口量的一半以上。同时，交通的畅通将大幅度减少车辆在路上的停滞时间，使得汽车尾气的排放大大减少，从而改善空气质量。据测算，全国汽车发动机空转的时间每减少 1 分钟，就可减少 1000 吨汽油转化的废气排放。推动智能交通，可使中国温室气体的排放量减少 25%～30%。

2. 智能交通能够有效减少交通事故

国内每年仅交通事故一项造成的伤残人数就达 50 多万，死亡人数 10 多万。智能交通技术能够有效减少交通事故的发生，可使每年因交通事故造成的死亡人数下降 30%～70%。

技能实训

【实训目标】

- 能够正确使用 GPS/GIS 软件完成实训任务；
- 熟练掌握软件操作并能够完成定位跟踪及路线优化的任务。

【实训内容及要求】

（一）实训内容

利用雪城 GPS 定位系统软件对特定的车辆进行行驶状态的辨识，并能够定位该车辆的位置，并针对特定的行走路径计算到达指定地点的距离。

（二）实训要求

（1）判定车辆行驶状态的数量和静止状态的数量。

（2）正确记录特定时间的车辆所在位置。

（3）根据车辆所处行驶位置，分别记录各自到达指定地点的未来距离数量。

【实训分析】

双击“数据库服务器”图标，打开数据库服务器连接界面，如图 4-4 所示。如果连接的数据库无误，就会弹出登录窗口，如图 4-5 所示。

图 4-4 数据库服务器连接界面

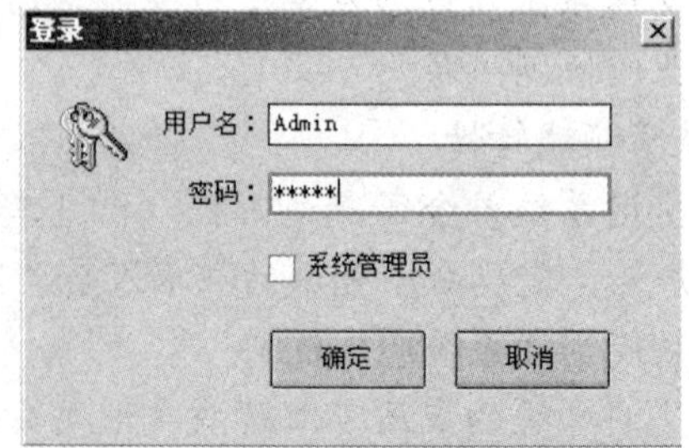

图 4-5 软件登录窗口

在登录窗口填写相应的用户名和密码，单击“确定”按钮，当用户名和密码都正确时，就会正式进入物流车辆监控管理系统主界面，如图 4-6 所示。如果这时短讯机未打开或已经断开，会出现提示窗口，确定短讯机正常运行后，单击“确定”按钮，就可以正常使用了（软件启动时会根据系统设置自动检测短讯机）。

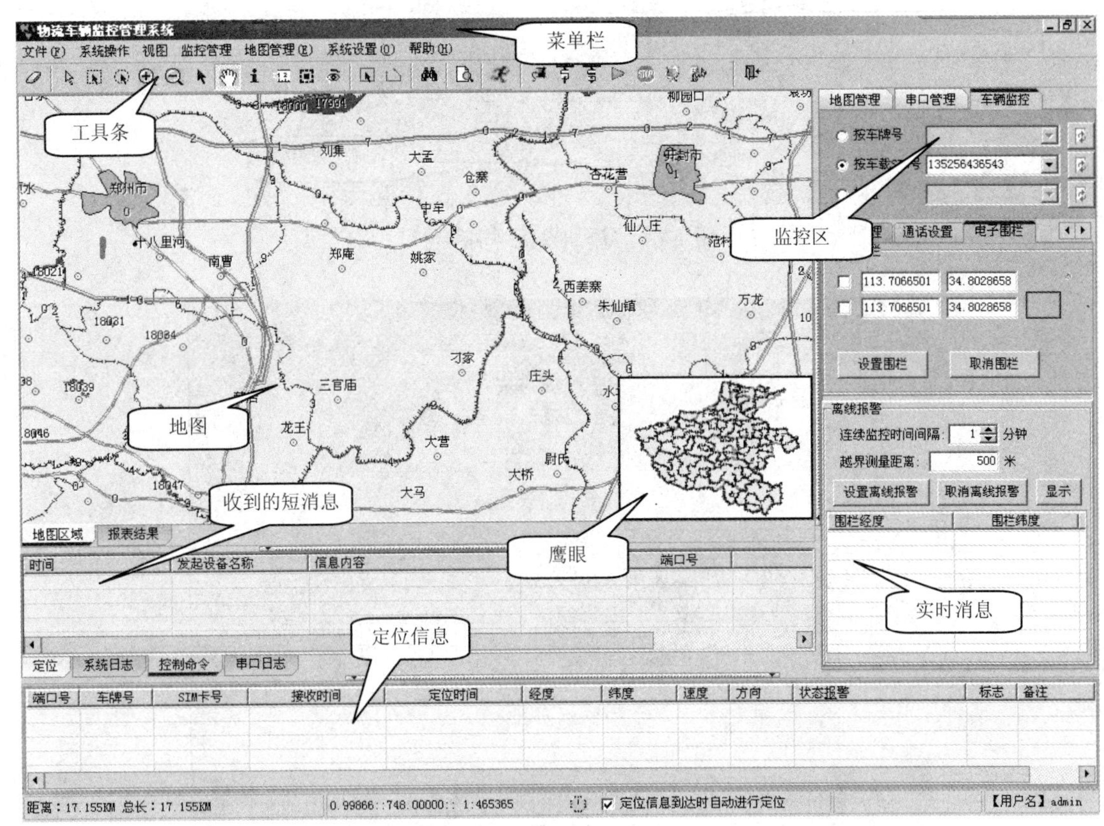

图 4-6　物流车辆监控管理系统主界面

操作席主界面上有“文件”、“系统操作”、“视图”、“监控管理”、“地图管理”、“系统设置”、“帮助”7 大菜单以及与监控查询、状态显示、短信通讯相关的快捷按钮和视图，以下将简单叙述这些菜单与按钮的功能和作用。

（一）“文件”菜单

（1）“锁定系统”：对正在运行的系统进行锁定。

（2）“打印”：打印报表结果。

（3）“打印预览”：预览要打印的报表结果。

（4）“打印设置”：设置打印机、打印纸张和方向。

（5）“退出”：退出系统。

（二）“系统操作”菜单

（1）“添加设备终端”：添加终端设备，如图 4-7 所示。

（2）“驾驶员信息管理”：添加、删除、修改驾驶员信息，如图 4-8 所示。

（3）“车辆管理”：车辆基本信息的修改、添加、删除管理，如图 4-9 所示。

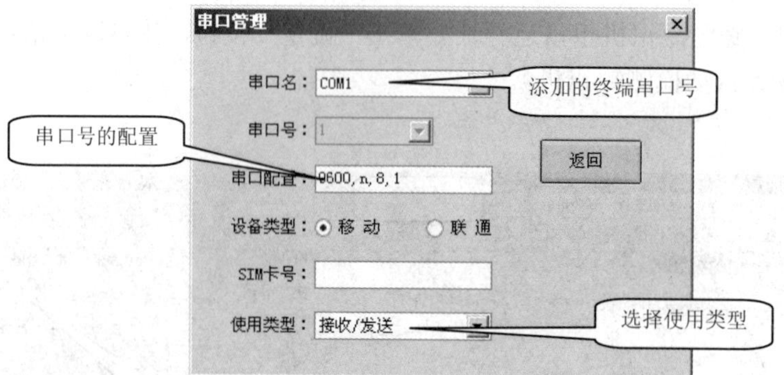

图 4-7 “添加设备终端”窗口

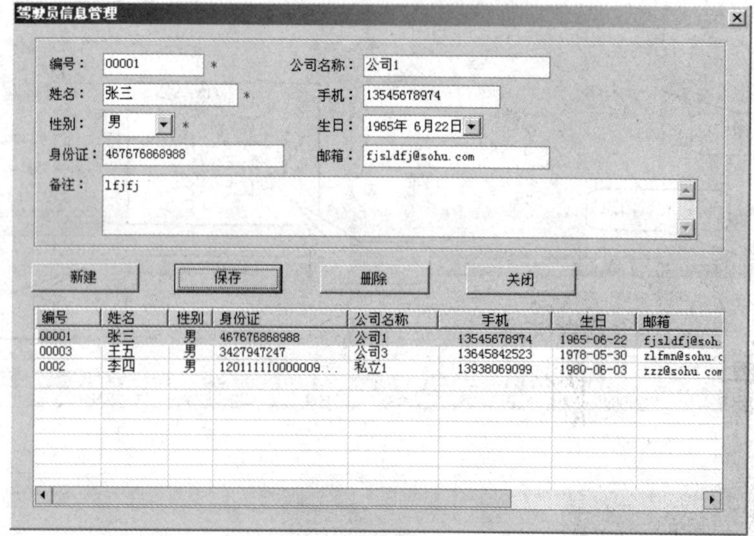

图 4-8 “驾驶员信息管理”窗口

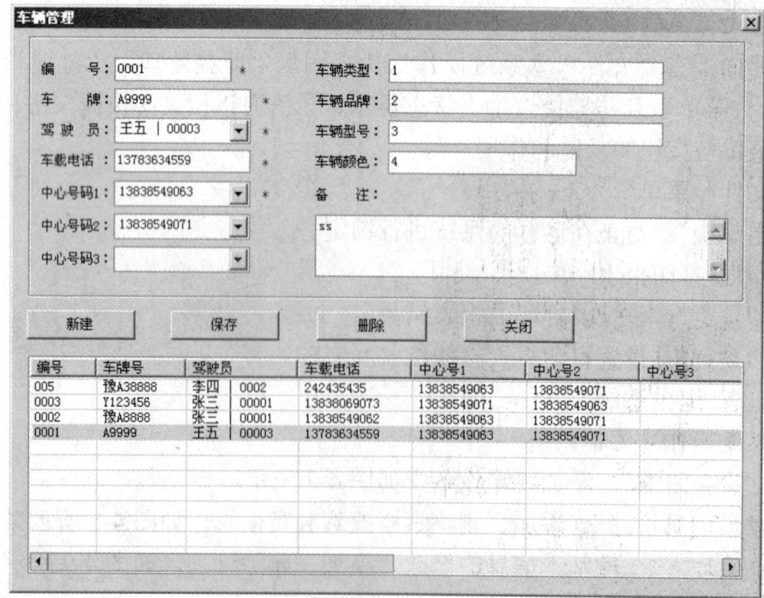

图 4-9 “车辆管理”窗口

（4）“车辆分组管理”：进行车辆的分组添加、修改、删除管理，如图 4-10 所示。

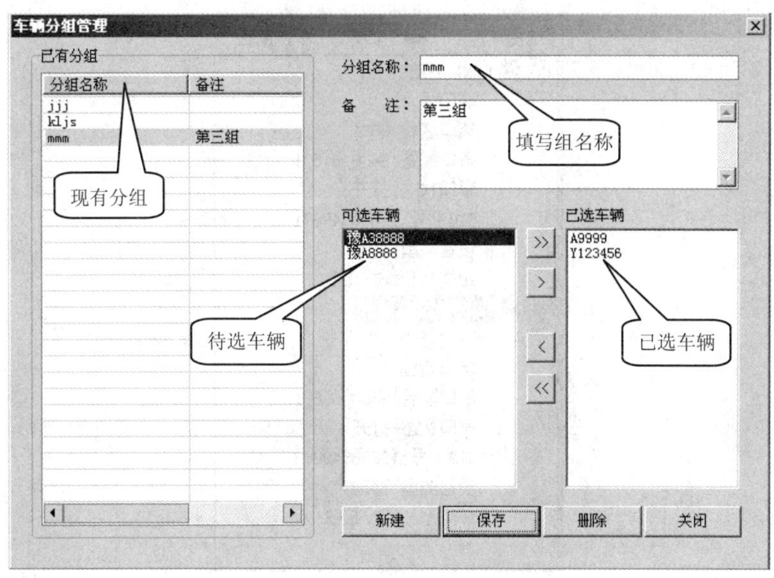

图 4-10　“车辆分组管理”窗口

（三）“视图”菜单

（1）“工具条”：在主窗体上显示或隐藏工具条。

（2）“状态条”：在主窗体上显示或隐藏状态信息。

（3）“鹰眼”：在主窗体上显示或隐藏鹰眼。

（四）“监控管理”菜单

（1）“定位与回放”：显示定位与回放窗口，如图 4-11 所示。

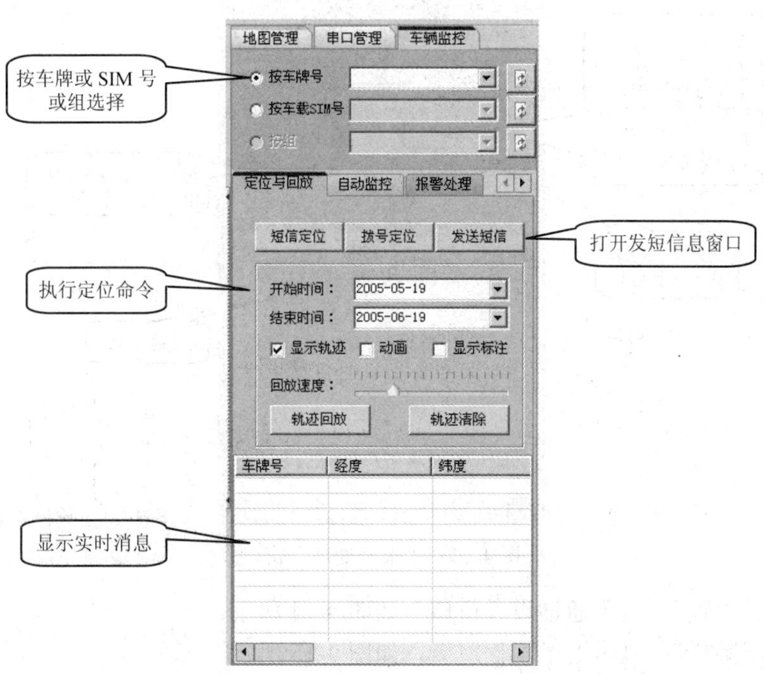

图 4-11　“定位与回放”窗口

（2）“串口管理”：显示串口管理窗口，如图 4-12 所示。

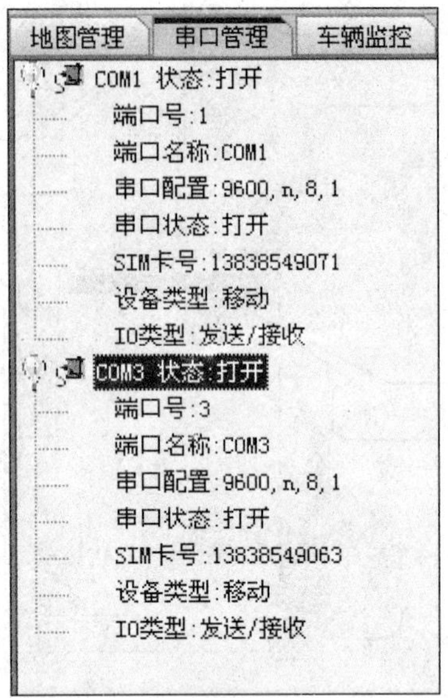

图 4-12 “串口管理”窗口

（3）“报警处理”：显示报警处理窗口，如图 4-13 所示。

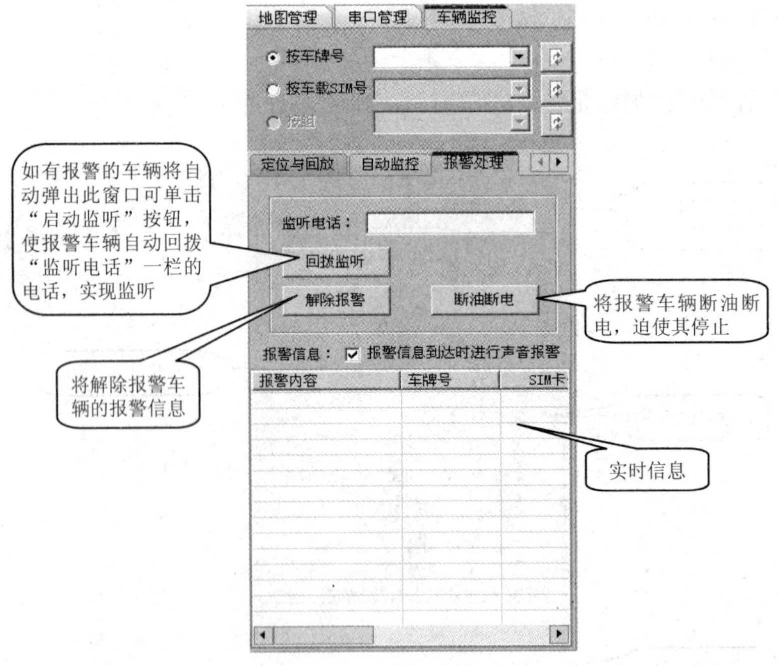

图 4-13 “报警处理”窗口

（4）“通话设置”：显示通话设置窗口，如图 4-14 所示。

（5）“电子围栏”：显示电子围栏窗口，如图 4-15 所示。

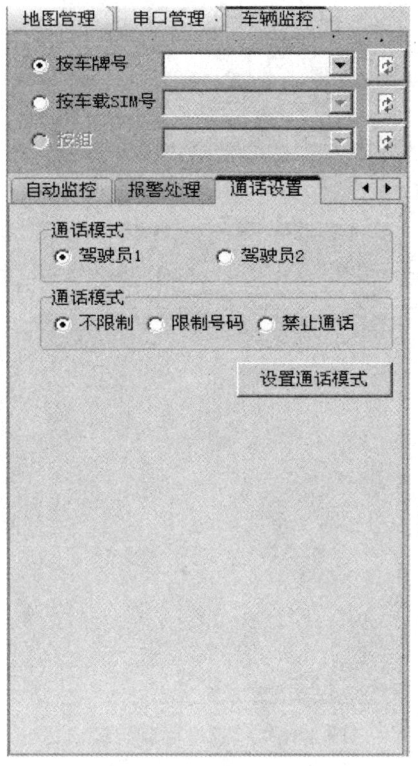

图 4-14　“通话设置”窗口

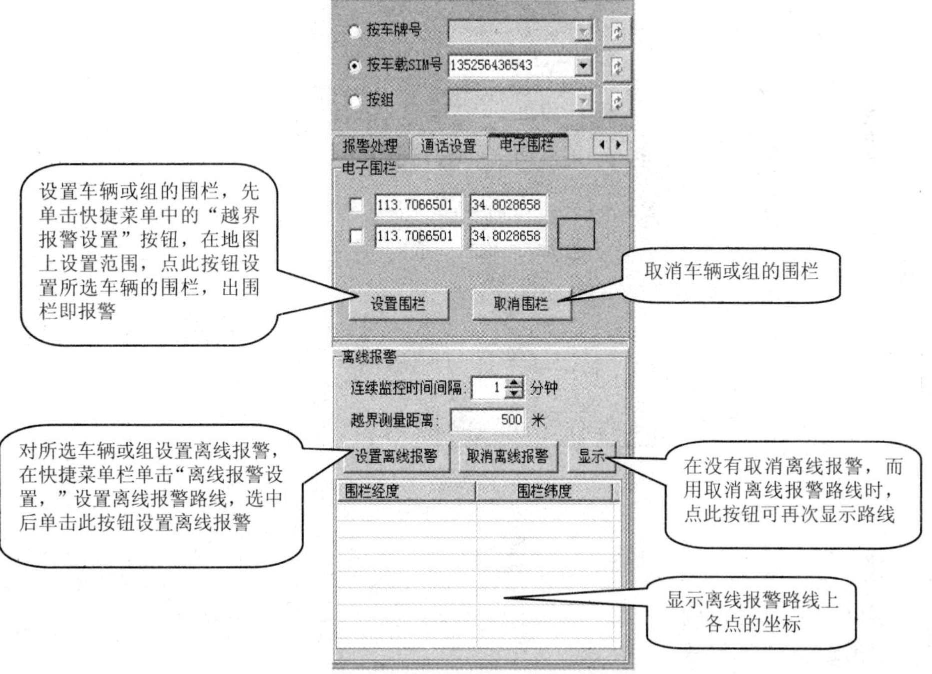

图 4-15　“电子围栏”窗口

（6）“速度限制”：显示速度限制窗口，如图 4-16 所示。

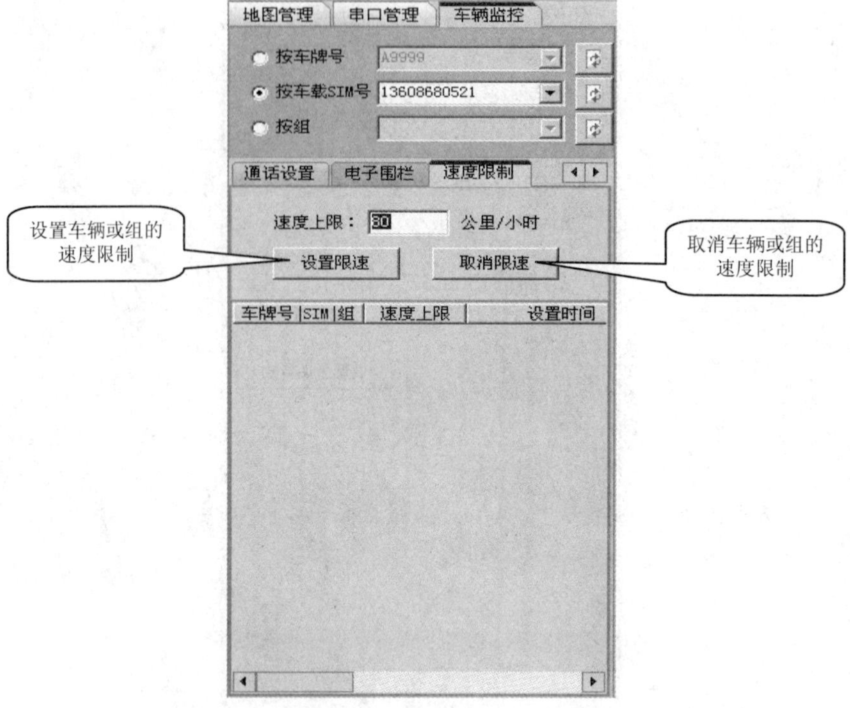

图 4-16 “速度限制”窗口

（7）“设置信息号码”：显示设置信息号码窗口，如图 4-17 所示。

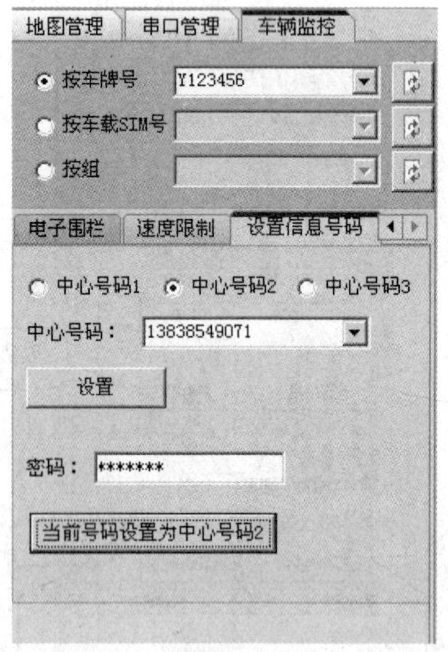

图 4-17 “设置信息号码”窗口

（8）“定位历史信息查询”：显示历史任务查询窗体，如图 4-18 所示。

（五）“地图管理”菜单

（1）“地物查询”：显示地物查询窗口，如图 4-19 所示。

（2）“刷新地图列表”：显示地图列表窗口，如图 4-20 所示。

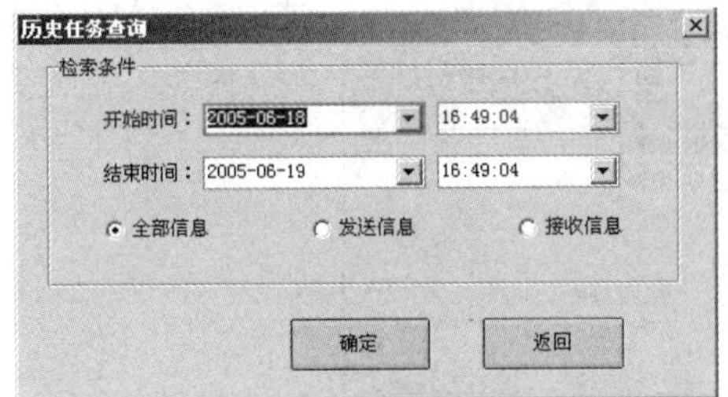

图 4-18　“历史任务查询”窗口

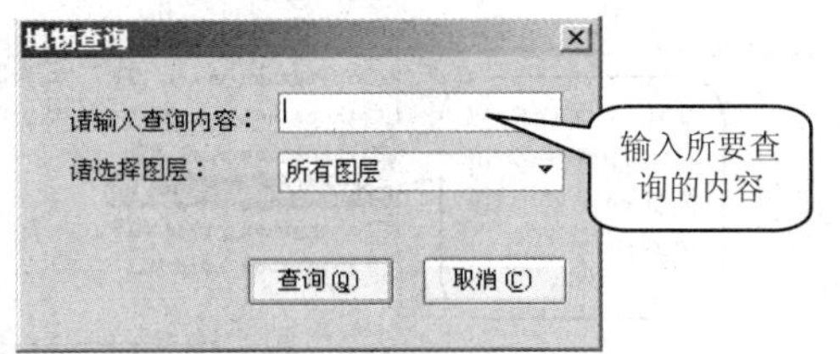

图 4-19　“地物查询”窗口

图 4-20　“地图列表”窗口

（3）“卸载当前地图”：卸载掉当前地图窗口所显示的地图。

（4）“打开雪城地图格式图层”：显示打开地图窗口，如图 4-21 所示。

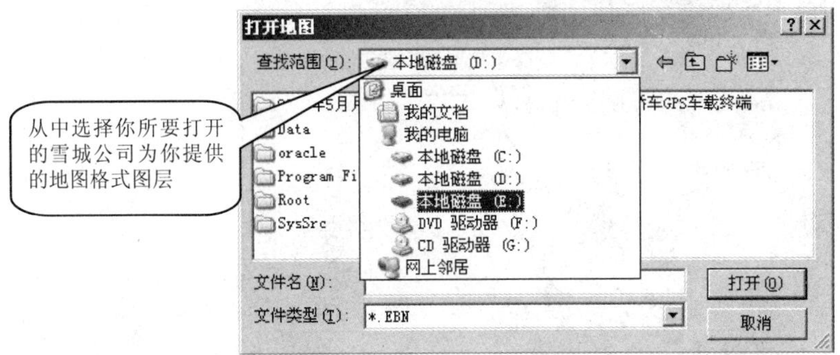

图 4-21　“打开地图”窗口

（5）“打开 MIF 格式图层”：显示打开地图窗口，如图 4-22 所示。

（6）“地图导入”：显示地图导入窗口，如图 4-23 所示。

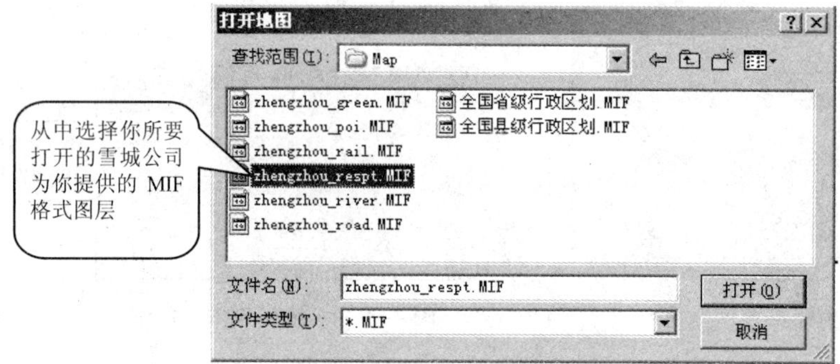

图 4-22　选择 MIF 格式图层界面

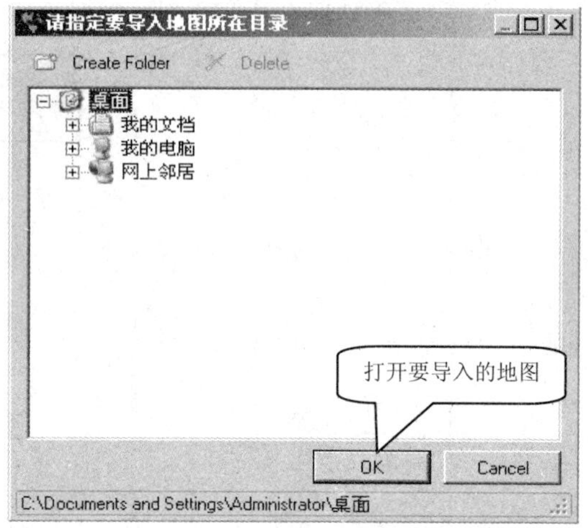

图 4-23　打开要导入的地图

（六）“系统设置”菜单

（1）“参数设置”：显示系统配置窗口，图 4-24，图 4-25，图 4-26 分别显示通用、通信参数和任务管理 3 个页面。

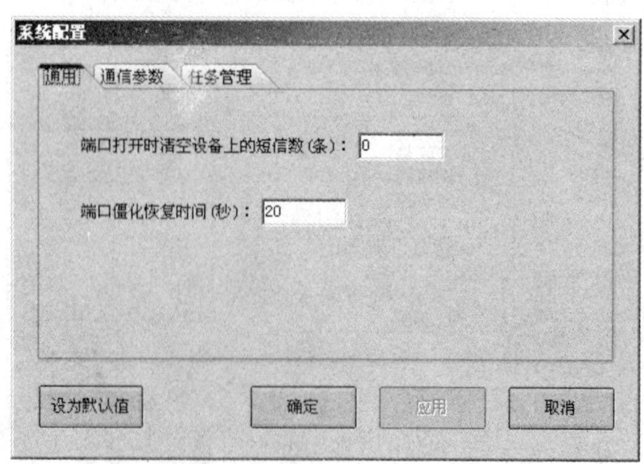

图 4-24　“通用”页面

（2）“用户管理”：显示用户管理窗口，如图 4-27 所示。只有系统管理员才有权限打开此窗体。

（3）“重新登录”：显示登录窗口（见图 4-5）。

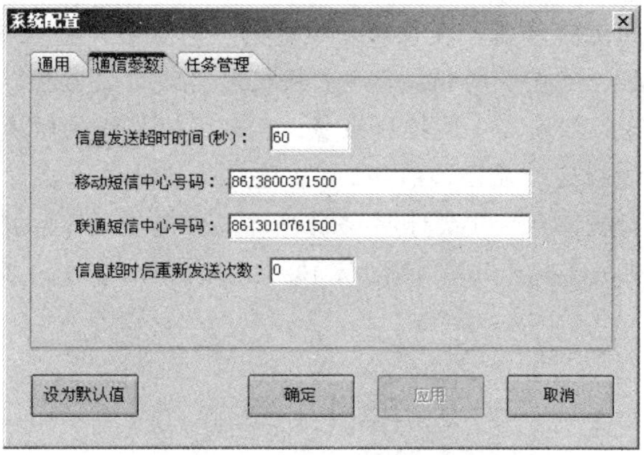

系统配置
通用
通信参数
任务管理
信息发送超时时间(秒)：
60
移动短信中心号码：
8613800371500
联通短信中心号码：
8613010761500
信息超时后重新发送次数：
0
设为默认值
确定
应用
取消

图 4-25　“通信参数”页面

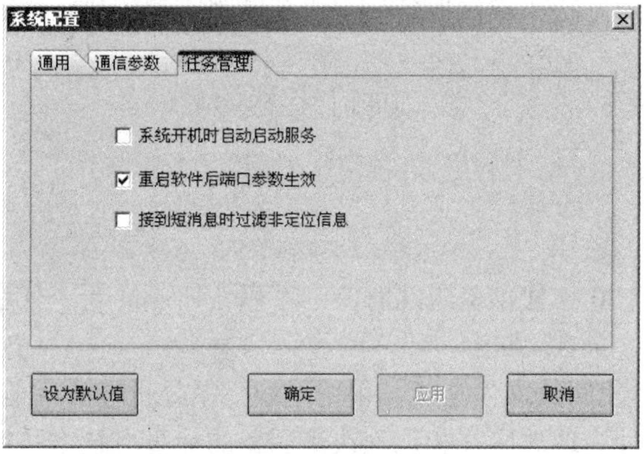

系统配置
通用
通信参数
任务管理
系统开机时自动启动服务
重启软件后端口参数生效
接到短消息时过滤非定位信息
设为默认值
确定
应用
取消

图 4-26　“任务管理”页面

用户管理
用户名
密码
系统管理员
Admin
True
aaa
False
a
a
False
Ader
1
True

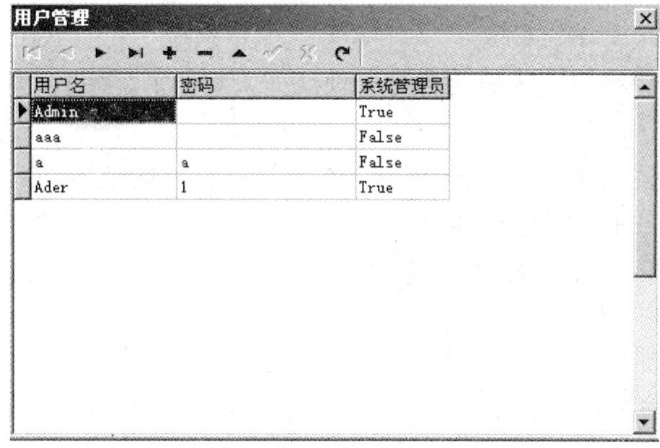

图 4-27　“用户管理”窗口

【实训链接】

车辆 GPS 监控系统

GPS 监控系统可实现多信息的实时监控，车载终端按照预设时间间隔连续上报车辆的行驶状态和实时位置等信息，系统自动对信息进行处理和存贮；本地精确电子地图系统支持，并逐步实现全国电子地图的无缝覆盖，提供跨省运输的实时监控；管理中心可对运输车辆单辆、组群或全部车辆进行监控、位置查询和显示，未按规定路线行驶监控以及非正常情况（如交通堵塞、车辆故障以及危险品泄漏等）监控和报警；车辆运输路线的轨道实时追踪，在电子地图上实现车辆当前行驶轨迹的连续显示，在以往时间段内行驶轨迹点在管理中心电子地图上可以进行回放以重现车辆的行驶路径；交警手持移动终端的信息查询，如托运单位名称、运输单位名称及运输路线，运输相关车辆和运输相关人员，运输剧毒化学品的名称、数量及相关公路运输通行证的有效期等。

项目小结

该项目描述 GPS/GIS 的基本概念及工作原理，说明软件的功能和特点，并讲述该软件的用途和作用，运用软件的方法和操作技巧，完成车辆跟踪和测量、规划等工作内容。

项目考核

一、选择题

1.（　　）是 20 世纪 70 年代由美国陆海空三军联合研制的新一代空间卫星导航定位系统。

A．GPS　　B．GIS　　C．信息系统　　D．RFID

2.（　　）是以地理空间数据为基础，采用地理模型分析方法，适时地提供多种空间的和动态的地理信息，是一种为地理研究和地理决策服务的计算机技术系统。

A．GPS　　B．GIS　　C．信息系统　　D．RFID

3.（　　）是一种基于计算机，能把图形管理系统和数据管理系统有机结合起来的系统。

A．GPS　　B．GIS　　C．信息系统　　D．RFID

4．GIS 的（　　）能将不同区域的各个属性（如人口等）显示在地图上，形象、直观，让人一目了然。

A．信息可视化　　B．空间分析　　C．信息监控性　　D．信息透明化

5．空间信息的查询和分析是 GIS 的（　　）功能。

A．特殊　　B．关键　　C．唯一　　D．基本

二、判断题

1．GIS 有跟踪车辆、船舶的功能，能实时显示出车辆、船舶的实际位置。（　　）

2．目前 GPS 接收机的一次定位和测速工作在 1 s 甚至更短的时间内便可完成，这对高动态用户来讲尤其重要。（　　）

3．GIS 主要由 5 部分构成，即硬件、软件、数据、人员和方法。（　　）

三、简答题

1．简述全球定位系统是什么？

2．GPS 全球卫星定位系统由哪几部分组成？

3．举例说明 GPS 在物流中的应用。

4．简述地理信息系统是什么。

5．简述 GIS 的基本功能有哪些。

四、进阶应用题

小刘所在的仓储配送中心最近遇到一个难题，由于配送量大，线路复杂，又新进了一批实习驾驶员，所配送出的货物总是不能按时到达所在的超市，而超市往往打电话来催问在途货物的运输状况，管理员却无以作答，小刘打算采用一些先进的信息技术来解决这一问题，请为小刘做一个切实可行的实施方案，说明要解决这一难题需配置什么信息设备，实现什么功能，及运作流程和方法是什么？

项目五　电子商务与物流

电子商务与物流密不可分，本项目通过对电子商务与物流基本知识的学习和实训任务的实施，需掌握物流对电子商务运行和发展的影响；掌握电子商务的概念、分类与功能；掌握电子商务活动对物流的影响。从而对电子商务物流与物流电子商务有一个深入的理解。

任务1　物流与电子商务

【任务介绍】

随着世界经济一体化和信息技术的快速发展，越来越多的传统企业开始介入电子商务领域。由于电子商务的“零距离”很难被带入流通领域，物流始终是电子商务的瓶颈问题之一。正所谓电子商务“成也物流，败也物流”，可见物流对电子商务的重要性。

【任务目标】

- 掌握物流对电子商务运行和发展的影响；
- 掌握电子商务的概念、分类与功能。

【任务引入】

戴尔公司是商用桌面PC市场的第二大供应商，其销售额每年以40%的增长率递增，为该行业平均增长率的两倍，年营业收入达100亿，仅次于康柏、IBM、苹果和NEC，位居第5位。戴尔公司每天通过网络售出的计算机系统价值超过1 200万美元。面对如此可观的业绩，总裁迈克尔·戴尔简言道，这归因于电子商务物流的巧妙运用。

1. 戴尔公司电子商务化物流取得的效果

在日常的经营中，戴尔公司仅保持两个星期的库存，存货1年周转30次以上，毛利率和资本回报率分别是21%和106%。

2. 电子商务化物流对戴尔公司的好处

电子商务化物流使戴尔公司可实现按单生产，没有库存风险，库存期仅为几天，还可以先拿到客户的预付款，运费则可待货运到后再与货运公司结算。

戴尔的电子商务型直销方式可实现对用户个性化需求的满足，精简生产、销售、物流过程，从而省去一些中间成本，以保证戴尔产品的价格较低，用户可以享受到完善的售后服务，包括物流、配送服务及其他售后服务。

请思考：电子商务化物流能为戴尔公司带来哪些效益？

能否举例说明电子商务领域里面的物流运作或信息技术应用？

【任务分析】

亚马逊通过卓越的物流管理逐渐发展为电子商务行业的领军企业，那么物流活动是怎样影响电子商务发展的，电子商务与物流之间的关系和相互作用又是怎样的，电子商务与物流的结合能为企业带来什么样的效益，通过下述相关知识的学习可以找到答案。

【相关知识】

一、电子商务概述

随着电子商务的飞速发展，物流在电子商务中的地位越显重要，也越来越被人们所关注。由于互联网的普及，客户可以通过互联网直接面对销售商并获得个性化服务，这对传统的物流提出了挑战。

由于电子商务的“零距离”很难被带入流通领域，物流始终是电子商务的瓶颈问题之一。对于大多数产品和服务来说，仍然要经由商品实体化的流通渠道。如何实现在用户下单后，迅速组织物流服务，满足电子商务环境下用户的购物需求，是许多电子商务网站面临的问题。

过去，人们对电子商务过程的认识往往只局限于信息流、商流和资金流的电子化、网络化，而忽视了物流的电子化过程，认为对于大多数商品和服务来说，物流仍然是在传统的经销渠道中流动。但随着电子商务的进一步推广与应用，物流的重要性对电子商务活动的影响日益明显。

随着世界经济一体化和信息技术的快速发展，越来越多的传统企业开始介入电子商务领域。他们在互联网上建造网上商店的时候，发现在网络前端的背后存在着物流的制约，缓慢的物流已成为网上交易的障碍，物流已成为电子商务能否顺利进行和发展的一个关键因素。同时，随着电子商务的发展，也对物流提出了更高的要求。

（一）电子商务的概念

电子商务通常是指是在全球各地广泛的商业贸易活动中，在因特网开放的网络环境下，基于浏览器/服务器应用方式，买卖双方不谋面地进行各种商贸活动，实现消费者的网上购物、商户之间的网上交易和在线电子支付以及各种商务活动、交易活动、金融活动和相关综合服务活动的一种新型的商业运营模式。

（二）电子商务的分类

1. 按照商业活动的运行方式分类

按照商业活动的运行方式分类，电子商务可分为：完全电子商务和非完全电子商务。

2. 按照开展电子交易的范围分类

按照开展电子交易的范围分类，电子商务可分为：区域化电子商务、远程国内电子商务、全球电子商务。

3. 按照使用网络的类型分类

按照使用网络的类型分类，电子商务可分为：基于专门增值网络的电子商务、基于因特网（Internet）的电子商务，基于企业内部网（Intranet）的电子商务。

4. 按照交易对象分类

按照交易对象分类，电子商务可分为：企业对企业的电子商务（Business-to-Business，B to B）（如阿里巴巴、环球资源、中国制造网、Dirctindustry 等），企业对消费者的电子商务（Business-to-Consumer，B to C），企业对政府的电子商务（Business-to-Government，B to G），消费者对政府的电子商务（Consumer-to-Government，C to G），消费者对消费者的电子商务（Consumer-to-Consumer，C to C），导航网对消费者的电子商务（Navigation-to-Consumer）（主

要有 Mai126 安全网购，hao123 购物导航等），企业、消费者、代理商三者相互转化（ABC），最近新出来的一种 O2O（Online To Offline）

（三）电子商务的功能

电子商务可提供网上交易和管理等全过程的服务，因此它具有广告宣传、咨询洽谈、网上订购、网上支付、电子账户、服务传递、意见征询、交易管理等各项功能。

1. 广告宣传

电子商务可凭借企业的 Web 服务器和客户的浏览，在 Internet 上传播各类商业信息。客户可借助网上的检索工具（Search）迅速地找到所需商品信息，而商家可利用网上主页（Home Page）和电子邮件（E-mail）在全球范围内作广告宣传。与以往的各类广告相比，网上的广告成本最为低廉，而给顾客的信息量却最为丰富。

2. 咨询洽谈

电子商务可借助非实时的电子邮件（E-mail）、新闻组（News Group）和实时的讨论组（Chat）来了解市场和商品信息、洽谈交易事务，如有进一步的需求，还可用网上的白板会议（Whiteboard Conference）来交流即时的图形信息。网上的咨询和洽谈能超越人们面对面洽谈的限制、提供多种方便的异地交谈形式。

3. 网上订购

电子商务可借助 Web 中的邮件交互传送实现网上的订购。网上的订购通常都是在产品介绍的页面上提供十分友好的订购提示信息和订购交互格式框。当客户填完订购单后，通常系统会回复确认信息单来保证订购信息的收悉。订购信息也可采用加密的方式使客户和商家的商业信息不会泄漏。

4. 网上支付

电子商务要成为一个完整的过程，网上支付是重要的环节。客户和商家之间可采用信用卡账号进行支付。在网上直接采用电子支付手段将可省略交易中很多人员的开销。网上支付将需要更为可靠的信息传输安全性控制以防止欺骗、窃听、冒用等非法行为。

5. 电子账户

网上的支付必须要有电子金融来支持，即银行或信用卡公司及保险公司等金融单位要为金融服务提供网上操作的服务。而电子账户管理是其基本的组成部分。信用卡号或银行账号都是电子账户的一种标志。而其可信度需配以必要技术措施来保证。如数字证书、数字签名、加密等手段的应用提供了电子账户操作的安全性。

6. 服务传递

对于已付款的客户应将其订购的货物尽快地传递到他们的手中。而有些货物在本地，有些货物在异地，电子邮件将能在网络中进行物流的调配。而最适合在网上直接传递的货物是信息产品，如软件、电子读物、信息服务等。它能直接从电子仓库中将货物发到用户端。

7. 意见征询

电子商务能十分方便地采用网页上的“选择”“填空”等格式文件来收集用户对销售服务的反馈意见。这样使企业的市场运营能形成一个封闭的回路。客户的反馈意见不仅能提高售后服务的水平，更使企业获得改进产品、发现市场的商业机会。

8. 交易管理

整个交易的管理将涉及人、财、物多个方面，企业和企业、企业和客户及企业内部等各方面的协调和管理。因此，交易管理是涉及商务活动全过程的管理。

电子商务的发展，将会提供一个良好的交易管理的网络环境及多种多样的应用服务系统。这样，能保障电子商务获得更广泛地应用。

二、物流与电子商务的关系

（一）物流是电子商务的基本要素

电子商务中的任何一笔交易，都包含着几种基本的“流”，即信息流、商流、资金流、物流。信息流既包括商品信息的提供、行销方式、技术支持、售后服务等内容，也包括价格、技术、质量、服务等相关信息，还包括交易方的支付能力、支付信誉等。商流是指商品在购、销之间进行交易和商品所有权转移的运动过程，具体是指商品交易的一系列活动。资金流主要是指资金的转移过程，包括付款、转账等过程。商流一般指的是交易行为本身，只要这个交易行为表现为通过交易实现商品所有权的转移或服务的效果。

在电子商务下，以上前三种“流”的处理都可以通过计算机和网络通信设备实现。而物流作为四“流”中最为特殊的一种，是指物质实体的流动过程，具体指运输、储存、配送、装卸、保管、物流信息管理等各种活动。尽管对于少数商品和服务来说，可以直接通过网络传输的方式实现，如各种电子出版物、信息咨询服务、有价信息软件等。但对于大多数商品和服务来说，物流仍要经由物理方式，通过专用的运输装卸工具来完成实体的位移。

（二）物流保证电子商务的实现

无论在传统的贸易方式下，还是在电子商务下，生产都是商品流通之本，而生产的顺利进行需要各类物流活动的支持。生产的全过程从原材料的采购开始便要求有相应的供应物流活动，使所采购的材料到位，否则生产就难以进行；在生产的各工艺流程之间，也需要原材料、半成品的物流过程，即所谓的生产物流，以实现生产的流动性；部分余料、可重复利用的物资的回收，就需要所谓的回收物流；废弃物的处理则需要废弃物物流。可见，整个生产过程实际上就是系列化的物流活动。合理化、现代化的物流，通过降低费用从而降低成本、优化库存结构、减少资金占压、缩短生产周期，保障了现代化生产的高效进行；相反，缺少了现代化的物流，生产将难以顺利进行，无论电子商务是多么便捷的贸易形式，仍将是无米之炊。

物流是实现“以顾客为中心”理念的根本保证。电子商务的出现，在最大程度上方便了最终消费者，他们不必再跑到拥挤的商业街，一家又一家地挑选自己所需的商品，而只要在因特网上搜索、查看、挑选，就可以完成购物过程。但如果他们所购的商品没有物流体系来保证送达，消费者最终仍然会放弃这种便捷的方式，转向他们认为更安全的传统购物方式。物流是电子商务中实现“以顾客为中心”理念的最终保证，缺少了现代化的物流技术，电子商务给消费者带来的购物便捷等于零。

（三）物流配送制约着电子商务发展

“成也物流，败也物流”，物流问题几乎成为了不可逾越的障碍。

一个完整的商务过程应该分为 3 个阶段，即信息查询、货款交割和货物送达。物流虽然只是若干环节中的一部分，但往往是商品和服务价值的最终体现。如果不能处理好，前端环节的价值就无法体现。

电子商务交易的绝大多数产品都是有形产品，交易是否成功很大程度上依赖于实际物流的操作，即能否及时把货物送到顾客手中。而目前物流配送体系的不完善严重阻碍了电子商务的发展，电子商务快速、便捷的优势得不到发挥，物流成为制约电子商务发展的瓶颈，特别是对于一些交易规模小的网站。

三、电子商务物流

电子商务物流是一整套的电子物流解决方案，电子商务作为数字化生存方式，代表未来的贸易方式、消费方式和服务方式。因此要求整体生态环境要完善，要求打破原有物流行业的传统格局，建设和发展以商品代理和配送为主要特征，物流、商流、信息流有机结合的社会化物流配送中心，建立电子商务物流体系，使各种“流”畅通无阻，是电子商务物流的发展目标。

（一）电子商务物流新特点

电子商务时代的来临，给全球物流带来了新的发展，使物流具备了一系列新特点。

1. 信息化

电子商务时代，物流信息化是电子商务的必然要求。物流信息化表现为物流信息的商品化、物流信息收集的数据库化和代码化、物流信息处理的电子化和计算机化、物流信息传递的标准化和实时化、物流信息存储的数字化等。因此，条码技术（BarCode）、数据库技术（Database）、电子订货系统（Electronic Ordering System，EOS）、电子数据交换（Electronic Data Interchange，EDI）、快速反应（Quick Response，QR）及有效的客户反映（Effective Customer Response，ECR）、企业资源计划（Enterprise Resource Planning，ERP）等技术与观念在中国的物流中将会得到普遍地应用。信息化是一切的基础，没有物流的信息化，任何先进的技术设备都不可能应用于物流领域，信息技术及计算机技术在物流中的应用将会彻底改变世界物流的面貌。

2. 自动化

自动化的基础是信息化，自动化的核心是机电一体化，自动化的外在表现是无人化，自动化的效果是省力化，另外还可以扩大物流作业能力、提高劳动生产率、减少物流作业的差错等。物流自动化的设施非常多，如条码/语音/射频自动识别系统、自动分拣系统、自动存取系统、自动导向车、货物自动跟踪系统等。这些设施在发达国家已普遍用于物流作业流程中，而在中国由于物流业起步晚，发展水平低，自动化技术的普及还需要相当长的时间。

3. 网络化

物流领域网络化的基础也是信息化，是电子商务下物流活动的主要特征之一。这里指的网络化有两层含义：一是物流配送系统的计算机通信网络，包括物流配送中心与供应商或制造商的联系要通过计算机网络，另外与下游顾客之间的联系也要通过计算机网络通信，比如物流配送中心向供应商提交订单这个过程，就可以使用计算机通信方式，借助于增值网（Value-Added Network，VAN）上的电子订货系统（EOS）和电子数据交换技术（EDI）来自动实现，物流配送中心通过计算机网络收集下游客户的订货过程也可以自动完成；二是组织的网络化，即所谓的企业内部网（Intranet）。例如，台湾的电脑业在 20 世纪 90 年代创造出了“全球运筹式产销模式”，这种模式的基本点是按照客户订单组织生产，生产采取分散形式，即将全世界的电脑资源都利用起来，采取外包的形式将一台电脑的所有零部件、元器件、芯片外包给世界各地的制造商去生产，然后通过全球的物流网络将这些零部件、元器件和芯片发往同一个物流配送中心进行组装，由该物流配送中心将组装的电脑迅速发给客户。这一过程需要有高效的物流网络支持，当然物流网络的基础是信息、电脑网络。

物流的网络化是物流信息化的必然，是电子商务下物流活动的主要特征之一。当今世界 Internet 等全球网络资源的可用性及网络技术的普及为物流的网络化提供了良好的外部环境，物流网络化不可阻挡。

4. 智能化

智能化是物流自动化、信息化的一种高层次应用，物流作业过程大量的运筹和决策，如库存水平的确定、运输（搬运）路径的选择、自动导向车的运行轨迹和作业控制、自动分拣机的运行、物流配送中心经营管理的决策支持等问题都需要借助于大量的知识才能解决。在物流自动化的进程中，物流智能化是不可回避的技术难题。好在专家系统、机器人等相关技术在国际上已经有比较成熟的研究成果。为了提高物流现代化的水平，物流的智能化已成为电子商务下物流发展的一个新趋势。

5. 柔性化

柔性化本来是为实现“以顾客为中心”的理念而在生产领域提出的，以便使企业能根据消费者的需求变化来灵活调节生产和工艺。但要真正做到柔性化，即能真正地根据消费者需求的变化来灵活调节生产工艺，没有配套的柔性化的物流系统是不可能达到目的的。

20世纪90年代，国际生产领域纷纷推出弹性制造系统（Flexible Manufacturing System，FMS）、计算机集成制造系统（Computer Integrated Manufacturing System，CIMS）、制造资源系统（Manufacturing Requirement Planning，MRP）、企业资源计划（ERP）以及供应链管理的概念和技术，这些概念和技术的实质是要将生产、流通进行集成，根据需求端的需求组织生产，安排物流活动。因此，柔性化的物流正是适应生产、流通与消费的需求而发展起来的一种新型物流模式。这就要求物流配送中心要根据消费需求“多品种、小批量、多批次、短周期”的特色，灵活组织和实施物流作业。

另外，物流设施、商品包装的标准化，物流的社会化、共同化也都是电子商务下物流模式的新特点。

（二）电子商务物流发展趋势

电子商务时代，由于企业销售范围地扩大，企业和商业销售方式及最终消费者购买方式地转变，使得送货上门等业务成为一项极为重要的服务业务，促使了物流行业的兴起。物流行业即能完整提供物流机能服务，以及运输配送、仓储保管、分装包装、流通加工等以收取报偿的行业，主要包括仓储企业、运输企业、装卸搬运、配送企业、流通加工业等。信息化、全球化、多功能化和一流的服务水平，已成为电子商务下物流企业追求的目标。

1. 多功能化

在电子商务时代，物流发展到集约化阶段，一体化的配送中心不单单提供仓储和运输服务，还必须开展配货、配送和各种提高附加值的流通加工服务项目，也可按客户的需要提供其他服务。现代供应链管理即通过从供应者到消费者供应链的综合运作，使物流达到最优化。企业追求的是全面的系统的综合效果，而不是单一的、孤立的片面绩效。

2. 一流的服务

在电子商务下，物流业是介于供货方和购货方之间的第三方，以服务作为第一宗旨。从当前物流的现状来看，物流企业不仅要为该地区服务，而且还要进行长距离的服务。因为客户不但希望得到很好的服务，而且希望服务点不是一处，而是多处。因此，如何提供高质量的服务便成了物流企业管理的中心课题。例如，有的配送中心起初提供的是区域性的物流服务，以后发展到提供长距离服务，而且能提供越来越多的服务项目。

物流企业不仅为货主提供优质的服务，而且要具备运输、仓储、进出口贸易等一系列知识，深入研究货主企业的生产经营发展、流程设计，并提供全方位系统服务。优质和系统的服务使物流企业与货主企业结成战略伙伴关系（或称策略联盟），一方面有助于货主企业的产品迅速进入市场，提高竞争力，另一方面则使物流企业有稳定的资源，对物流企业而言，服务质量和服务水平正逐渐成为比价格更为重要的选择因素。

3. 信息化

在电子商务时代，要提供最佳的服务，物流系统必须要有良好的信息处理和传输系统。在电子商务环境下，由于全球经济的一体化趋势，当前的物流业正向全球化、信息化、一体化发展。

商品与生产要素在全球范围内以空前的速度自由流动。EDI 与 Internet 的应用，使物流效率地提高更多地取决于信息管理技术，电子计算机地普遍应用提供了更多的需求和库存信息，提高了信息管理科学化水平，使产品流动更加容易和迅速。物流信息化，包括商品代码和数据库的建立，运输网络合理化、销售网络系统化和物流中心管理电子化建设等，目前还有很多工作有待实施。可以说，没有现代化的信息管理，就没有现代化的物流。

4. 全球化

电子商务的出现，加速了全球经济的一体化。全球化的物流模式，使企业面临着新的问题，例如，当北美自由贸易区协议达成后，其物流配送系统已不是仅仅从东部到西部的问题，还有从北部到南部的问题，这里面有仓库建设问题也有运输问题。全球化战略的趋势，使物流企业和生产企业更紧密地联系在一起，形成了社会大分工。生产厂家集中精力制造产品、降低成本、创造价值；物流企业则花费大量时间、精力从事物流服务。物流企业的满足需求系统比原来更进一步了。例如，在配送中心，提供对进口商品的代理报关业务，暂时储存、搬运和配送服务，必要的流通加工服务，从商品进口到送交消费者手中的一条龙服务等。

任务2　物流电子商务化

【任务介绍】

本节任务以亚马逊公司物流运作为背景介绍电子商务与物流发展之间的密切关系和电子商务环境下的物流运作特点。

【任务目标】

- 掌握电子商务活动对物流的影响。

【任务引入】

物流助亚马逊成为行业领军者

亚马逊公司是一家财富 500 强公司，总部位于美国华盛顿州的西雅图。它创立于 1995 年，目前已成为全球商品品种最多的网上零售商和全球第 2 大互联网公司。在近几年电子商务领域发展受挫，许多追随者纷纷倒地落马之时，亚马逊却通过发展物流顽强地活了下来，并且脱颖而出，并于 2002 年底开始盈利，创造了令人振奋的业绩。亚马逊物流具有以下几方面特点。

第一，物流是亚马逊促销的手段

很多年来，网上购物价格昂贵的现实是使消费者摒弃电子商务而坚持选择实体商店购物的主要因素，也是导致电子商务公司失去顾客、经营失败的重要原因。在电子商务经营处于“高天滚滚寒流急”的危难时刻，亚马逊独辟蹊径，三次大胆地将免费送货作为促销手段，并且不断降低免费送货服务的门槛。薄利多销、低价竞争，以物流的代价去占领市场，招揽顾客，扩大市场份额。

第二，开源节流是亚马逊促销成功的保证

亚马逊盈利的秘诀在于给顾客提供的大额购买折扣及免费送货服务。然而此种促销策略也是一柄双刃剑——在增加销售的同时产生巨大的成本。如何消化由此而带来的成本呢？亚马逊的做法是在财务管理上不遗余力地削减成本：减少开支、裁减人员，使用先进便捷的订单处理系统降低错误率，整合送货和节约库存成本。通过降低物流成本，相当于以较少的促销成本获得更大的销售收益，再将之回馈于消费者，以此来争取更多的顾客，形成有效的良性循环。

第三，完善的物流系统是亚马逊生存与发展的命脉

作为电子商务组成部分的物流已成为决定电子商务效益的关键因素。在电子商务中，如果物流滞后、效率低、质量差，则电子商务经济、方便、快捷的优势就不复存在，因此完善的物流系统是决定电子商务生存与发展的命脉。正是由于亚马逊有完善、优化的物流系统作为保障，它才能将物流作为促销的手段，并有能力严格地控制物流成本和有效地进行物流过程的组织运作。亚马逊的独到之处又是什么？

1. 在配送模式的选择上采取外包的方式

在电子商务中，亚马逊将其国内的配送业务委托给美国邮政和 UPS，将国际物流委托给国际海运公司等专业物流公司，自己则集中精力去发展主营和核心业务。这样既可以减少投资，降低经营风险，又能充分利用专业物流公司的优势，节约物流成本。

2. 将库存控制在最低水平

亚马逊通过与供应商建立良好的合作关系，实现了对库存的有效控制。亚马逊公司的库存图书很少，维持库存的只有 200 种最受欢迎的畅销书。一般情况下，亚马逊是在顾客买书下了订单后，才从出版商那里进货。购书者以信用卡向亚马逊公司支付书款，而亚马逊却在图书售出 46 天后才向出版商付款，这就使得它的资金周转比传统书店要顺畅得多。由于保持了低库存，亚马逊的库存周转速度很快。

请思考：电子商务和物流间的关系是怎样的？

电子商务对物流运作的要求是什么？

【任务分析】

亚马逊公司电子商务化物流对消除库存风险、精简供应链、节省物流成本起到了至关重要的作用，电子商务的发展、网络购物市场的爆发性成长对物流运作的效率与质量等方面都提出了更高的要求，同时商业企业又通过电子商务赢得了更广阔的市场，亚马逊公司就是很好的例子，那么电子商务时代，要回答物流企业应怎样发展电子商务，电子商务能为企业带来哪些效益，还需学习下述相关知识。

【相关知识】

一、物流电子商务的概念

物流电子商务又称网上物流，就是基于互联网技术，旨在创造性地推动物流行业发展的新商业模式；通过互联网，物流公司能够被更大范围内的货主客户主动找到，能够在全国乃至

世界范围内拓展业务；贸易公司和工厂能够更加快捷地找到性价比最适合的物流公司；网上物流致力于把世界范围内最大数量的有物流需求的货主企业和提供物流服务的物流公司都吸引到一起，提供中立、诚信、自由的网上物流交易市场，帮助物流供需双方高效达成交易。

二、电子商务对物流的影响

电子商务活动对物流的影响主要表现在以下几个方面。

（一）电子商务改变传统物流观念

传统的物流和配送企业需要置备大面积的仓库，而电子商务系统网络化的虚拟企业将散置在各地的、分属于不同所有者的仓库通过网络连接起来，使之成为“虚拟仓库”，进行统一管理和调配，从而服务半径和货物集散空间都放大了。这样的企业在组织资源的速度、规模、效率和资源的合理配置方面都是传统的物流和配送所不可比拟的，相应的物流观念也必须是全新的。

电子商务作为一种新兴的商务活动，为物流创造了虚拟的运动空间。人们在进行物流活动时，物流的各种职能及功能可以通过虚拟化的方式表现出来。在这种虚拟化的过程中，可以通过各种组合方式寻求物流的合理化，使商品实体在实际的运动过程中，达到效率最高、费用最省、距离最短、时间最少的功能。

（二）电子商务改变物流的运作方式

传统的物流和配送过程是由多个业务流程组成的，受人为因素和时间的影响很大。传统的物流活动在其运作过程中，不管是以生产为中心，还是以成本或利润为中心，其实质都是以商流为中心，都从属于商流活动，因而物流的运动方式是紧紧伴随着商流来运动的。而在电子商务下，物流的运作是以信息为中心的，信息不仅决定着物流的运动方向，而且决定着物流的运作方式。在实际运作过程中，通过网络上的信息传递，可以有效地实现对物流的实施控制，实现物流的合理化。网络的应用可以实现整个过程的实时监控和实时决策，而且这种物流的实时控制是以整体物流来进行的。

新型的物流和配送的业务流程都由网络系统连接。当系统的任何一个环节收到一个需求信息时，该系统都可以在极短的时间内作出反应，并拟订详细的配送计划，通知各相关环节开始工作。这一切工作都是由计算机根据人们事先设计好的程序自动完成的。

（三）电子商务改变物流企业的经营管理

首先，电子商务将改变物流企业对物流地组织和管理。在传统经济条件下，物流往往是从某一企业来进行组织和管理，为企业自身服务的。而电子商务则要求物流以社会的角度来实行系统地组织和管理，以打破传统物流分散的状态。这就要求企业在组织物流的过程中，不仅要考虑本企业的物流组织和管理，更重要的是要考虑全社会的整体系统。

其次，电子商务将改变物流企业的竞争状态。在传统经济活动中，物流企业之间存在激烈的竞争，这种竞争往往是依靠本企业提供优质服务、降低物流费用等方式来进行的。在电子商务时代，这些竞争内容虽然依然存在，但有效性却大大降低了。原因在于电子商务需要一个全球性的物流系统来保证商品实体的合理流动。对于一个企业来说，它的规模再大，也是难以达到这一要求的。这就要求物流企业相互联合起来，在竞争中形成一种协同竞争的状态，以实现物流高效化、合理化、系统化。

（四）电子商务促进物流设施与技术的进步

首先，电子商务将促进物流基础设施的完善。电子商务高效率和全球性的特点，要求物流也达到这一目标。而物流要达到这一目标，良好的交通运输网络、通信网络等基础设施是最基本的保证。

其次，电子商务将促进物流技术的进步。物流技术主要包括物流硬技术和物流软技术。物流硬技术是指在组织物流过程中所需的各种材料、机械和设施等；物流软技术是指组织高效率的物流所需的计划、管理、评价等方面的技术和管理方法。物流技术水平的高低是实现物流效率高低的一个重要因素。要建立一个适应电子商务运作的高效率的物流系统，加快提高物流的技术水平则有着重要的作用。

最后，电子商务将促进物流管理水平的提高。物流管理水平的高低直接决定和影响着物流效率的高低，也影响着电子商务高效率优势的实现。只有提高物流的管理水平，建立科学、合理的管理制度，将科学的管理手段和方法应用于物流管理当中，才能确保物流的畅通进行，实现物流的合理化和高效化，促进电子商务的发展。

（五）电子商务对物流人才要求高

电子商务不仅要求物流管理人员具有较高的物流管理水平，而且要求物流管理人员具有较高的电子商务知识，并在实际的运作过程中，能有效地将两者有机地结合在一起。

电子商务将给人类带来一次史无前例的产业革命，这场革命的结果是将人类真正带入信息社会。同时，电子商务的发展也给物流企业创造了新的发展空间。借助于电子商务，物流理论将逐步形成一种新型的物流模式。然而，目前在电子商务的发展过程中，作为支持有形商品网上商务活动的物流，不仅已成为有形商品网上商务活动的一个障碍，而且已成为有形商品网上商务活动能否顺利进行的一个关键因素。可见，物流是实现电子商务的关键。但是，我们依然可以设想到电子商务的明天：随着信息技术的不断发展、网络技术的不断完善，电子商务势必取得充分地发展和应用，物流也将实现真正意义上的“货能畅其流”。

三、物流电子商务解决方案

（一）美国的物流中央化

物流中央化的美国物流模式强调“整体化的物流管理系统”，是一种以整体利益为重，冲破按部门分管的体制，从整体进行统一规划管理的管理方式。在市场营销方面，物流管理包括分配计划、运输、仓储、市场研究、为用户服务 5 个过程；在流通和服务方面，物流管理过程包括需求预测、订货过程、原材料购买、加工过程，即从原材料购买直至送达顾客的全部物资流通过程。

（二）日本的高效配送中心

物流过程是生产—流通—消费—还原（废物的再利用及生产资料的补足和再生产）。在日本，物流是非独立领域，由多种因素制约。物流（少库存多批发）与销售（多库存少批发）相互对立，必须利用统筹来获得整体成本最小的效果。物流的前提是企业的销售政策、商业管理、交易条件。销售订货时，交货条件、订货条件、库存量条件对物流的结果影响巨大。流通中的物流问题已转向研究供应、生产、销售中的物流问题方向。

（三）适应电子商务的全新物流模式——第三方物流

第三方物流（Third Party Logistics，TPL）是指生产经营企业为集中精力搞好主业，把原来属于自己处理的物流活动，以合同方式委托给专业物流服务企业，同时通过信息系统与物流企业保持密切联系，以达到对物流全程管理控制的一种物流运作与管理方式。

从广义的角度以及物流运行的角度看，第三方物流包括一切物流活动，以及发货人可以从专业物流代理商处得到的其他一些价值增值服务。提供这一服务是以发货人和物流代理商之间的正式合同为条件的。这一合同明确规定了服务费用、期限及相互责任等事项。

狭义的第三方物流专指本身没有固定资产但仍承接物流业务，借助外界力量，负责代替发货人完成整个物流过程的一种物流管理方式。

第三方物流公司承接了仓储、运输代理后，为减少费用的支出，同时又要使生产企业觉得有利可图，就必须在整体上尽可能地加以统筹规划，使物流合理化。

【知识链接】

电子商务环境下的企业物流

一、电子商务对物流的影响

电子商务的发展使物流的内容更加丰富，同时也对物流的发展提出了新的要求。面对许多新的问题，物流业必须积极应对，加快发展，而此动力来自于电子商务的发展。

1. 对物流理念的影响

现代企业的竞争优势已不再是拥有物质资源的多少，而在于它能调动、协调、整合多少社会资源。企业间的竞争也成了以物流系统为依托的信息或知识联盟的竞争。另外，物流系统也由供给推动变为需求拉动，在各功能环节上极大地降低成本，包括降低采购、库存成本，缩短产品开发周期，降低销售和营销成本以及增加销售的机会等。

2. 对物流系统结构的影响

由于网上客户可以直接面对制造商并可获得个性化服务，故传统物流渠道中的中介将逐步淡出，组织结构将趋于分散并逐步虚拟化。由于网上时空的“零距离”特点，客户对产品可得性的心理预期加大，因此，物流系统中的港、站、库、配送中心、运输线路等设施的布局、结构和任务将面临较大的调整。另外，那些能够在网上直接传输的产品（如书报、音乐、软件等）物流逐渐隐形化，并最终被网络系统所取代。

3. 对物料采购的影响

在互联网上，企业寻找合适的供应商具有无限的选择性。这种无限的可选择性，会带来供货价格降低的好处，也将导致市场竞争的加剧。

4. 对存货的影响

一般认为，由于电子商务增加了物流系统各环节对市场变化反应的灵敏度，可以减少库存、节约成本。但从物流的观点来看，这实际是借助于信息分配对存货在供应链中进行了重新安排，存货从结构上将沿供应链向下游企业移动。这就引出了由于上游企业减少存货而带来的相对较大的经济利益如何与下游企业一起来分享的问题。

5. 对客户服务的影响

网站的主页不仅能宣传企业和介绍产品，而且能够与客户一起就产品设计、质量、包装、改装、交付条件、售后服务等进行一对一的交流，协助客户拟定产品的可得性解决方案，帮助客户下订单。其次是对客户追踪服务的个性化，发现客户个性化服务需求的统计特征将主要依赖对客户资料的收集、统计、分析和追踪，这要涉及到文化、心理、法律等诸多方面，因此建立客户档案并追踪服务成为一项极富挑战性的工作。

二、我国电子商务企业的物流形式

在我国电子商务的实践中，目前主要采取了以下三种方式：

一是建立自己的配送渠道和设施，依靠自己的能力搞配送，这种方式常用于实力雄厚的大型企业。

二是委托专业物流配送机构完成商品配送，这种方式比较适合我国国情。

三是连锁店、邮政快递等原有配送网络进行联合、协作，共同完成物流配送，这种方式将电子商务配送与传统物流配送一体化，有利于集中使用物流资源，优化物流配送网络。

对大多数电子商务网站，就其物流而言，分为三种类型：

一是以亚马逊为代表的纯网络公司；

二是以阿里巴巴、亚商在线为代表的经营 B to B 业务的企业；

三是以麦网为代表的由传统邮购公司转向 B to C 业务的企业。

目前这些电子商务网站主要涉及图书、礼品、服饰、电子产品、日用品等，它们的物流不少是委托专业物流配送机构来完成的。特别是对于一些小型的网站，物流问题几乎成为不可逾越的障碍。货物不能及时送到，或采用自行车递送等落后的送货手段，使电子商务的信誉受到极大的损害。

技能实训

【实训目标】

- 能够熟练应用电子商务平台完成操作目标；
- 熟练掌握物流电子商务的应用方式和管理优势。

【实训内容及要求】

（一）实训内容

登录淘宝网站，完成购买一张车贴的任务，请写出一份购物流程和电子平台购物后对货物运输的控制。

（二）实训要求

（1）编制一份淘宝购物流程图，描述整个网络购物的步骤。

（2）针对商务平台完成一份购物体验报告，说明网络购物的优势及注意事项。

【实训分析】

（一）购物网站

网上购物的途径有 B2B 平台、B2C平台、N2C 平台以及独立的网络商城和团购网站等，目前比较流行的国内购物 B2B 网站有阿里巴巴、中国巨蛋网、卓购商城、ID 格调家居家饰网等；B2C 平台有京东商城、当当网、苏宁易购等；N2C 平台有Mai126 安全网购导航、Hao 123 购物导航等；M2C 团购网站有58 同城、拉手网、美团网、24 券等；垂直类商城有凡客诚品、玛莎玛索；S2C（Shop to Customer in city）网站有 95 百货商城、同城购物。无论通过哪种方式实现网络购物，都需要在它们的网站上先注册一个账号，然后选购自己需要的商品，按照提示的操作流程操作。

（二）网购搜索

网购搜索，也称比较购物，是为消费者提供从多种在线零售网站中进行商品价格、网站信誉、购物方便性等方面的比较资料。随着比较购物网站的发展，其作用不仅表现在为在线消费者提供方便，也为在线销售上推广产品提供了机会，实际上也就相当于一个搜索引擎的作用。并且出于网上购物的需要，从比较购物网站获得的搜索结果比通用搜索引擎获得的信息更加集中，信息也更全面。据统计，美国 70%以上的网上购物是通过购物搜索完成的；英国的比价搜索产业发展也很成熟，除了日常用品外，保险证券等金融产品占了相当多的市场比重。就国内而言，阿里集团一淘网的出现使比价购物理念进一步广为流传。购物搜索还有天天好东西网推出的按需垂直导购搜索值得借鉴，消费者的网购需求具有多元化、个性化特点，也有兴趣爱好方面的差别。建立精准的垂直搜索，有利于网购的快速定位和选择。

（三）网购导航

网购导航，就是采用导航的方式将正规诚信的商城收集在一个平台上面，解除了用户需要记忆繁多的网购商城的烦恼，而且让网购用户从网购的第一步进入网站开始就远离钓鱼网站的诈骗。在网购导航方面，Mai126 安全网购导航是做得最为优秀的，它提供 24 h 在线的免费人工客服，为网购用户在购物过程中遇到的问题进行一对一地人工客服解答。

（四）网购特点

目前网上购物的种类越来越多，从 C2C淘宝网、百度有啊、腾讯拍拍、当当网等个人对个人到 B2C 华强商城、淘宝商城、亿汇网、京东商城等对个人，再到现在的 S2C 中小型店铺对个人。前两者是面对全国的顾客，范围广，因此送货时间一般都是 3 到 5 天，甚至更长；而 S2C 同城购物如南昌 95 购物，因为同在一个城市，所以当天就能到达，最快 3 小时就能送到。

【实训链接】

网上购物存在的四大陷阱

陷阱一：低价诱惑。

在网站上，如果许多产品以市场价的半价甚至更低的价格出现，这时就要提高警惕性，想想为什么它会这么便宜，特别是名牌产品，因为知名品牌产品除了二手货或次品货，正规渠道进货的名牌是不可能和市场价相差那么远的。

陷阱二：高额奖品。

有些不法网站、网页，往往利用巨额奖金或奖品诱惑吸引消费者浏览网页，并购买其产品。

陷阱三：虚假广告。

有些网站提供的产品说明夸大甚至虚假，消费者点击进入之后，购买到的实物与网上看到的样品不一致。在许多投诉案例中，消费者都反映货到后与样品不相符。有的网上商店把钱骗到手后把服务器关掉，然后再开一个新的网站继续故技重施。

陷阱四：设置格式条款。

买货容易退货难，一些网站的购买合同采取格式化条款，对网上售出的商品不承担“三包”责任、没有退换货说明等。消费者购买了质量不好的产品，想换货或者维修时就无计可施了。

项目小结

该项目描述电子商务的含义、特点及电子商务与物流的关系及应用，通过实训完成网络购物的操作，体会网购的经历并感受其方便快捷的交易过程，以及物流对电子商务发展的影响和促进作用。

项目考核

一、选择题

1. 电子商务中的任何一笔交易，都包含着几种基本的“流”，即（　　）、商流、资金流、物流。

A. 现金流　　B. 数据流　　C. 数字流　　D. 信息流

2.（　　）作为“电子商务四流”中最为特殊的一种，指物质实体的流动过程，具体指运输、储存、配送、装卸、保管、物流信息管理等各种活动。

A. 资金流　　B. 物流　　C. 商流　　D. 信息流

3. 一个完整的商务过程应该分为 3 个阶段，即（　　）、货款交割和货物送达。

A. 信息查询　　B. 信息交流　　C. 数字交易　　D. 网络沟通

4. 寻求（　　）的合理化，能使商品实体在实际的运动过程中，达到效率最高、费用最省、距离最短、时间最少的功能。

A. 资金流　　B. 物流　　C. 商流　　D. 信息流

5.（　　）是实现电子商务的关键。

A. 资金流　　B. 物流　　C. 商流　　D. 信息流

二、判断题

1. 电子商务交易的绝大多数产品都是有形产品，交易是否成功很大程度上依赖于实际物流的操作，即能否及时把货物送到顾客手中。（　　）

2. 电子商务物流就是利用电子化的手段，尤其是利用因特网来完成物流全过程的协调、控制和管理，实现从网络前端到最终客户的所有中间过程服务，它是软件技术与物流服务的有机结合。（　　）

3. 物流管理水平的高低直接决定和影响着物流效率的高低，却与电子商务高效率优势的实现没有关系。（　　）

三、简答题

1. 什么是电子商务物流？

2. 电子商务下的物流运营特点有哪些？

四、进阶应用题

小刘作为一家仓储配送中心的 IT 专员。近日，企业领导要求小刘根据仓储配送中心业务内容，提出企业内部业务信息化的设计方案。请结合自身情况，参观学习一家仓储配送中心的运营工作，替小刘分析一下适应仓储配送中心信息化运营的模块以及功能。

项目六　数据库技术

本项目通过知识学习与任务实施，了解数据库的概念；了解层次模型、网状模型、关系模型、面向对象模型的概念和优缺点；了解 SQL 语言的特点；通过实践掌握简单 SQL 语句的应用；通过技能训练掌握简单 Access 数据库技术在实践中的应用。

任务 1　数据库管理系统概述

【任务介绍】

在物流管理信息系统中，信息绝对数量多、分布广，许多信息具有传递性和要求一致性。系统各模块之间都需要通过数据库和信息共享来完成信息管理。本节任务主要介绍了数据库及其模型和结构，数据库管理系统等内容。

【任务目标】

- 了解数据库的概念；
- 了解层次模型、网状模型、关系模型、面向对象模型的概念和优缺点。

【任务引入】

物流中心信息系统功能模块中，从采购进货管理、销售发货管理、库存储位管理到财务会计管理、运营业绩管理等子系统都包含着信息的上传下达，都要通过数据库和共享信息来完成物流系统的信息管理。因此，物流系统数据库在物流管理中起着举足轻重的作用。

一、物流系统数据库的设计

物流系统数据库的设计包括以下几步：建立物流系统信息模型（概念设计）→设计物流系统数据库的数据结构（逻辑设计）→设计物流系统数据库的物理结构（物理设计）→实现物流系统数据库。

二、物流系统数据库的管理

物流系统数据库的管理包括安全管理、磁盘空间管理、数据库的维护、数据库系统的启动、完整性与一致性实现、运行监控及性能调整等内容。

三、物流系统数据库的应用

数据库的应用是物流信息系统的核心技术，因为数据库是物流信息系统的根本所在，是用户最关心的资源。物流数据库的应用基本程序均可以概括为 6 个方面：数据收集、数据存储、数据传输、数据加工、信息解释、信息输出。

（1）数据收集：可根据数据和信息的来源不同，把物流信息的收集工作分为原始信息收集和二次信息收集两种。

（2）数据存储：此功能就是保证已得到的物流信息能够不丢失、不走样、不外泄、整理得当、随时可用。

（3）数据传输：即数据通信，把信息从一个子系统传送到另一个子系统，或者从一个部门传送到另一个部门。

（4）数据加工：对已经收集到的物流信息进行某些处理，以使得到某些更加符合需要或更能反映本质的物流信息，或者使物流信息更适于各级管理人员使用，这就是信息的加工。

（5）信息解释：物流信息系统的服务对象是物流管理者，因此，它必须具备向物流管理者提供信息的手段或机制，否则就不能实现其自身的价值。经过解释的物流信息，根据不同的需要，以不同的格式进行输出。

（6）信息输出：经过信息解释的信息输出，有的直接提供给人使用，有的是提供给计算机进一步处理。信息输出的手段是物流信息系统与物流管理者的接口或界面，它的情况应由双方的情况来定，即需要向使用者提供的信息情况以及使用者自身的情况。

请思考：数据库对于物流信息管理有什么作用？

物流信息数据库的应用有哪些方面？

【任务分析】

数据库是物流信息系统的根本所在。物流信息系统的各个层面都是以数据库信息为依据进行作业计划、流程优化、战略决策等活动。

【相关知识】

一、数据库、数据库系统及数据库管理系统

（一）数据

数据（Data）是描述事物的符号记录。除了常用的数字外，文字、图形、图像、声音等信息都是数据。在日常生活中，人们通常用语言来描述事物；在计算机中，为了存储和处理这些事物，就要抽出对这些事物的特征组成一条记录来描述。例如，在图书管理中对图书的描述：编号、作者、名称、出版社。

数据和语义是密不可分的，数据本身不能表达准确的事物必须用语义来解释。

（二）数据库

所谓数据库（Database，DB），即按一定的数据模型组织和存储的数据仓库，是存储在一起的相关的数据集合。其优点是减少数据的冗余，节省数据的存储空间，有较高的独立性和扩展性，实现数据源的充分共享。

（三）数据库管理系统

数据库管理系统（Database Management System，DBMS）是数据库系统的重要组成部分。它是位于用户和操作系统之间的一层管理软件，负责数据库的数据组织、数据操纵、数据维护和数据服务等。它保证了数据库的建立、运用和维护的统一管理，并能够保证数据的安全性、完整性、一机多用和对数据的开发实用性、发生故障后的数据恢复。

（四）数据库系统

数据库系统（Database System，DBS），一般由数据库、数据库管理系统（及其开发工具）、应用系统、数据库管理员和用户组成，如图 6-1 所示。

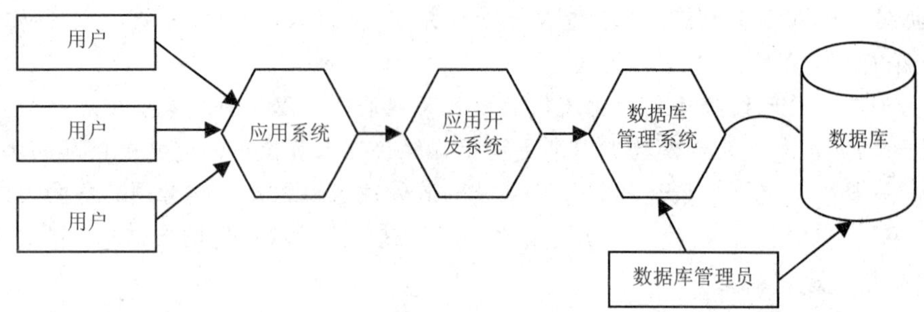

图 6-1　数据库系统的组成

二、数据库的模型和结构

在现实生活中，个体之间总是存在着某种联系，反映到计算机世界中就是实体的联系，由此构成实体模型；反映到数据库中是记录之间的联系，将实体模型数据化，转化成数据模型。数据模型主要是描述这种关系的数据结构形式，在数据库开发中主要有 3 种数据模型，分别是层次模型、网状模型和关系模型。

（一）层次模型

层次模型是数据库系统中发展最早最成熟的一种模型。其特点是：有且仅有一个根节点，除了根节点之外每个节点有且仅有一个父节点，可以有多个子节点，如图 6-2 所示。

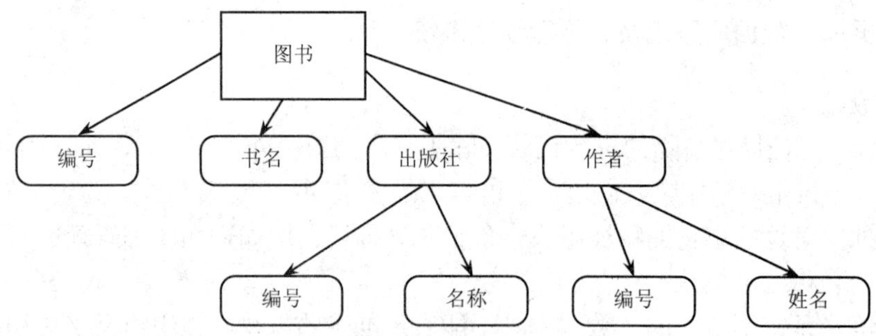

图 6-2　层次模型示意图

（二）网状模型

网状模型的数据结构是网状的。其特点是：允许存在一个以上的节点没有父节点，也可以有多个父节点，如图 6-3 所示。

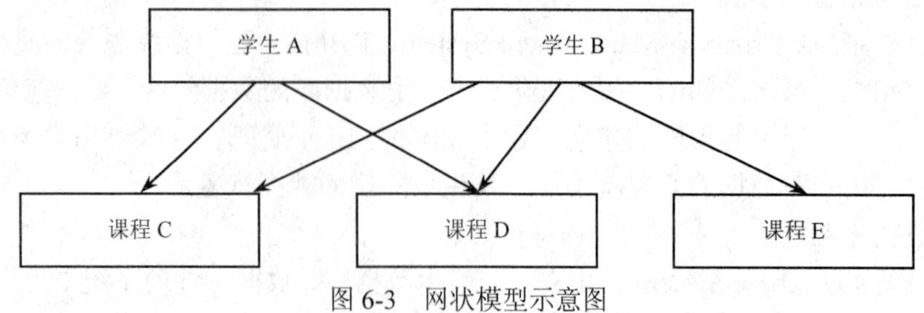

图 6-3　网状模型示意图

（三）关系模型

关系模型就是用二维表格的逻辑结构来表示实体和实体的联系。关系数据库就是基于关系模型设计出来的若干张二维数据表的集合。每个关系就是一张表，它由行和列构成，如表6-1所示。

表 6-1 关系模型

编号	书名	出版社编号	出版社	出版社地址	作者
YBZT000	SQL Server	CBS001	清华大学	北京	张三
YBZT001	C#	CBS001	清华大学	北京	李四
YBZT002	Java	CBS002	电子工业	北京	王五
YBZT003	Photoshop	CBS003	人民邮电	沈阳	赵六

（1）关系：关系就是表。

（2）记录：表中的行或叫元组。

（3）字段：关系表中的一列或叫属性。

（4）主键：是表中一个或多个字段的集合，能够唯一地标识每一个记录，必须唯一。

（5）外键：由一个或多个字段组成，它是另一个表中的主关键字，用它来描述表和表之间的关系。一个表不一定有外关键字，而且外关键字也不是唯一的，它允许有重复值，也可以是空值（NULL）。

三、关系模型的规范化

关系模型规范化的目的是为了消除存储的异常，减少数据的冗余，保证数据的完整性（数据的正确性和一致性）和存储效率。如表6-1中存在着以下问题：

（1）数据冗余。出版社、出版社地址出现过多次，造成数据冗余。

（2）数据不一致。由于数据的重复出现，容易导致数据不一致。如书名、出版社输入不规范，有时输入全称有时输入简称；在修改时可能出现遗漏的情况造成数据的不一致。

（3）维护困难。如果重复数据在多个表中存在，在修改时就会造成维护困难的情况。

基于上面的原因，关系模型的数据库一定要满足规范化的要求，对于不同的规范化程度可以使用“范式”来衡量，称为“NF”。范式是对关系数据库进行等级分类的一种标准。可分为第一范式（1NF）、第二范式（2NF）、第三范式（3NF）等。现在的关系数据库大多数是在第三范式基础上设计出来的。

（一）第一范式（1NF）

表6-1中每个字段的值都是不可再分的数据项。设R是一个关系模式对于R的任意属性a，如果a的每一个属性值都是不可再分的数据项，则称R满足第一范式，记作R∈1NF。1NF是关系型数据库的最低要求，但是满足第一范式同样会有数据冗余、维护困难的缺点。

（二）第二范式（2NF）

要了解第二范式和第三范式，首先必须了解函数依赖和函数传递依赖。

函数依赖：非主键属性完全由主键来决定。如果是联合主键，非主键属性由其中的部分主键决定，则成为部分函数依赖。如编号是主键，书名、作者、出版社编号完全依赖于编号。

函数传递依赖：编号→书名、出版社编号→出版社；出版社是通过出版社编号传递来的图书编号，则编号和出版社之间存在着函数传递依赖的关系。

以第一范式为基础，关系中非主属性完全函数依赖于主关键字，则关系是第二范式；对于单个主键的情况比较简单，对于联合主键，则必须判断其他属性和主键是完全依赖还是部分依赖。例如，图书编号和出版社编号是联合主键，那么图书名称和主键就是部分函数依赖，因为书名只与编号有关，与出版社无关。

解决非 2NF 的关系方法：将部分函数依赖关系中的主属性（决定方）和非主属性从关系中提取出来，单独构成一个关系模式，将关系模式中余下的属性加上主关键字构成另一个关系。

（三）第三范式（3NF）

满足 2NF 的基础上，关系中的任何非主属性都不函数传递依赖于任何主关键字。方法：首先找到关系中的所有主关键字，然后确定任何一个非主属性和主关键字之间是否存在函数传递依赖关系，如果有则删除函数传递依赖关系。

四、实体与联系

（一）实体

客观存在并能够相互区别的事物称之为实体。如学生、图书等。实体往往具有一定的特性，称之为实体的属性（如图书编号、名称、单价）。

实体表示的是一类事物，其中具体事物表示的是该实体的一个实例。

（二）联系

实体不是孤立的，实体之间存在着密切的联系。实体之间的联系可以分为 1 对 1（1:1）、1 对多（1:n）、多对多（m:n）三种，如图 6-4 所示。

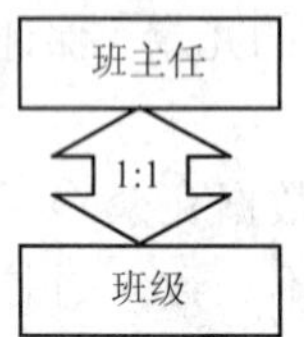

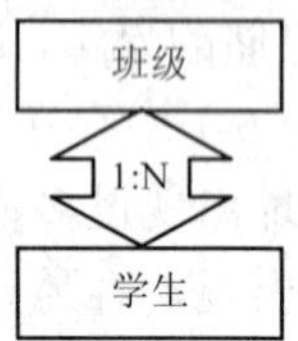

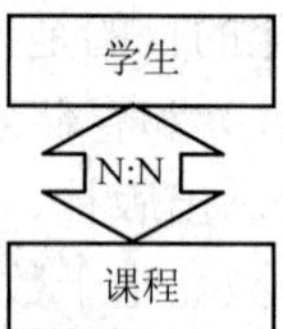

图 6-4 实体间的联系

（三）数据库逻辑结构设计

逻辑结构的概念独立于具体的数据库模型。为了完成数据库的设计，需要将概念结构转化为相应的数据模型。如今，绝大多数的数据库都是关系型数据库，因此在此主要介绍概念结构到关系模型的转换方法和相关技术。

概念结构是由 E-R 图（实体-联系图）来描述的，因此这种转化问题可以归结为 E-R 图到关系模型的转换问题。E-R 图的基本元素是实体、属性和联系等，于是 E-R 图关系模型的转换就变成了实体、属性和联系等基本元素到关系模型的转化问题了。

任务 2　SQL 语言简介

【任务介绍】

数据库系统的主要功能是通过数据库支持的数据语言来实现的，SQL 语言是一种综合的、功能极强同时又简洁易学的语言。本节任务介绍了 SQL 语言的产生与发展及其特点。

【任务目标】

- 了解 SQL 语言的特点；
- 通过实践掌握简单 SQL 语句的应用。

【任务引入】

随着物流信息技术不断发展和物流信息系统市场的细分，物流信息系统趋于产品化、平台化。如仓储管理系统（WMS）、运输管理系统（TMS）等。优秀的物流信息系统是以物流管理理论为指导，结合国内外先进的管理理念，将值得借鉴的工作流程程序化、智能化。但每个企业的业务不同，对物流信息系统的需求就存在差异，产品化、平台化的物流信息系统需要经过二次开发才能满足不同企业的需求。在二次开发过程中，应用最多的就是 SQL 语句，应用 SQL 语言开发和配置符合企业需求的物流信息系统数据库。物流信息系统的实施费用有时会高于系统本身的价格，因此，物流管理人才学好 SQL 语言可以很大程度上节约企业信息系统实施和维护成本。

请思考：SQL 语言是什么？它是如何应用的？

【任务分析】

数据库是物流信息系统的根本所在，数据库系统的主要功能是通过数据库支持的数据语言来实现的。SQL 语言作为应用最广泛的数据库语言具体有哪些特点又是如何应用的，需通过下述相关知识的学习来了解。

【相关知识】

一、SQL 的产生与发展

1970 年，美国 IBM 研究中心的 E.F.Codd 连续发表多篇论文，提出关系模型。1972 年，IBM 公司开始研制实验型关系数据库管理系统 SYSTEM R，为其配制的查询语言称为 SQUARE（Specifying Queries As Relational Expression）语言，在该语言中使用了较多的数学符号。1974 年，Boyce 和 Chamberlin 把 SQUARE 修改为 SEQUEL（Structured English QUEry Language）语言。这两个语言在本质上是相同的，但后者去掉了数学符号，采用英语单词表示结构式的语法规则，看起来很像英语句子，用户比较欢迎这种形式的语言。后来 SEQUEL 简称为 SQL（Structured Query Language）语言，即“结构化查询语言”。

认识到关系模型的诸多优越性后，许多厂商纷纷研制关系数据库管理系统（如 Oracle，DB2，Sybase 等），这些数据库管理系统的操作语言也以 SQL 作为参照。1986 年 10 月美国国家标准化协会（ANSI）发布了 X3.135—1986《数据库语言 SQL》，1987 年 6 月国际标准化组织（ISO）采纳其为国际标准，称为“SQL—86”标准。1989 年 10 月，ANSI 又颁布了增强完整性特征的“SQL—89”标准。随后，ISO 对该标准进行了大量的修改和扩充，在 1992 年 8 月发布了标准化文件“ISO/IEC 9075：1992《数据库语言 SQL》”，称为 SQL 92 或 SQL 2 标准。1999 年 ISO 又颁布了“ISO/IEC 9075：1999《数据库语言 SQL》”标准化文件，称为 SQL99 或 SQL3 标准。

二、SQL 的特点

SQL 语言之所以能够为用户和业界所接受，并成为国际标准，是因为它是一个综合的、功能极强同时又简洁易学的语言。SQL 语言集数据查询（Data Query）、数据操纵（Data Manipulation）、数据定义（Data Definition）和数据控制（Data Control）功能于一体，主要有以下特点。

（一）综合统一

数据库系统的主要功能是通过数据库支持的数据语言来实现的。

非关系模型（层次模型、网状模型）的数据语言一般都分为模式数据定义语言（Schema Data Definition Language，DDL）、外模式数据定义语言（Subschema Data Definition Language，SDDL 或 DDL）、与数据存储有关的描述语言（Data Storage Description Language，DSDL）及数据操纵语言（Data Manipulation Language，DML），分别用于定义模式、外模式、内模式和进行数据的存取与处置。当用户数据库投入运行后，如果需要修改模式，必须停止现有数据库的运行，转储数据，修改模式并编译后再重装数据库，十分麻烦。

SQL 语言则集数据定义语言 DDL、数据操纵语言 DML、数据控制语言 DCL 的功能于一体，语言风格统一，可以独立完成数据库生命周期中的全部活动，包括定义关系模式、插入数据、建立数据库、查询、更新、维护、数据库重构、数据库安全性控制等一系列操作要求，这就为数据库应用系统的开发提供了良好的环境。用户在数据库系统投入运行后，还可根据需要随时地逐步地修改模式，且并不影响数据库的运行，从而使系统具有良好的可扩展性。

另外，在关系模型中实体和实体间的联系均用关系表示，这种数据结构的单一性带来了数据操作符的统一，查找、插入、删除、修改等每一种操作都只需一种操作符，从而克服了非关系系统由子信息表示方式的多样性带来的操作复杂性。例如，在 DBTG 中，需要两种插入操作符：STORE 用来把记录存入数据库，CONNECT 用来把记录插入系值以建立数据之间的联系。

（二）高度非过程化

非关系数据模型的数据操纵语言是面向过程的语言，用其完成某项请求，必须指定存取路径。而用 SQL 语言进行数据操作，只要提出“做什么”，而无须指明“怎么做”，因此无需了解存取路径，存取路径的选择以及 SQL 语句的操作过程由系统自动完成。这不但大大减轻了用户负担，而且有利于提高数据独立性。

（三）面向集合的操作方式

非关系数据模型采用的是面向记录的操作方式，操作对象是一条记录。例如，查询所有平均成绩在 80 分以上的学生姓名，用户必须一条一条地把满足条件的学生记录找出来（通常要说明具体处理过程，即按照哪条路径，如何循环等）。而 SQL 语言采用集合操作方式，不仅操作对象、查找结果可以是元组的集合，而且一次插入、删除。更新操作的对象也可以是元组的集合。

（四）以同一种语法结构提供两种使用方式

SQL 语言既是自含式语言，又是嵌入式语言。作为自含式语言，它能够独立地用于联机交互的使用方式，用户可以在终端键盘上直接键入 SQL 命令对数据库进行操作；作为嵌入式语言，SQL 语句能够嵌入到高级语言（例如 C，COBOL，FORTRAN，PL/1）程序中，供程序员设计程序时使用。而在两种不同的使用方式下，SQL 语言的语法结构基本上是一致的。这种以统一的语法结构提供两种不同的使用方式的做法，提供了极大的灵活性与方便性。

任务 3　Access 数据库

【任务介绍】

数据库能够对物流管理系统中产生的大量、实时的数据进行高度统一的管理。Access 数据库作为关系型数据库的典型之一，应用于中小型物流管理系统以及某一物流节点的数据管理之中。本节任务主要介绍了 Access 数据库及其模型和结构等内容。

【任务目标】

- 了解 Access 数据库模型；
- 了解 Access 数据库的基本结构及界面功能。

【任务引入】

仓储管理系统 WMS 是仓储型企业及物流企业仓储环节中不可缺少的管理系统。利用 Access 数据库开发出来的 WMS，能够利用 Access 友好的界面、简便易行的操作等来实现数据采集及时、过程精准管理、全自动化智能导向，提高工作效率；库位精确定位管理、状态全面监控，充分利用有限仓库空间；货品上架和下架，按先进先出全智能自动分配上下架库位，避免人为错误；实时掌控库存情况，合理保持和控制企业库存；通过对批次信息的自动采集，实现了对产品生产或销售过程的可追溯性。

【任务分析】

利用 Access 开发仓储管理系统 WMS，按照创建表的结构、建立表、查询、窗体、报表的顺序，实现了 WMS 的各个功能。

【相关知识】

一、Access 简介

Access 是一种关系型数据库管理系统，是 Microsoft Office的组成部分之一。Access1.0 诞生于 20 世纪 90 年代初期，目前 Access 2003 已经得到广泛使用。历经多次升级改版，其功能越来越强大，但操作反而更加简单。尤其是 Access 与 Office 的高度集成，风格统一的操作界画使得许多初学者更容易掌握。

Access 应用广泛，能操作其他来源的资料，包括许多流行的 PC 数据库程序（如 DBASE、Paradox、FoxPro）和服务器、小型机及大型机上的许多 SQL 数据库。此外，Access 还提供Windows操作系统的高级应用程序开发系统。Access 与其他数据库开发系统比较有一个明显的区别：用户不用编写一行代码，就可以在很短的时间里开发出一个功能强大且相当专业的数据库应用程序， 并且这一过程是完全可视的，如果能给它加上一些简短的 VBA 代码，那么开发出的程序就与专业程序员潜心开发的程序一样。

（一）Access 的发展简介

Access 数据库系统既是一个关系数据库系统，还是设计作为 Windows 图形用户界面的应用程序生成器。它经历了一个长期的发展过程。

Microsoft 公司在 1990 年 5 月推出 Windows 3.0 以来，该程序立刻受到了用户的欢迎和喜爱，1992 年 11 月 Microsoft 公司发行了 Windows 数据库关系系统 Access 1.0 版本。从此，Access 不断改进和再设计，自 1995 年起，Access 成为办公软件 Office 95 的一部分。多年来，Microsoft 先后推出过的 Access 版本有 2.0、7.0/95、8.0/97、9.0/2000、10.0/2002，直到今天的 Access 2003、2007、2010 版。

中文版 Access 2003 具有和 Office 2003 中的Word 2003、Excel 2003、PowerPoint 2003 等相同的操作界面和使用环境，具有直接连接 Internet 和 Intranet 的功能。它的操作更加简单，使用更加方便。

Access 最主要的优点是它不用携带向上兼容的软件。无论是对于有经验的数据库设计人员还是那些刚刚接触数据库管理系统的新手，都会发现 Access 所提供的各种工具既非常实用又非常方便，同时还能够获得高效的数据处理能力。

Access 优点明显：具有方便实用的强大功能，Access 用户不用考虑构成传统 PC 数据库的多个单独的文件；可以利用各种图例快速获得数据；可以利用报表设计工具，非常方便地生成漂亮的数据报表，而不需要采用编程；采用 OLE 技术能够方便地创建和编辑多媒体数据库，其中包括文本、声音、图像和视频等对象；支持 ODBC标准的 SQL 数据库的数据；设计过程自动化，提高了数据库的工作效率；具有较好的集成开发功能；可以采用 VBA（Visual Basic Application）编写数据库应用程序；提供了包括断点设置、单步执行等调试功能；能够像 Word 那样自动进行语法检查和错误诊断；进一步完善了将 Internet/Intranet 集成到整个办公室的桌面操作环境。

总之，Access 发展到现在已经向用户展示出它易于使用和功能强大的特性。

（二）Access 数据库的系统结构

Access 将数据库定义为一个扩展名为.mdb 文件，并分为 7 种不同的对象，它们是表、查询、窗体、报表、数据访问页、宏和模块。

不同的数据库对象在数据库中起着不同的作用，其中表是数据库的核心与基础，存放数据库中的全部数据。报表、查询和窗体都是从数据库中获得数据信息，以实现用户某一特定的需求，例如查找、计算统计、打印、编辑修改等。窗体可以提供一种良好的用户操作界面，通过它可以直接或间接地调用宏或模块，并执行查询、打印、预览、计算等功能，甚至可以对数据库进行编辑修改。

二、Access 结构和工作界面

（一）Access 的内部结构

在 Access 数据库中，任何一个有名称的事物都可以称之为一个对象。通常，一个 Access 数据库包括表、查询、窗体、报表、宏、模块和页几种对象，这些对象用于收集、存储和操作不同的信息。每一个对象都不是对立的，而只是作为 Access 数据库的一部分存在，数据库则是这些对象的集合。

1. 表

表是数据库中存储数据的最基本的对象，常称为“基表”，是构成数据库的一个重要组成部分。Access 中的表是二维表，每个表都有键（关键字可以为一个字段或多个字段），以使表中的记录唯一（记录不能重复，它与实体一一对应）。在 Access 2002 中，一个表有设计视图和数据表视图两种视图方式。

（1）设计视图。

用于创建和修改表的结构，它为用户提供了方便的可视化定义表的方法。用户只要像填空回答问题一样，将表中每个字段的信息进行描述，例如字段名和字段数据类型等，用户甚至可以指定字段数据的默认值、数据的有效性，系统就会自动生成一个符合用户要求的表，而无需输入更多复杂的 SQL 语句。用户还可以随时根据实际情况的变化对表结构进行修改。主键的建立、表和表之间关系的定义也非常方便。Access 2002 内 Northwind 数据库的“产品”表的设计视图如图 6-5 所示。

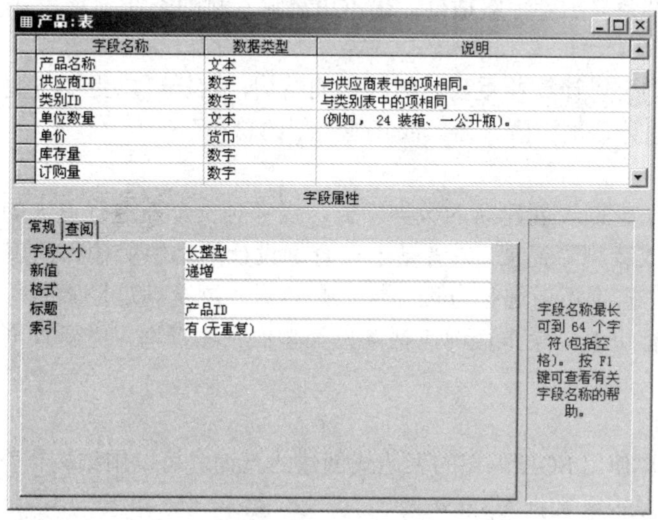

图 6-5 表的设计视图

（2）数据表视图。

使用表的数据表视图可以查看、输入、修改或删除表中的数据。对数据进行筛选或排序，打印或将数据导出为其他格式的文件（如 Excel），“产品”表的数据表视图如图 6-6 所示。

产品：表

产品ID	产品名称	供应商	类别	单位数量	单价	库存量
1	苹果汁	佳佳乐	饮料	每箱24瓶	¥18.00	
2	牛奶	佳佳乐	饮料	每箱24瓶	¥19.00	
3	蕃茄酱	佳佳乐	调味品	每箱12瓶	¥10.00	
4	盐	康富食品	调味品	每箱12瓶	¥22.00	
5	麻油	康富食品	调味品	每箱12瓶	¥21.35	
6	酱油	妙生	调味品	每箱12瓶	¥25.00	1
7	海鲜粉	妙生	特制品	每箱30盒	¥30.00	
8	胡椒粉	妙生	调味品	每箱30盒	¥40.00	
9	鸡	为全	肉/家禽	每袋500克	¥97.00	
10	蟹	为全	海鲜	每袋500克	¥31.00	
11	大众奶酪	日正	日用品	每袋6包	¥21.00	
12	德国奶酪	日正	日用品	每箱12瓶	¥38.00	

记录：1 共有记录数：77

图 6-6 数据表视图

2. 查询

查询是 Access 数据库的主要组件之一，而查询功能也是 Access 数据库软件中最强的一项功能。Access 用户可利用查询工具，通过指定特殊字段、定义字段的顺序、建立计算表达式并输入条件以及定义每个字段的筛选条件等来选择想要的查询记录，对存储在 Access 表中的有关信息进行提问。还可以使用查询作为窗体和报表的记录源。在 Access 中有下列几种查询：

（1）选择查询。

选择查询是最常见的查询类型，它从一个或多个表中检索数据，并且在可以更新记录的数据表中显示结果。也可以使用选择查询来对记录进行分组，并且对记录作总计、计数、平均值以及其他类型的聚合计算。

（2）参数查询。

参数查询是一种可以重复使用的查询，每次使用时都可以改变其条件，每当运行一个参数查询时，Access 都会显示一个对话框，提示用户输入新的条件。

（3）交叉表查询。

使用交叉表查询可以计算并重新组织数据的结构，这样可以更加方便地分析数据。交叉表查询计算数据的总计、平均值、计数或其他类型的总和。

（4）操作查询。

操作查询可以从查询表创建新的数据库表，或者对一个表进行重大的改变。操作查询允许用户在表中添加或者删除记录，或者基于在查询设计网格中所输入的表达式对数据进行改变。也就是说，操作查询不像选择查询那样只是查看、浏览满足检索条件的记录。而是要对满足条件的记录进行更改。操作查询包括 4 种类型：删除查询、更新查询、追加查询和生成表查询。

（5）SQL 查询。

SQL 查询是用户使用 SQL 语句的表达式创建的查询。可以用结构化查询语言（SQL）来查询、更新和管理 Access 数据库。

3. 窗体

窗体是 Access 中用户和应用程序之间的主要界面，用户对数据库的操作都可以通过窗体来完成。通过创建数据输入窗体可以向表中输入数据；创建切换面板，用来打开其他窗体或报表；创建自定义对话框，控制数据的输出、显示或执行某项操作，窗体中的大部分信息来自基表或查询。图 6-7 是 Access 2002 内 Northwind 数据库中的“客户”窗体。

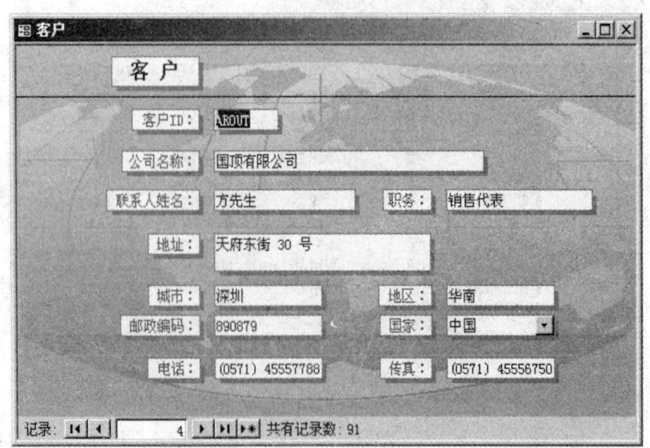

图 6-7 “客户”窗体

4. 报表

报表是以打印的表格表现用户数据的一种有效的方式。在 Access 中，有关报表的打印工作都是通过报表对象来实现的，它负责报表的设计，实现报表的打印。用户可以在报表设计视图窗口中控制每个对象的大小和显示方式，对报表对象的各项内容进行设计和修改，按照用户所需的方式完成打印工作。如图 6-8 是 Northwind 数据库中的“各类产品”报表。

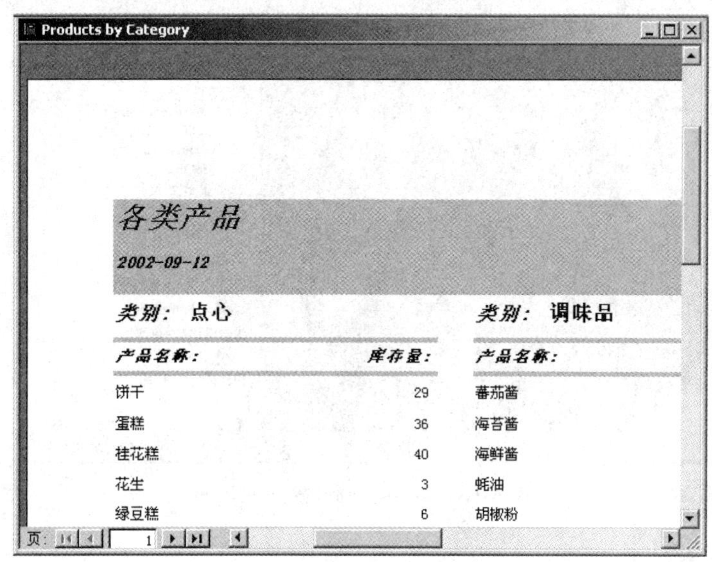

图 6-8 各类“产品报表”

5. 模块

模块是 Access 中实现数据库复杂管理功能的有效工具。模块基本上是由声明、语句和过程组成的集合，它们作为一个已命名的单元存储在一起。模块提供独立的动作流程，并且允许捕捉错误，而宏无法实现这些功能。使用 Visual Basic 可以编制各种对象的属性、方法，以实现细致的操作和复杂的控制功能。Access 有两种类型的模块：标准模块和类模块。图 6-9 是 Access 2002 内 Northwind 数据库中的启动模块在 Visual Basic 窗口中显示的结果。

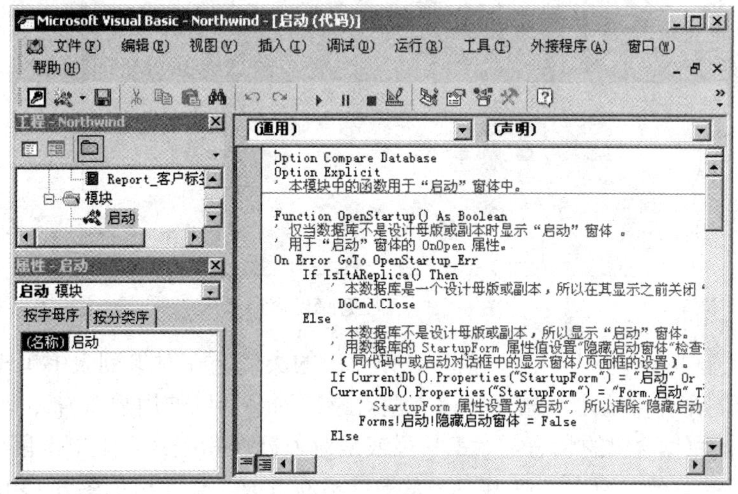

图 6-9 启动模块

（二）Access 的工作界面

1. Access 的工作窗口

启动 Access 2002 后，没有打开任何文件时显示工作窗口如图 6-10 所示。其中包括标题栏、菜单栏、工具栏、状态栏和任务窗格等，同其他 Windows 应用程序的工作窗口大体相同。

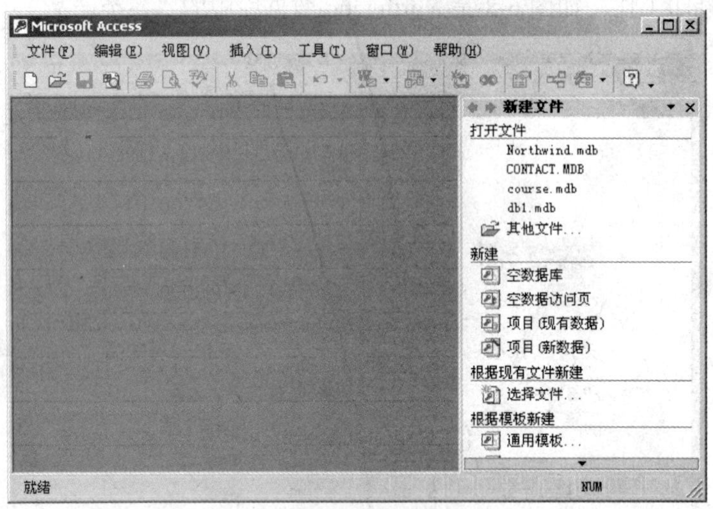

图 6-10 Access 2002 的工作界面

2. “数据库”窗口

“数据库”窗口是 Access 文件的命令中心。在这里可以创建和使用 Access 数据库或 Access 项目中的任何对象。当用户打开或是新建一个数据库或项目时，都会打开“数据库”窗口。典型的“数据库”窗口如图 6-11 所示，由标题栏、工具栏、对象列表、组列表和右侧的窗格组成。

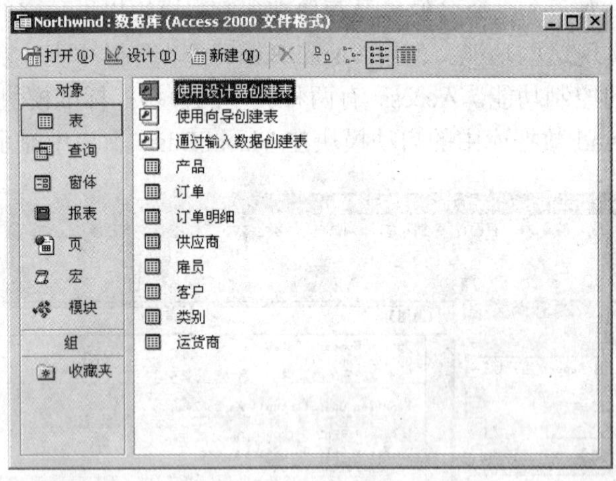

图 6-11 “数据库”窗口

“数据库”窗口的状态栏和工具栏与工作窗口的类似。在对象列表中单击某一个对象类型，就可以在右侧窗格中显示数据库中该类型对象的列表，以便用户查看和操作该类型对象。另外，当在“数据库”窗口的状态栏、工具栏或是对象列表和组列表上单击鼠标右键时，会弹出如图 6-12 所示的菜单，而在右侧窗格区单击鼠标右键时，会弹出如图 6-13 所示的菜单供用户使用。

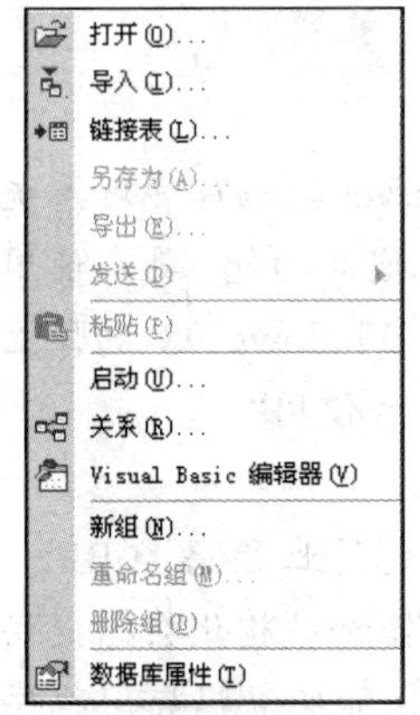

图 6-12　弹出菜单

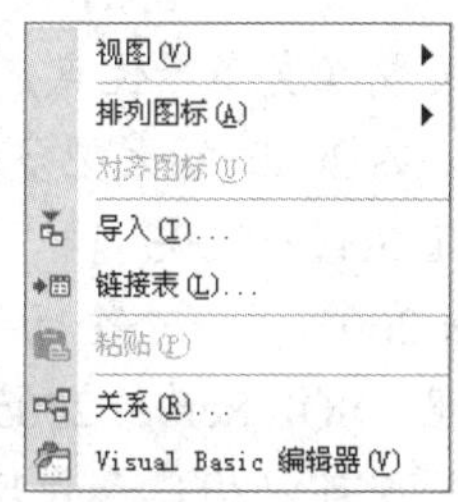

图 6-13　弹出菜单

【知识链接】

SQL Server 数据库

一、SQL Server 概述

SQL 即结构化查询语言，是一种数据库查询和程序设计语言，用于存取数据以及查询、更新和管理关系数据库系统。同时也是数据库脚本文件的扩展名。

结构化查询语言最早是IBM的圣约瑟研究实验室为其关系数据库管理系统SYSTEM R开发的一种查询语言，它的前身是 SQUARE 语言。SQL 语言结构简洁，功能强大，简单易学，所以自从 IBM 公司 1981 年推出以来，SQL 语言得到了广泛地应用。如今无论是像 Oracle、Sybase、DB2、Informix、SQL Server 这些大型的数据库管理系统，还是像 Visual FoxPro、PowerBuilder 这些 PC 上常用的数据库开发系统，都支持 SQL 语言作为查询语言。

美国国家标准局（ANSI）与国际标准化组织（ISO）已经制订了 SQL 标准。ANSI 是一个美国工业和商业集团组织，负责开发美国的商务和通讯标准。ANSI 同时也是 ISO 和 IEC（International Electrotechnical Commission）的成员之一。ANSI 发布与国际标准组织相应的美国标准。1992 年，ISO 和 IEC 发布了 SQL 国际标准，称为 SQL-92。ANSI 随之发布的相应标准是 ANSI SQL-92。ANSI SQL-92 有时被称为 ANSI SQL。尽管不同的关系数据库使用的 SQL 版本有一些差异，但大多数都遵循 ANSI SQL 标准。SQL Server 使用 ANSI SQL-92 的扩展集，称为 T-SQL，其遵循 ANSI 制订的 SQL-92 标准。

二、SQL Server 数据库的特点

（1）真正的客户机/服务器体系结构。

（2）图形化用户界面，使系统管理和数据库管理更加直观、简单。

（3）丰富的编程接口工具，为用户进行程序设计提供了更大的选择余地。

（4）SQL Server 与 Windows NT 完全集成，利用了 NT 的许多功能，如发送和接受消息，管理登录安全性等。SQL Server 也可以很好地与 Microsoft BackOffice 产品集成。

（5）具有很好的伸缩性，可跨越从运行 Windows 95/98 的膝上型电脑到运行 Windows 2000 的大型多处理器等多种平台使用。

（6）对 Web 技术的支持，使用户能够很容易地将数据库中的数据发布到 Web 页面上。

（7）SQL Server 提供数据仓库功能，这个功能只在 Oracle 和其他更昂贵的 DBMS 中才有。

三、SQL 分类

1. MS SQL Server 2000

MS SQL Server 2000 是 Microsoft 公司推出的 SQL Server 数据库管理系统，该版本继承了 SQL Server 7.0 版本的优点，同时又比它增加了许多更先进的功能。具有使用方便可伸缩性好与相关软件集成程度高等优点，可跨越从运行 Microsoft Windows 98 的膝上型电脑到运行 Microsoft Windows 2000 的大型多处理器的服务器等多种平台使用。

2. MS SQL Server 2005

SQL Server 2005 是一个全面的数据库平台，使用集成的商业智能 （BI） 工具提供了企业级的数据管理。SQL Server 2005 数据库引擎为关系型数据和结构化数据提供了更安全可靠的存储功能，使您可以构建和管理用于业务的高可用和高性能的数据应用程序。SQL Server 2005 不仅可以有效地执行大规模联机事务处理，而且可以完成数据仓库和电子商务应用等许多具有挑战性的工作。

SQL Server 2005 数据引擎是本企业数据管理解决方案的核心。此外 SQL Server 2005 结合了分析、报表、集成和通知功能。这样可以构建和部署经济有效的 BI 解决方案，通过记分卡、Dashboard、Web services 和移动设备将数据应用推向业务的各个领域。

与 Microsoft Visual Studio、Microsoft Office System 以及新的开发工具包（包括 Business Intelligence Development Studio）的紧密集成使 SQL Server 2005 与众不同。无论用户是开发人员、数据库管理员、信息工作者还是决策者，SQL Server 2005 都可以提供创新的解决方案，帮助用户从数据中更多地获益。

3. SQL Server 2008

SQL Server 2008 是一个重大的产品版本，它推出了许多新的特性和关键的改进，使得它成为至今为止最强大和最全面的 SQL Server 版本。

技能实训

【实训目标】

- 能够正确运用数据库的基本概念和模型的概念认知 Access；
- 运用 Access 软件进行简单的数据处理。

【实训内容及要求】

（一）实训内容

利用 Access 软件制作一个二维表格，表格具体内容如图 6-14 所示。

（二）实训要求

（1）查询所有的销售部门。

（2）查询姓章的销售员。

（3）查询销售一部和销售二部的销售员。

（4）查询电视机的产品型号。

ID	销售日期	销售部门	销售员	产品类别	产品型号	单价	数量	销售额
1	2003-10-2	销售二部	张悦群	影碟机	330BK	¥1,220.00	23	28060
2	2003-10-2	销售一部	高志毅	影碟机	810BK	¥1,120.00	62	69440
3	2003-10-3	销售二部	张悦群	电视机	C2919PV	¥5,260.00	32	168320
4	2003-11-12	销售三部	章中承	电视机	C2919PV	¥5,300.00	20	106000
5	2003-12-30	销售二部	黄平	影碟机	810BK	¥1,120.00	72	80640
6	2004-1-1	销售一部	高志毅	电视机	C2919PV	¥5,300.00	30	159000
7	2004-1-1	销售二部	章燕	影碟机	330BK	¥1,220.00	31	37820
8	2004-2-14	销售三部	司徒春	影碟机	810BK	¥1,120.00	78	87360
9	2004-4-23	销售二部	章燕	电视机	C2991E	¥4,020.00	25	100500
10	2004-5-1	销售三部	章中承	电视机	C2991E	¥4,020.00	36	144720
0						¥0.00	0	0

图 6-14 利用 Access 软件制作出的二维表格

（5）查询销售额在 5～10 万元间的销售日期。

（6）查询销售额在 10 万元以上的销售日期、销售员、产品类别、产品型号。

（7）查询 2004-1-1 销售的产品类别、产品型号、数量、销售额。

【实训分析】

以制作学生—课程数据库为例来分析利用 Access 软件进行简单数据处理的过程，表 6-2、表 6-3、表 6-4 分别为学生基本信息表、课程基本信息表、学生各科成绩表。

表 6-2 学生基本信息表

学号 Sno	姓名 Sname	性别 Ssex	年龄 Sage	所在系 Sdept
95001	李勇	男	20	CS
95002	刘晨	女	19	IS
95003	王名	女	18	MA
95004	张立	男	19	IS

表 6-3 课程基本信息表

课程号 Cno	课程名 Cname	先行课 Cpno	学分 Ccredit
1	数据库	5	4
2	C		2
3	信息系统		4
4	操作系统	6	3
5	数据结构	7	4
6	数据处理		2
7	PASCAL 语言	8	4

表 6-4 学生各科成绩表

学号 Sno	课程号 Cno	成绩 Grade
95001	1	92
95001	2	85
95001	3	88

续表

学号 Sno	课程号 Cno	成绩 Grade
95002	2	90
95002	3	80

1．选择表中的若干列

例 1　查询全体学生的学号与姓名。

```
SELECT Sno,Sname
FROM  Student;
```

例 2　查询全体学生的姓名、学号、所在系。

```
SELECT Sname,Sno,Sdept
FROM  Student;
```

例 3　查询全体学生的详细记录。

```
SELECT *
FROM Student;
```

例 4　查询全体学生的姓名及其出生年份。

```
SELECT Sname,2009-Sage
FROM Student;
```

2．选择表中的若干元组（WHERE 子句）

（1）消除结果表中的重复行。

例 5　查询所有选修过课的学生的学号（学号要求不重复）。

```
SELECT DISTINCT Sno
FROM SC;
```

（2）比较（=，>，<，..）。

例 6　查询计算机系全体学生的名单。

```
SELECT Sname
FROM Student
WHERE Sdept ='CS';
```

例 7　查询所有年龄在 20 岁以下的学生的姓名及其年龄。

```
SELECT Sname, Sage
FROM Student
WHERE Sage < 20;
```

例 8　查询考试成绩不及格的学生的学号。

```
SELECT DISTINCT Sno
FROM SC
WHERE Grade < 60;
```

（3）确定范围（BETWEEN... AND...）。

例 9　查询年龄在 20 至 23 岁之间的学生的姓名、系别和年龄。

```
SELECT Sname,Sdept,Sage
FROM Student
WHERE Sage BETWEEN 20 AND 23;
```

例 10　查询年龄不在 20 至 23 岁之间的学生的姓名、系别和年龄。

```
SELECT Sname,Sdept,Sage
FROM Student
```

```
WHERE Sage NOT BETWEEN 20 AND 23;
```

（4）确定集合（IN , NOT IN）。

例 11　查信息系（IS）、数学系（MA）和计算机系（CS）学生的姓名和性别。

```
SELECT Sname,Ssex
FROM Student
WHERE Sdept IN ('IS','MA','CS');
```

例 12　查既不是信息系、数学系，也不是计算机系的学生的姓名和性别。

```
SELECT Sname, Ssex
FROM Student
WHERE Sdept NOT IN ('IS','MA','CS');
```

（5）字符匹配（LIKE ,NOT LIKE）。

例 13　查询学号为 95001 的学生的详细情况。

```
SELECT *
FROM Student
WHERE Sno LIKE '95001';
```

例 14　查询所有姓刘的学生的姓名、学号和性别。

```
SELECT Sname,Sno,Ssex
FROM Student
WHERE Sname LIKE '刘%';
```

例 15　查姓“欧阳”且全名为 3 个汉字的学生姓名。

```
SELECT  Sname
FROM Student
WHERE Sname LIKE '欧阳_ _';
```

例 16　查询名字中第 2 个字为“阳”的学生的姓名和学号。

```
SELECT Sname,Sno
FROM Student
WHERE Sname LIKE '_ _阳%';
```

（6）空值（IS NULL,IS NOT NULL）。

例 17　查询缺少成绩的学生的学号和相应的课程号。

```
SELECT Sno,Cno
FROM SC
WHERE Grade IS NULL;
```

（7）多重条件（AND,OR）。

例 18　查询计算机系年龄在 20 岁以下的学生的姓名。

```
SELECT Sname
FROM Student
WHERE Sdept ='CS' AND Sage < 20
```

【实训链接】

Access 应用技巧

1. 不要浪费数据类型的效果

当要存储数字数据时，应指定一个数字的数据类型。例如，街区号码或邮政编码的数值不能用在数学等式中，应先将数据存储为文本。这样会节约一些内存，但更重要的是，数据类型是按照数据的用途进行分类的。如果需要使用一个文本值作为真数值，则可在表格中表示文本域的域中使用“Val（ ）”函数，如“=Val（field）”（此域存储数值或文字值）。

2. 使用最适当的域的大小

由于如今的系统都很强大，要指定最合适的域的大小不再是像过去那样紧迫的任务。然而，为了能够更好地实施工作，开发者仍然会限定域的大小。首先要做的步骤就是使数据生效。例如，将州名缩写存储在一个域大小设置为 2 的文本域中。如果用户输入的是 ARK 而不是 AK，Access 将会拒绝接受这条输入。当然，域大小的属性仅会拒绝过大的条目，它无法探明这是因为输入还是其他的错误引起的。这个域仍然会接受其他有误的条目，例如“A”或“K6”。这也能应用在数字域上，只是没有那么明确的范围。例如，一个字节域能够接受的值可以从 0 到 255，而长整数域可接受的值的范围则从-2，147，483，648 到 2，147，483，647。为每个域选择适当的数据类型和域大小的属性，始终选择最小的数据类型以及域大小，就有可能在这个域中容纳最大的值。

3. 使用分析工具

Access 有两个工具能够帮助用户精炼自己的设计。第一个就是表格分析器向导，它能够检查一个表格并向用户推荐在哪处作出改变比较合适。第二个就是性能分析器，它能够检查整个数据库，并对改进设计提出建议。通常，用户都会采用向导所提出的建议。无论运行哪个向导，都可以在“工具”菜单中选择分析器之后再选择合适的项目。

4. 不要忘记表格的属性

就像域一样，表格也有能够定义其用途的属性。大多数都能够自我解析，而默认的属性也通常都足够合适。要访问这些属性，只需要在设计视图下打开表格，接着在“视图”菜单中选择“属性”。

排序依据：指定一个排列的顺序，当打开表格的时候 Access 能够应用它。用户只需根据想要分类排序的记录输入域的名称。如果没有使用这项设置，Access 则会根据主键来进行排序。如果没有主键，Access 则会按照数据输入的顺序来显示。它与表层并没有太多的关系，因为用户不会查看表格。然而，就像很多域的属性那样，捆绑的对象会继承属性。

子数据表名称：它决定了子数据表是否会显示相关的记录。如果用户觉得子数据表很烦琐，则可以将这个属性设置为“None”来禁用它。

5. 注意其中的界限范围

尽管用户可能永远也不会接触到表格界限范围的设置，但还是必须知道它们是存在的：表格名最多可以包含 64 个字符，域名称最多可以包含 64 个字符。每个表格至多可以包含 255 个域。表格大小的限制范围在 2GB 减去系统对象所需要的空间大小。文本域至多可存储 255 个字符。通过用户界面输入数据时，备忘域能够存储至多 65535 个字符。如果从程序上来说，输入数据，它能够接受至多 1 GB 大小。OLE 域能够支持至多 1 GB 大小。每个表格能够具有至多 32 个索引。每个索引可以包含至多 10 个域。一个有效规则表达能够存储至多 2 045 个字符；有效文本属性能够具备至多 255 个字符。描述属性能够存储至多 255 个字符。每项记录能够存储至多 4 000 个字符（2003 版本），如果是 2002 版本则是 2 000 个字符。

项目小结

该项目描述数据库的应用原理和概念，讲解 Access 的简单操作方法，进行制表，并完成基本的应用操作。

项目考核

一、选择题

1.（　　）是按一定的数据模型组织和存储的数据仓库，是存储在一起的相关的数据集合。

A．数据库　　B．数据　　C．信息系统　　D．记录册

2．数据库系统一般由数据库、数据库管理系统（及其开发工具）、应用系统、数据库管理员和（　　）组成。

A．用户　　B．顾客　　C．信息管理员　　D．股东

3．（　　）是数据库系统中发展最早最成熟的一种模型。

A．网状模型　　B．层次模型　　C．关系模型　　D．鳞状模型

4．客观存在并能够相互区别的事物称之为（　　）。

A．虚体　　B．联系　　C．实体　　D．鳞状模型

5．SQL 语言既是自含式语言，又是（　　）语言。

A．嵌入式　　B．嵌套式　　C．插入式　　D．可编译

二、判断题

1. SQL 语言之所以能够为用户和业界所接受，并成为国际标准，是因为它是一个综合的、功能极强同时又简洁易学的语言。　（　　）

2．数据库系统的所有功能都是通过数据库支持的数据语言来实现的。　（　　）

3．逻辑结构的概念独立于具体的数据库模型。为了完成数据库的设计，需要将概念结构转化为相应的数据模型。　（　　）

三、简答题

1．请说出几种常用的数据库。

2．数据库病毒的检查方法有哪些？

四、进阶应用题

小刘作为一家仓储配送中心的 IT 专员。近日，仓配中心的信息化数据库需要修缮维护，在细化工作内容过程中，小刘根据业务内容重新罗列了仓储业务数据库内所需要的字段变量。请结合你所学的内容，帮小刘总结仓储业务数据库内所需的字段变量。

项目七　典型的物流信息系统

本项目通过典型物流信息系统的知识学习与任务实施，需掌握 WMS、POS、EOS、未来超市和 CRM 的概念；熟悉 WMS 应用领域；掌握 POS 的运行步骤；熟悉 EOS 的分类及工作流程；掌握未来超市与传统超市相比的优势；熟悉 CRM 的基本功能。

任务 1　物流中心的信息系统（WMS）

【任务介绍】

传统的仓储管理，往往依靠人的经验，这就会导致仓储作业流程执行不到位。WMS 可以固化作业流程，并指导物流作业，WMS 也是企业的核心物流系统。本节任务介绍了仓储管理系统运用的现代物流技术以及应用分类。

【任务目标】

- 熟悉 WMS 的概念；
- 掌握 WMS 的应用分类。

【任务引入】

麦网物流中心管理系统

麦考林是全球领先的大型 B2C 企业，1996 年进入中国成立三资企业从事邮购业务，2004 年成立电子商务网站——麦网（www.m18.com）。2008 年开始在国内布点建立门店销售渠道，迄今已完成国内主要城市超过 200 家门店的规模，其复杂的经营模式和业务对物流中心的操作提出了极高的要求。

麦考林复杂的商业模式和对物流中心的精益化管理代表了典型的电子商务企业对于物流中心的管理和作业要求，麦考林在实施 WMS 前面临如下挑战：

问题 1：物流中心越来越趋于集中化管理，面积越来越大，为了更好地利用空间，物流中心的内部结构区域复杂化。

问题 2：快速变化的市场，物流中心内部管理的常规品项达几千到几万种，多批次小批量的特点使物流中心的作业复杂度增加。

问题 3：电子商务行业的平均退货率高达 20%，如何有效减少由于错发、漏发而导致的客户退货，以及由此带来的客户满意度的下降。

问题 4：既要满足门店又要满足终端客户的配送需求，每天几万个订单的拣选量给仓库带来巨大的压力，人海战术无法支持业务的进一步扩展。

FLUX 是国内领先的物流管理软件提供商，精益物流管理领域的领导者，通过对麦考林业务流程的调研，并结合 FLUX 在 B2C 行业积累的经验，为麦考林的物流中心定义了标准的作

业流程。实施 WMS 给麦考林带来的收益:

价值 1: 有效控制产品、批号混放，分作业区域对 RF 进行任务派发，实现对多线程并发作业的协同管理。

价值 2: 从经验主导型的仓库作业和管理模式转化为流程和数据为主导的模式，减少对作业人员经验的依赖，有效降低人力资源成本。

价值 3: 实现仓库内部作业方法的优化，提高仓库作业效率，提升订单履行的能力。

价值 4: 实现供应链上库存信息的透明化，改善供应链协同。

请思考：建立高效完善的物流中心管理系统面临哪些挑战？又能给企业带来哪些效益？

【任务分析】

麦网通过实施 WMS 解决了物流中心管理中存在的诸多问题，为销售提供了有效的保障。而麦考林正是利用 WMS 实现了从传统物流管理到现代物流管理模式的飞跃，因此，有必要学习和了解 WMS 系统的概念、特征、功能模块及其在物流领域的应用。

【相关知识】

一、仓储管理系统（WMS）概述

仓储管理系统（Warehouse Management System，WMS）是一个实时的计算机软件系统，它能够按照运作的业务规则和运算法则（Algorithms）对信息、资源、行为、存货和分销运作进行更完美地管理，使其最大化满足有效产出和精确性的要求。这里所说的“仓储”包括生产和供应领域中各种类型的储存仓库和配送中心。

传统的仓储管理运作包括收货、上架、补货、拣货、包装、发货。在目前的竞争环境下，企业必须不断改进以适应供应链竞争的需要。现代仓储管理已经转变成履行中心，它的功能包括：传统的仓储管理、交叉转运/在途合并、增值服务流程（组合/装配；包装/贴标；1 对 1 营销等）、退货、质量保证和动态客户服务，如图 7-1 所示。

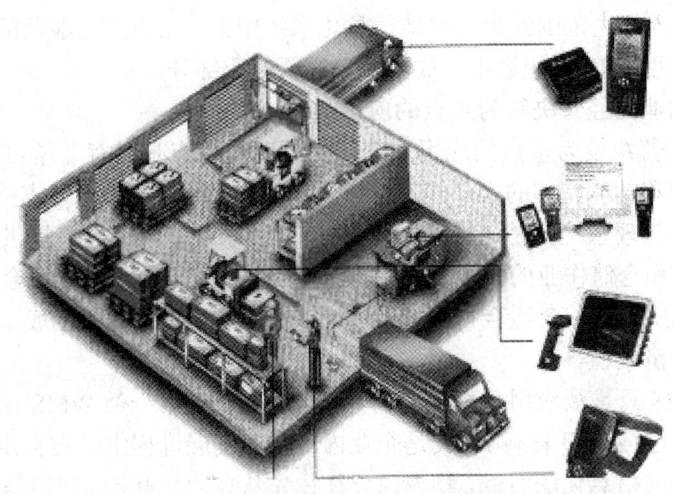

图 7-1　现代仓储管理系统示意图

WMS 按照常规和用户自行确定的优先原则，来优化仓库的空间利用和全部仓储作业。对上，它通过电子数据交换（EDI）等电子媒介，与企业的计算机主机联网，由主机下达收货和订单的原始数据。对下，它通过无线网络、手提终端、条码系统和射频数据通信（RFID）等信息技术与仓库的员工联系。上下相互作用，传达指令、反馈信息并更新数据库，同时，生成所需的条码标签和单据文件。

二、仓储管理系统（WMS）的应用分类

仓储管理系统（WMS）是仓储管理信息化的具体形式，它在我国的应用还处于起步阶段。目前在我国市场上呈现出二元结构：以跨国公司或国内少数先进企业为代表的高端市场，其应用 WMS 的比例较高，系统也比较集中在国外基本成熟的主流品牌；以国内企业为代表的中低端市场，主要应用国内开发的 WMS 产品。

（一）基于典型的配送中心业务的应用系统

目前，在销售物流（如连锁超市的配送中心）和供应物流中（如生产企业的零部件配送中心）都能见到这样的案例。北京医药股份有限公司的现代物流中心就是这样的一个典型。该系统的目标，一是落实国家有关医药物流的管理和控制标准 GSP 等；二是优化流程，提高效率。系统功能包括进货管理、库存管理、订单管理、拣选、复核、配送、RF 终端管理、商品与货位基本信息管理等功能模块；通过网络化和数字化方式，提高库内作业控制水平和任务编排。该系统把配送时间缩短了 50%，订单处理能力提高了一倍以上，还取得了显著的社会效益，成为医药物流的一个样板。此类系统多用于制造业或分销业的供应链管理中，也是 WMS 中最常见的一类。

（二）以仓储作业技术的整合为主要目标的系统

以仓储作业技术的整合为主要目标的系统旨在解决各种自动化设备的信息系统之间整合与优化的问题。武钢第二热轧厂的生产物流信息系统即属于此类，该系统主要解决原材料库（钢坯）、半成品库（粗轧中厚板）与成品库（精轧薄板）之间的协调运行问题，否则将不能保持连续作业，不仅放空生产力，还会浪费能源。该系统的难点在于物流系统与轧钢流水线的各自动化设备系统要无缝连接，使库存成为流水线的一个流动环节，也使流水线成为库存操作的一个组成部分。各种专用设备均有自己的信息系统，WMS 不仅要整合设备系统，也要整合工艺流程系统，还要融入更大范围的企业整体信息化系统中去。此类系统涉及的流程相对规范、专业化，多出现在大型 ERP 系统之中，成为一个重要组成部分。

（三）以仓储业的经营决策为重点的应用系统

以仓储业的经营决策为重点的应用系统，其鲜明的特点是具有非常灵活的计费系统、准确及时的核算系统和功能完善的客户管理系统，为仓储业经营提供决策支持信息。华润物流有限公司的润发仓库管理系统就是这样的一个案例。此类系统多用于一些提供公共仓储服务的企业中，其流程管理和仓储作业的技术共性多、特性少，所以要求不高，适合对多数客户提供通用的服务。该公司采用了一套适合自身特点的 WMS 以后，减少了人工成本，提高了仓库利用率，明显增加了经济效益。

上述 3 类 WMS 只是从应用角度来做的一个简单分类。第一类 WMS 比较标准，但是并非所有企业就能一下子应用起来。第二类是企业内部物流发展进程中经常会用到的，当生产企业或商贸企业在推进其信息化的时候，物流部分往往先从自动化开始，然后与企业的其他信息系统整合起来。第三类则是传统仓储企业向现代物流业过渡的进程中经常会见到的情况。WMS 的这些分类反映了我国物流需求还不很成熟的现状，所以各自有其用武之地。

任务 2　电子自动订货系统（EOS）

【任务介绍】

在当前竞争的时代，若要有效管理企业的供货、库存等经营管理活动，并且能使供货商及时补足售出商品的数量来保障库存，EOS 提供了良好的解决方案。本节任务详细介绍了电子 EOS 的概念、作用及具体工作流程。

【任务目标】

- 了解 EOS 的概念；
- 掌握 EOS 的分类和作用；
- 掌握 EOS 的工作流程。

【任务引入】

EOS 助沃尔玛转移库存

沃尔玛 EOS 能使供应商对其所供应的所有货物及在其销售点的库存情况了如指掌，从而自动跟踪补充各个销售点的货源，使供应商提高了供货的灵活性和预见性，即由供应商管理零售库存，并承担门店里全部产品的定位责任，使沃尔玛大大降低零售成本。

一种商品一旦被大量采购，就会促使该商品的制造商大量生产此种商品，也会使该商品在供应链中快速流动起来。随着供应链管理的进一步完善，补货到门店的责任，如今已从沃尔玛转到了批发商或制造商的身上。对于制造商和供应商来说，掌握了门店的销售量和库存，可以更好地安排生产计划、采购计划和供货计划，这是一个互助的商业生态系统。

从库存管理角度看，在库存系统中，订货点与最低库存之差主要取决于从订货到交货的时间、产品周转时间、产品价格、供销变化及其他变量。订货点与最低库存之差保持一定的距离，是为了防止产品脱销等不确定性情况的出现。为了快速反映客户“降低库存”的要求，供应商通过与沃尔玛缔结伙伴关系，主动向沃尔玛频繁交货，并缩短从订货到交货之间的时间间隔。这样就可以降低整个货物补充过程（从工厂到门店）的存货，尽量切合客户的要求，同时减轻存货和生产波动。

EOS 成功的关键在于，在信息系统开放的环境中，供应商和沃尔玛之间通过库存报告、销售预测报告和订购单报文等有关商业信息的最新数据实时交换，使得供应商从过去的单纯执行沃尔玛订购任务转而主动为沃尔玛分担补充库存的责任，以最高效率补充销售点或仓库的货物库存。

沃尔玛成功地应用 EOS 后，有效地减少了门店的库存量，并提高了门店的服务质量，不仅降低了物流成本，还增加了存货的流通速度，大大地提高了沃尔玛供应链的经济效益和作业效率，为稳定沃尔玛的顾客忠诚度作出了杰出的贡献。

请思考：什么是 EOS？

EOS 是如何帮助企业优化供应链实现库存转移的？

【任务分析】

沃尔玛 EOS 的应用大大提高了供应链的经济效益和作业效率，因此，应通过下述相关知识的学习，掌握 EOS 系统的概念、作用、分类及其应用。

【相关知识】

一、EOS 的概念

EOS（Electronic Ordering System）即电子订货系统，指不同组织间利用通信网络和终端设备以在线连接方式进行订货作业与订货信息交换的体系。电子订货系统是将批发、零售商场所发生的订货数据输入计算机，即刻通过计算机通信网络连接的方式将资料传送至总公司、批发商、商品供货商或制造商处。因此，EOS 能处理从新商品资料的说明直到会计结算等所有商品交易过程中的作业，可以说 EOS 涵盖了整个商流。

二、EOS 的分类

EOS 按应用范围可分为 3 类：企业内的 EOS（如连锁店经营中各个连锁分店与总部之间建立的 EOS），企业与批发商之间的 EOS，以及企业、批发商和生产商之间的 EOS。在当前竞争的时代，若要有效管理企业的供货、库存等经营管理活动，并且能使供货商及时补足售出商品的数量且不能缺货，就必须采用 EOS。EDI/EOS 因内涵了许多先进的管理手段和方法，因此在国际上使用非常广泛，随着普及面的不断推广，就使得我们更有必要对其进行全面的分析与掌握。

三、EOS 的构成

EOS 并非是单个门店与单个批发商组成的系统，而是许多门店和许多批发商组成的大系统的整体运作方式。EOS 结构如图 7-2 所示。

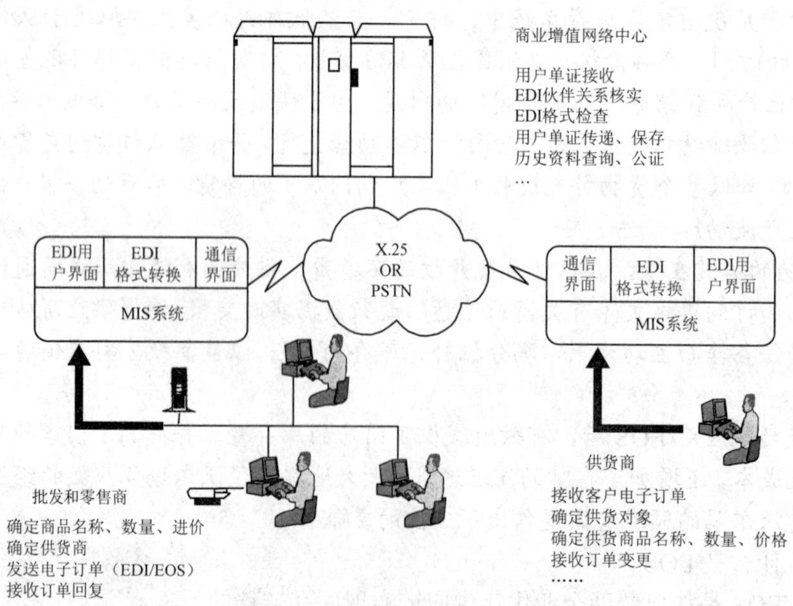

图 7-2 EOS 结构示意图

从图 7-2 中可以看出，电子订货系统的批发、零售商、供货商、商业增值网络中心在商流中各有其角色和作用。

（一）批发、零售商

在批发、零售商场，采购人员根据 MIS（Management Information System，管理信息系统）系统提供的功能，收集并汇总各机构订货的商品名称、订货数量，根据供货商的可供商品货源、供货价格、交货期限、供货商的信誉等资料，向指定的供货商下达采购指令。采购指令按照商业增值网络中心的标准格式进行填写，经商业增值网络中心提供的 EDI 格式转换系统而成为标准的 EDI 单证，经由通信界面将订货资料发送至商业增值网络中心，然后等供货商发回有关信息。

（二）商业增值网络中心

商业增值网络中心（Value Added Network，VAN）是公共的情报中心，它通过通信网络让不同机构的计算机或各种连线终端相通，促进情报的收发更加便利的一种共同的情报中心。VAN 不单单是负责资料或情报的转换工作，也可以与国内外其他地域 VAN 相联并交换情报，从而扩大了客户资料交换的范围。

商业增值网络中心不参与交易双方的交易活动，只提供用户连接界面，每当接收到用户发来的 EDI 单证时，自动进行 EOS 交易伙伴关系的核查，只有互有伙伴关系的双方才能进行交易，否则视为无效交易。确定有效交易关系后还必须进行 EDI 单证格式检查，只有交易双方均认可的单证格式，才能进行单证传递，并对每笔交易进行长期保存，供用户今后查询或在交易双方发生贸易纠纷时，可以根据商业增值网络中心所储存的单证内容作为司法证据。

（三）供货商

供货商根据商业增值网络中心转来的 EDI 单证，经商业增值网络中心提供的通信界面和 EDI 格式转换系统而成为一张标准的商业订单，根据订单内容和供货商的 MIS 系统提供的相关信息，供货商可及时安排出货，并将出货信息通过 EDI 传递给相应的批发、零售商，从而完成一次基本的订货作业。

当然，交易双方交换的信息不仅仅是订单和交货通知，还包括订单更改、订单回复、变价通知、提单、对账通知、发票、退换货等许多信息。

四、EOS 的基本流程

EOS 的基本流程如下：

（1）在门店的终端用条码阅读器获取准备采购的商品条码，并在终端机上输入订货材料；利用网络传到批发商的计算机中。

（2）批发商开出提货传票，并根据传票，同时开出拣货单，实施拣货，然后依据送货传票进行商品发货。

（3）送货传票上的资料便成为门店的应付账款资料及批发商的应收账款资料。

（4）将资料并接到应收账款的系统中去。

（5）门店对送到的货物进行检验后，便可以陈列与销售了。

五、EOS 与物流管理

物流作业流程如图 7-3 所示，该流程将供货商发运作业过程中的业务往来划分成以下几个步骤。

（1）供货商根据采购合同要求将发货单通过商业增值网络中心发给仓储中心。

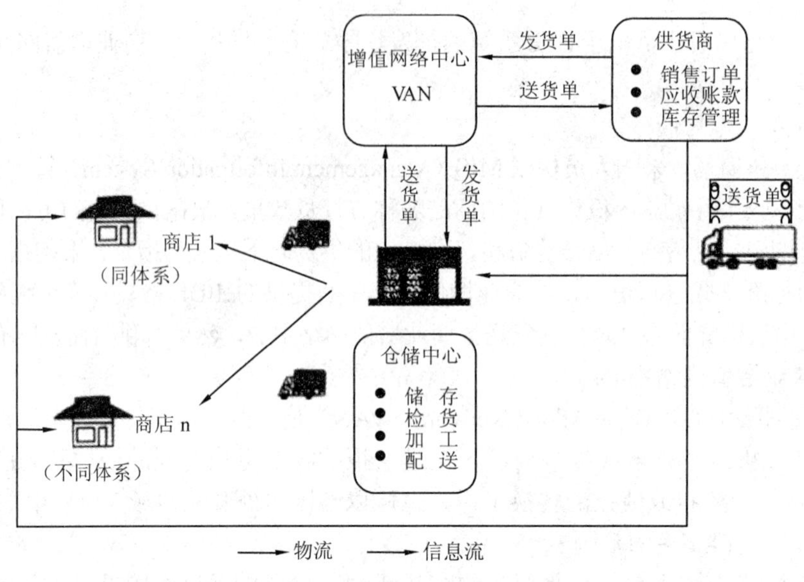

图 7-3 物流作业流程图

（2）仓储中心对接收到的商业增值网络中心传来的发货单进行综合处理，或要求供货商送货至仓储中心或发送至批发、零售商场。

（3）仓储中心将送货要求发送给供货商。

（4）供货商根据接收到的送货要求进行综合处理，然后根据送货要求将货物送至指定地点。

上述几个步骤完成了一个基本的物流作业流程，通过这个流程，将物流与信息流牢牢地结合在了一起。

任务 3 销售时点信息系统（POS）

【任务介绍】

随着商品条码化的普及和推广，以及商场物流活动各环节信息采集的条码化，销售时点信息系统保障了前台销售和结算业务的准确高效运行。本节任务介绍了 POS 的概念、特征以及工作流程等内容。

【任务目标】

- 了解 POS 的概念；
- 熟悉 POS 的运行流程。

【任务引入】

沃尔玛销售时点信息系统

沃尔玛的销售时点数据系统包含前台 POS 和后台 MIS 两大部分。

在门店完善前台 POS 建立的同时，后台的管理信息系统（MIS）也同时建立，在商品销售过程中的任一时刻，商品的经营决策者都可以通过 MIS 了解和掌握 POS 的经营情况，实现了门店库存商品的动态管理，使商品的存储量保持在一个合理的水平，减少了不必要的库存。

门店在售出商品时，所售商品的条形码经过条形码阅读机的阅读，自动输入电脑和收款机，后台电脑就从数据库中得知物品的品名、价格等数据，并立即显现在收款机上，再经过网络传送到沃尔玛，供管理人员分配销售货物类别和数量，最后将订单数据传送到物流配送中心，由物流配送中心对零售点进行及时准确的补货。

沃尔玛 POS 的运行有以下 5 个步骤：

（1）门店内销售的商品都贴有条形码。

（2）收银机打印出顾客购买的详细清单。

（3）清单上的信息通过在线连接传送到沃尔玛 MIS。

（4）沃尔玛分析后发现畅销品和滞销品，并以此进行货物调整、品种配置、商品陈列、价格沟通调整等作业。

（5）将信息传送给供应商、生产商、物流商等供应链上的相关企业。

沃尔玛应用 POS 的效果：

（1）收银台业务的省力化，商品检验时间缩短，误差少，核算购买金额时间短，票据少。

（2）数据收集能力大大提高，在信息发生时点收集数据，准确可靠，速度极快。

（3）门店作业合理化，提高收银管理水平，检查输入数据作业简单。

（4）门店运营高效化，容易即时把握库存水平，容易测定销售目标的实现度，可快速作出销售报告，容易发现不良商品。

（5）提高资金周转率，提前避免出现缺货现象，可以将库存控制在一个合理水平，提高商品周转率。

（6）商品计划高效化，可准确分析促销效果，可直接把握顾客的购买动向，基于销售动态制定采购计划。

请思考：什么是 POS？

超市里面的 POS 是如何与库房物流信息系统协同交互的？

【任务分析】

沃尔玛 POS 的应用提高了各门店的综合管理能力，从收银台的工作质量效率到门店物流作业的运作管理都得到很大的提升，POS 作为物流的终端管理技术极大地促进了流通的终端物流效率，因此，有必要深入学习了解 POS 的概念和运作流程等与 POS 技术相关的知识。

【相关知识】

一、销售时点信息系统（POS）的概念

销售时点信息系统（Point of Sale System，POS），它包含前台 POS 和后台 MIS 两大基本部分。POS 最早应用于零售业，以后逐渐扩展至金融、旅馆等服务性行业，利用 POS 信息的范围也从企业内部扩展到整个供应链。现代 POS 已不仅局限于电子收款技术，它要考虑将计算机网络、电子数据交换技术、条形码技术、电子监控技术、电子收款技术、电子信息处理技术、远程通讯、电子广告、自动仓储配送技术、自动售货、备货技术等一系列科技手段融为一体，从而形成一个综合性的信息资源管理系统。同时，它必须符合和服从商场管理模式，按照对商品流通管理及资金管理的各种规定进行设计和运行。

前台 POS 是指通过自动读取设备（如收银机），在销售商品时直接读取商品销售信息（如商品名、单价、销售数量、销售时间、销售店铺、购买顾客等），实现前台销售业务的自动化，对商品交易进行实时服务管理，并通过通信网络和计算机系统传送至后台，通过后台计算机系统（MIS）的计算、分析与汇总等掌握商品销售的各项信息，为企业管理者分析经营成果、制定经营方针提供依据，以提高经营效率的系统。

后台 MIS 又称管理信息系统。它负责整个商场进、销、调、存系统的管理以及财务管理、库存管理、考勤管理等。它可根据商品进货信息对厂商进行管理，又可根据前台 POS 提供的销售数据，控制进货数量，合理周转资金，还可以分析统计各种销售报表，快速准确地计算成本与毛利，也可对售货员、收款员业绩进行考核，是分配职工工资、奖金的客观依据。因此，商场现代化管理系统中前台 POS 与后台 MIS 是密切相关的，两者缺一不可。

二、POS 的运行步骤

以零售业为例，POS 的运行有以下 5 个步骤。

（一）贴条形码

店面销售商品都贴有表示该商品信息的条形码或 OCR（Optical Character Recognition）标签。

（二）读取数据并结算

在顾客购买商品结账时，收银员使用扫描器自动读取商品条码或 OCR 标签上的信息，通过店铺内的微型计算机确认商品的单价，计算顾客购买总金额等，同时返回收银机，打印出顾客购买清单和付款总金额。

（三）向物流中心传递信息

各个店铺的销售时点信息通过 VAN 以在线联结方式即时传送给总部或物流中心。

（四）物流中心作业

在总部、物流中心和店铺之间利用销售时点信息来进行库存调整、配送管理、商品订货等作业。通过对销售时点信息进行加工分析来掌握消费者的购买动向，找出畅销商品和滞销商品，以此为基础，进行商品品种配置、商品陈列、价格设置等方面的作业。

（五）数据在供应链上下游传输

在沃尔玛与供应链的上游企业（批发商、生产商、物流作业等）结成协作伙伴关系（也称战略联盟）的条件下，沃尔玛利用 VAN 以在线联结的方式把销售时点信息即时传送给上游企业，这样上游企业可以利用销售现场最及时准确的销售信息制定经营计划、进行决策。例如，生产厂家利用销售时点信息进行销售预测，掌握消费者购买动向，找出畅销商品和滞销商品，把销售时点信息（POS 信息）和订货信息（EOS 信息）进行比较分析，来把握沃尔玛的库存水平，以此为基础制定生产计划和沃尔玛库存连续补充计划 CRP（Continuous Replenishment Program）。

三、POS 的特征

（一）单品管理、职工管理和顾客管理

零售业的单品管理是指对店铺陈列展示销售的商品以单个商品为单位进行销售跟踪和管理的方法。由于 POS 信息即时、准确地反映了单个商品的销售信息，因此 POS 的应用使高效率的单品管理成为可能。

职工管理是指通过 POS 终端机上记时器的记录，依据每个职工的出勤状况、销售状况（如以月、周、日甚至时间段为单位）进行考核管理。

顾客管理是指在顾客购买商品结账时，通过收银机自动读取沃尔玛发行的顾客 ID 卡或顾客信用卡来把握每个顾客的购买品种和购买额，从而对顾客进行分类管理。

（二）自动读取销售时点的信息

在顾客购买商品结账时，POS 通过扫描器自动读取商品条码标签或 OCR 标签上的信息，在销售商品的同时获得实时的销售信息，这是 POS 的最大特征。

（三）信息的集中管理

在各个 POS 终端机获得的销售时点信息以在线联结方式汇总到企业总部，与其他部门的有关信息一起由总部的信息系统加以集中并进行分析加工，如把握畅销商品以及新商品的销售倾向，对商品的销售量和销售价格、销售量和销售时间之间的相关关系进行分析，对商品店铺陈列方式、促销方式、促销时间、竞争商品的影响进行相关分析。

（四）连接供应链的有力工具

供应链与各方合作的主要领域之一是信息共享，而销售时点信息是企业经营中最重要的信息之一，通过它能及时把握顾客的需要信息，供应链的参与各方可以利用销售时点信息并结合其他的信息来制定企业的经营计划和市场营销计划。目前，领先的沃尔玛正在与制造商共同开发一个整合的物流系数 CFAR（整合预测和库存补充系统，Collaboration Forecasting and Replenishment），各方利用该系统不仅分享 POS 信息，而且一起联合进行市场预测，分享预测信息。

四、应用 POS 的效果

（一）营业额及利润增长

采用 POS 的企业供应商品众多，其单位面积的商品摆放数量是普通企业的 3 倍以上，吸引顾客，且自选率高，这必然会带来营业额及利润的相应增长，仅此一项即可给应用 POS 的企业带来可观的收益。

（二）节约大量的人力、物力

由于仓库管理是动态管理，即每卖出一件商品，POS 的数据库中就相应减少该件商品的库存记录，免去了商场盘存之苦，节约了大量人力、物力；同时，企业的经营报告、财务报表以及相关的销售信息，都可以及时提供给经营决策者，以保持企业的快速反应。

（三）有效库存增加，资金流动周期缩短

由于仓库采用动态管理，仓库库存商品的销售情况，每时每刻都一目了然，商场的决策者可将商品的进货量始终保持在一个合理的水平，可提高有效库存，使商场在市场竞争中占据更有利的地位。据统计，在应用 POS 后，商品有效库存可增加 35%～40%，大大缩短资金的流动周期。

（四）提高企业的经营管理水平

首先可以提高企业的资本周转率，在应用 POS 后，可以提前避免出现缺货现象，使库存水平合理化，从而提高商品周转率，最终提高了企业的资本周转率。其次，在应用了 POS 后，可以进行销售促进方法的效果分析，把握顾客购买动向，按商品品种进行利益管理，基于销售水平制定采购计划，有效地进行店铺空间管理和基于时间段的广告促销活动分析等，从而使商品计划效率化。

任务4 现代超市与未来超市

【任务介绍】

物联网技术正在悄然改变着人们的日常生活方式，甚至不断带来惊喜。未来超市集成了RFID等前沿的应用技术，改变了现代人们的购物体验，也将成为未来零售业发展的主流趋势。本节任务主要介绍了未来超市的购物流程及其使用的关键技术。

【任务目标】

- 了解未来超市的购物流程；
- 了解RFID技术在未来超市是如何应用的。

【任务引入】

麦德龙的未来超市

有一家位于德国小城莱茵伯格的超市，在这家超市的门口你会遇到一个叫做Eilly的机器人。此时，那些酷爱在超市里疯狂购物的人恐怕会幸福地笑出声来，Eilly不仅拥有可爱的造型，还能在最短的时间里引导你找到购物单上所有的商品。

当然，在这家超市里还有点不太一样的东西。

德国人不太喜欢吃鱼，他们最喜欢吃猪肉，所以在德国卖鱼时需要多做些努力。当跟着Eilly来到鱼类柜台前，你会发现特别的一幕：在热带海洋的珊瑚丛中游来游去的鱼正在你的脚下，当然不是真的鱼，而是利用了投影仪的技术。有意思的是，当你在挑选品种时，它们甚至会火速逃离现场，营造出一种“不要捉我”的趣味。喜欢红酒的话，还可以在红酒区领取电脑自动发放的品酒卡，一次品尝6种不同味道的葡萄酒，而不是冲着降价或者促销礼物带回自己不喜欢的口味。

这座由德国麦德龙（Metro）集团投资建立的Extra超市其实早在2003年就已建立，被当地人亲切地称为未来商店（Smart Helves）。不仅是因为Extra在现实的环境中采用了先进的应用技术，更重要的是它还吸引了诸如IBM、微软、英特尔、SAP、NCR等分属不同领域的IT巨头的加入。

按照麦德龙的说法，除了增加购物的趣味性，顾客在购物中还会借助未来商店所采用的电子价签（ESL）、自助结账系统和无线射频识别（RFID）等革新技术而体验到一个独特的购物环境。比如，智能秤可以自动识别称重产品，同时打印出条形码标签。配备有便携式“队列胸卡”结账设备的店员可以随时结账，还有移动销售点系统可以随时查询存货信息，并在缺货时推荐替代品。

高科技购物就这样从实验室走入了现实世界。

在麦德龙的未来超市中，RFID技术被广泛地运用，它可以在缺货时向后端的管理系统发送补货消息，也可以自动跟踪每种商品的销售速度和销售数量，并同时具有安全防盗功能。另外在超市里还有4万个Real Price电子价签，不仅代替了手工更换纸价签，而且还可以确保每件商品与档案价目表的匹配。

在这些大型超市的负责人看来，超市正测试的最新技术将会成为未来零售业发展的主流。他们希望技术为购物者提供更佳的服务的同时，也能帮助其降低成本。而这些新技术的演变与推进，将使得未来的超市变得更加智能与个性化。

请思考：什么是未来超市？它应用了什么新技术新方法？

传统超市与未来超市的区别是什么？

【任务分析】

麦德龙未来超市应用先进的物联网技术改变了消费者的购物体验，同时也是以科技为核心的新的营销方式，那么从物流的角度观察，未来超市与现代超市有何不同，消费者是如何在未来超市完成购物体验的，需通过下述相关知识进行深入学习和了解。

【相关知识】

一、现代超市

现代超市，是人们日常生活中的一个组成部分，每隔一段时间人们就会到超市里，在琳琅满目的商品中选择所需要的商品。在选购商品的时候，会看到每件商品上的条码，这个小小的条码将作为商品的“身份证”，条码作为一种信息载体，已普遍应用在生活中，作为现代的大型超市，充分利用条码技术进行管理，势在必行，再配合先进的电脑技术及自动识别技术，定会提高超市的管理层次，使超市的行政架构得以精简，减少工作强度及人力。清晰货品的进、销、存和流向等资料，对稳定超市的季节性变化至关重要，而产品资料的实时性收集，更会加快超市的运作频率，精确超市的各项数据报告。

条码技术和 POS 相结合，能够及时、准确地识别商品信息，完成商品的管理。

二、未来超市

RFID 是未来超市中最卓越的一项技术，可以为每一位顾客带来非常愉快的、定制的购物体验。同时，未来超市还应用了多项可以和消费者互动的技术。信息中心系统使购物更加方便、快捷、有趣，顾客也会因为 PSA、信息终端、智能秤、电子货架标签、智能货架、电子广告牌、优先收银台等技术而享受到很多的购物乐趣。

（一）RFID 和条码技术的比较

从概念上来说，RFID 和条码技术两者很相似，目的都是快速准确地确认追踪目标物体。主要的区别是：有无写入信息或更新内存的能力。条形码的内存不能更改。射频标签不像条形码，它特有的辨识器不能被复制。标签的作用不仅仅局限于视野之内，因为信息是由无线电波传输，而条形码必须在视野之内。由于条形码成本较低，有完善的标准体系，已在全球散播，所以已经被普遍接受，从总体来看，射频技术只被局限在有限的市场份额之内。目前，多种条形码控制模版已经在使用之中，在获取信息渠道方面，射频也有不同的标准。

（二）RFID 在未来超市的作用

每一位顾客在进入超市时可以凭信用卡得到一个 PSA 装置，它安装在超市购物车的把手上，就像一个可以移动的小型电脑，可以帮助顾客更加合理地购物。例如，顾客可以按照 PSA 的建议确定所要购买商品的陈列位置。屏幕右侧显示的是特价商品的信息，显示的内容可以根据顾客个人喜好、过去购物经历而有所不同，同时也可以显示出顾客当前的位置。PSA 与超市数据中心相连，是由内部的一个无线局域网控制的。

在生鲜商品区，智能化的视觉照相机不仅可以显示出商品的重量等图文信息，同时还可以打印出压敏条形码上的价格，这样，商品在出超市时就不用再次称重了。这种照相机里有一种特殊软件，可以根据商品表面的材质、尺寸和热成像辨别商品。但是，如果一个装有多种商品的包装放在秤上，显示器就会显示错误信息，不会打印任何条形码标签；而且一次只能称一种商品，如3个西红柿、4个橘子或6个土豆，这种智能化的秤只用于那些无预先包装的商品。

顾客在拿取商品时，可以通过PSA获得该商品的价格等信息。PSA里包含一个基于EAN编码的扫描仪，用于将价格信息显示在屏幕上。

超市的信息终端只适用于一些特定的区域，如肉类、酒品、水果和蔬菜、婴儿用品和个人护理品等，在这些区域，即使没有信用卡也可以享受到PSA的信息。顾客通过信息终端可以了解仓储间里所有商品的陈列位置，也可以了解到一些特殊商品的制作过程、成分组成等，所有信息都由操作触摸屏得到，也可以将所要了解的信息打印出来。此外，计算机还可以为消费者提供相关产品的菜谱。在酒品应用方面，信息终端还可以显示出当晚最佳饮用的酒品名称，同时还能帮助顾客了解该酒品的位置。

传统的价格标签在未来超市的大部分区域已经成为了历史，货架上都安装了电子货架标签（ESL），且都与超市里的无线局域网相连接。那些无须改变的信息如产品身份信息，被印刷在纸质标签上贴在LCD显示屏的下方，而经常需要改变的信息如价格信息，采用电子货架标签显示，由超市总部或仓储部管理并且可以随时更新。在未来超市里，更新40 000种商品的价格信息不需1个小时就可完成。

电子货架标签不仅可以显示价格信息，也可以显示商品的其他信息，甚至能以动画形式促销宣传，以吸引顾客注意。同时，电子货架标签还可以和超市仓储信息（如商品仓储高度、货架数量等）相连接。

【知识链接】

SCM与CRM系统

一、SCM

SCM（Supply Chain Management）系统即供应链管理系统。供应链管理是围绕核心企业，主要通过信息手段，对供应的各个环节中的各种物料、资金、信息等资源进行计划、调度、调配、控制与利用，形成用户、零售商、分销商、制造商、采购供应商的全部供应过程的功能整体。

供应链管理主要涉及四个领域：供应、生产计划、物流、需求。供应链管理关心的不仅仅是物料实体在供应链中的流动，除了企业内部与企业之间的运输问题和实物分销以外，还包括以下内容：

（1）战略性供应商和用户合作伙伴关系管理。

（2）供应链产品需求预测和计划。

（3）供应链的设计。

（4）企业内部与企业之间物料供应与需求管理。

（5）基于供应链管理的产品设计与制造管理、生产集成化计划、跟踪和控制。

（6）基于供应链的用户服务和物流管理。

（7）企业间资金流管理。

（8）基于 Internet/Intranet 的供应。

实施供应链管理对加强我国企业竞争力的作用：

（1）实施供应链管理，可有效地实现供求的良好结合，刺激消费需求，提高服务质量。

（2）实施供应链管理，可降低社会库存，降低成本。

（3）实施供应链管理，可有效地减少流通费用，产生规模效应，提高企业的竞争力。

（4）实施供应链管理，可实现信息资源共享，促进企业电子商务的发展。

供应链管理系统（SCM）已经同企业资源管理系统（ERP）和客户关系管理系统（CRM）一起成为中国企业业务管理信息化的重点。通常来说，专业的SCM包括供应商管理和采购商管理等管理功能。供应链管理系统，就是对整个集成化供应链进行管理，即供应链管理系统对供应商、制造商、分销商、客户和最终消费者之间的商流、物流、信息流和资金流进行计划、协调、控制等，使供应链成为一个无缝的过程，实现集成化供应链的整体目标。供应链管理是当前物流产业管理中最高端的商业模式。

（一）供应链管理系统的供应商管理

（1）系统设置：企业基本信息等。

（2）供应商资格管理：资格申请、资格审查、供应商考核等。

（3）客户管理：申请状态管理、查询。

（4）业务管理：订单管理。

（5）发货单管理：发货单生成、发货单维护。

（6）货运发送管理：货运发送。

（7）货物状态查询：货物状态查询。

（8）费用管理：付款费用、收款费用。

（9）统计分析：统计分析。

（二）供应链管理系统的采购商管理

（1）基础数据设置：公司信息维护、产品信息。

（2）仓库管理：仓库申请、产品库存查询。

（3）需求管理：添加需求、需求管理。

（4）采购管理：供应商管理、供应商审核、供应商查询、采购订单管理、添加采购订单、采购订单审核、采购订单查询。

（5）分销管理：分销商管理、分销资格审核、分销商查询、分销订单管理、添加分销订单、分销订单审核、分销订单查询、销售出库、出库单生成、出库单审核、出库单查询、销售退回、新增退回单、退回单审核、退回单查询。

（6）费用结算：销售费用、销售收款单生成、收款单确认、收款单查询、销售退款单生成、退款审核、销售退款单查询、采购费用、采购费用结算、仓库费用、仓库费用结算、统计分析、分销商销售额。

供应链管理系统的实质是以更广阔的视角考虑物流、资金流与信息流的协调和配合，以在更大的范围内、更高的层次上提高物流活动的效益和效率。供应链物流是供应链管理系统中最重要、最难和内容最丰富的部分，也是供应链管理的核心。

二、CRM

CRM（Customer Relationship Management）即客户关系管理。从字面上来看，是指企业用

CRM来管理与客户之间的关系。在不同场合下，CRM可能是一个管理学术语，也可能是一个软件系统，而通常所指的CRM，是指用计算机自动化分析销售、市场营销、客户服务以及应用支持等流程的软件系统。它的目标是缩减销售周期和销售成本、增加收入、寻找扩展业务所需的新的市场和渠道以及提高客户的价值、满意度、赢利性和忠实度。CRM是选择和管理有价值客户及其关系的一种商业策略，CRM要求以客户为中心的企业文化来支持有效的市场营销、销售与服务流程。

（一）CRM的价值

CRM是代表增进赢利、收入和客户满意度而设计的、企业范围的商业战略。CRM是一种商业战略（而不是一套系统），它涉及的范围是整个企业（而不是一个部门），它的战略目标是增进赢利、销售收入，提升客户满意度。

CRM是企业的一项商业策略，它按照客户细分情况有效地组织企业资源，培养以客户为中心的经营行为以及实施以客户为中心的业务流程，并以此为手段来提高企业的获利能力、收入以及客户满意度。CRM实现的是基于客户细分的一对一营销，所以对企业资源的有效组织和调配是按照客户细分而来的，“以客户为中心”不是口号，而是企业的经营行为和业务流程都要围绕客户，通过这样的CRM手段来提高利润和客户满意度。

CRM是一种以客户为中心的经营策略，它以信息技术为手段，对业务功能进行重新设计，并对工作流程进行重组。

CRM是现代营销管理理念和信息技术的完美结合。CRM是以“客户”为中心，以“销售团队管理”为核心，以流程与执行力为诉求的企业级“企业运营管理”平台。

CRM是企业的一种经营哲学和总体战略，它采用先进的信息与通信技术来获取客户数据，运用发达的数据分析工具来分析客户数据，挖掘客户的需求特征、偏好变化趋势和行为模式，积累、运用和共享客户知识，并进而有针对性地为不同客户提供具有优异价值的定制化产品或服务来管理处于不同生命周期的客户关系及其组合，通过有效的客户互动来强化客户忠诚，并最终实现客户价值最大化和企业价值最大化之间的合理平衡的动态过程。

CRM是把先进的营销管理理念融入深化到营销管理执行的每一个环节，帮助企业建立以“客户为中心”的经营理念、组织模式业务规则及评估体系，全方位提高企业营销管理水平及核心竞争力。

（二）CRM的客户指标分析

（1）客户概况分析（Profiling）：包括客户的层次、风险、爱好、习惯等；

（2）客户忠诚度分析（Persistency）：指客户对某个产品或商业机构的忠实程度、持久性、变动情况等；

（3）客户利润分析（Profitability）：指不同客户所消费的产品的边缘利润、总利润额、净利润等；

（4）客户性能（Performance）分析：指不同客户所消费的产品按种类、渠道、销售地点等指标划分的销售额；

（5）客户未来（Prospecting）分析：包括客户数量、类别等情况的未来发展趋势，争取客户的手段等；

（6）客户产品（Product）分析：包括产品设计、关联性、供应链等；

（7）客户促销（Promotion）分析：包括广告、宣传等促销活动的管理。

（三）CRM 系统的主要功能模块介绍

功能模块功能简述

客户管理

客户管理

客户基本资料和属性、客户个性化信息、交往记录、联系记录。

联系人管理

记录客户、供应商的经办人员的信息资料。

潜在客户管理

通过对潜在客户的跟踪、管理，建立业务往来，并转化为客户。

关怀管理

包括客户销售、服务等过程中的关怀管理。

满意度管理

通过对客户反馈及时的收集分析，增加企业对客户满意度的了解。

请求及投诉

客户请求/投诉的处理情况及回访情况。

信用评估

包括公司概况；股东及管理层情况；财务状况；银行信用；付款记录；经营情况；实地调查结果；关联企业及关联方交易情况；公共记录；媒体披露及评语；对客户公司的总体评价；给予客户的授信建议等。

捕捉潜在客户

可集成电子商务系统，通过电子商务系统，实现在线捕获潜在客户。

统计管理

客户流失、客户新增、客户地区分布、客户行业分布等信息统计。

服务管理

客服自动化

分为员工使用的服务平台和客户的自我服务平台。

合作伙伴入口

为客户、供应商、代理商等合作伙伴提供的访问入口。

客服知识库

产品知识库、方案知识库、案例知识库、服务对策库、服务知识库。

客户反馈管理

记录客户反馈的信息并将处理结果发送给客户。

呼叫中心集成

呼叫中心又叫作客户服务中心，它是一种基于CTI（计算机电话集成）技术、充分利用通信网和计算机网的多项功能集成。

合同管理

档案管理

合同签订后归档到合同档案，对合同档案实行集中管理。

审批、汇签

包括合同拟订、签定、执行、评价等项目合同的全过程管理以及合同履行过程的自动化处理。

市场管理

市场活动管理

对市场营销活动加以计划、执行、监视和分析。

市场信息管理

收集市场情报资料，并以文档或数据表形式保存在系统数据库中。

文档管理

文档管理

文档的上传、发布、权限、查询、加密、分类等功能。

事件日程

个人日程安排

用于个人进行自己的日程管理，如日程安排、查询、分组排序等。

事件和日程查询

查询系统成员在每一阶段对应的办理事件或负责的项目。

事件计划

事件计划用于创建未来日程的安排，或过去日程的记录。

技能实训

实训1　未来超市综合实训

【实训目标】

- 能够正确运用未来超市管理系统进行后台管理；

● 熟练掌握未来超市购物软件及操作技巧。

【实训内容及要求】

（一）实训内容

你是一名未来超市管理员，今接受一名新会员的注册，帮其办理充值业务，同时完成该新会员在未来超市的一次消费业务的平台管理操作。

新会员名字为：王明

充值金额：1 000 元人民币

超市消费购入货物：百花面巾纸 10 条，每条 7.6 元；百威啤酒 10 瓶，每瓶 8 元。

（二）实训要求

（1）完成未来超市平台基础信息维护。

（2）依据项目内容完成未来超市消费业务操作。

【实训分析】

（一）会员系统注册

第一步：系统登录

打开 Logis 的未来超市软件系统，系统会显示登录界面，如图 7-4 所示。在此界面输入用户名和密码后（admin/admin），单击“登录”即可进入系统主界面。

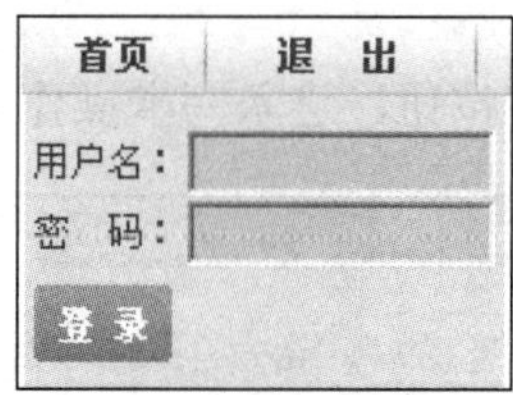

图 7-4 登录界面

说明：此处的 127.0.0.1 是指本机的地址，如果要访问服务器，把这个地址换成服务器的 IP 地址即可。

系统主界面包括主菜单、系统功能栏、导航栏、主工作页面和状态栏几部分。如图 7-5 所示。

图 7-5 系统主界面

用户进入系统后会来到系统首页，单击主菜单上的“会员管理”按钮，选择相应的操作后，在主工作页面上就会显示信息内容。系统的默认主工作页面上显示的是关于公司的介绍。系统左侧的功能栏上包括“查看信息”“新增会员”“修改删除”“写卡操作”几个功能链接。

第二步：新增会员

单击图 7-5 左侧的“新增会员”按钮，进入新增界面，如图 7-6 所示。

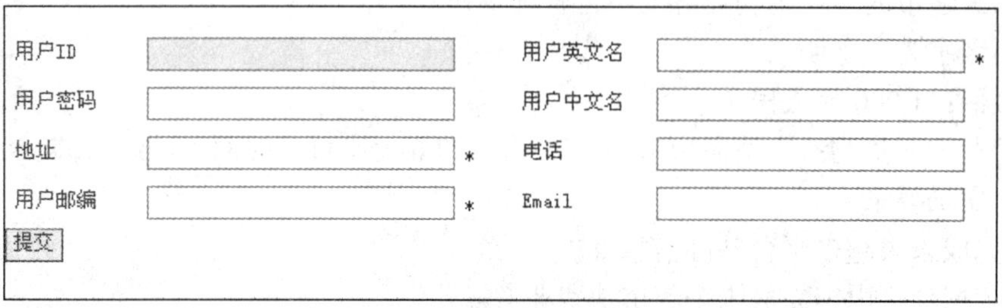

用户ID 用户英文名 *
用户密码 用户中文名
地址 * 电话
用户邮编 * Email
提交

图 7-6 新增会员界面

“用户 ID”：不需要自己输入，系统根据一定的编码规则进行自动分配。

“用户英文名”：用户可以输入任何名字，作为以后登录系统的用户名。

其他信息根据自己的情况填写，带“*”号的是必填项。填完信息后单击“提交”按钮，新增用户就注册完成了。

说明：*在这里注册的用户也可以登录电子商务系统，进行网上购物。*

第三步：写卡操作

单击图 7-5 左侧的“写卡操作”按钮，进入写卡操作界面，如图 7-7 所示。

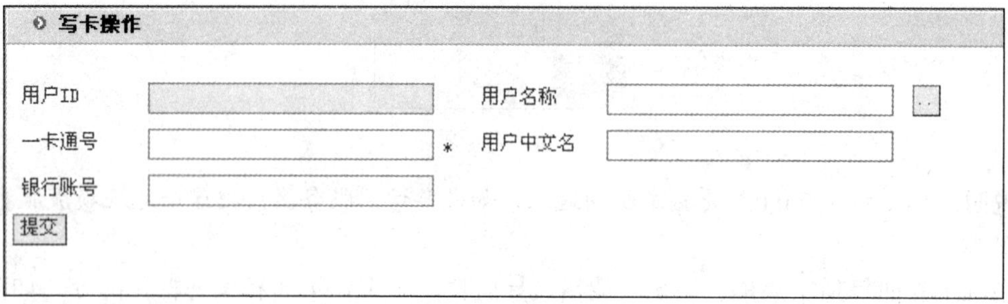

写卡操作
用户ID 用户名称
一卡通号 * 用户中文名
银行账号
提交

图 7-7 写卡操作界面

“用户名称”：单击旁边的按钮选择用户，用户 ID、用户中文名等信息会自动带出来。

“一卡通号”：这里的一卡通号是通过银行系统注册的，把注册的银行账号输入到一卡通号。具体注册方法，请参考银行管理系统。

完成操作后，使用 RFID 手持扫描设备对可重复读写 ID 标签即 VIP 卡片进行扫描，存储 VIP 相关信息。

在 RFID 手持设备上打开“Future-Store RFID Manage 软件”，里面有一个“VIP 管理”，选择你要写入的一条信息单击“写入”后，就完成了 VIP 会员 RFID 标签的写入工作。写入后客户就可以使用这张卡片进入未来超市进行购物了。

第四步：修改删除

单击图 7-5 左侧的“新增会员”按钮，进入新增界面，如图 7-8 所示。

	用户ID	用户英文名	用户中文名	Email	电话		
	10025	weiheshan	隗合山	weiheshan2008@yahoo.com.cn	61382828	修改	删除
	10019	chuanbinglian	串并联	chuanbinglian@sina.com	58206796	修改	删除
	10001	zhangbin	张彬	zhangbin@163.com	61382828	修改	删除
	10002	lfs	兰凤硕	lfs@logis.cn	58206796	修改	删除
	10003	admin	管理员	sure_mail@163.com	58206796	修改	删除
	10005	szh	苏兆河	szh@logis.cn	58206796	修改	删除
	10024	shaoqingdong	邵清东			修改	删除

1/1　共7条记录　每页 10 条　设置

图 7-8　新增会员界面

如果要修改会员信息，选择要修改的记录，单击“修改”按钮，进入图 7-9 所示的界面。

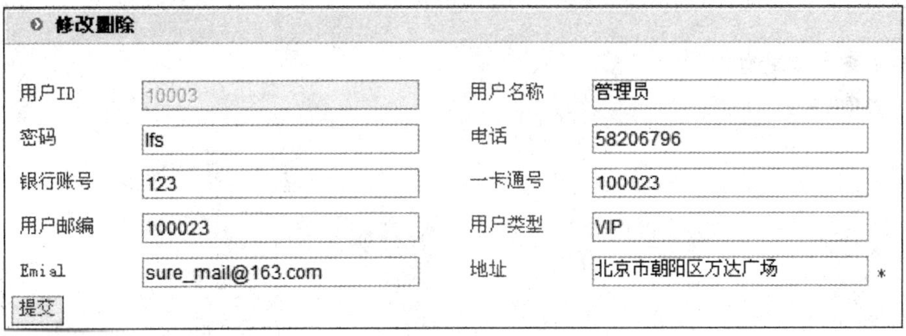

修改删除

用户ID	10003	用户名称	管理员
密码	lfs	电话	58206796
银行账号	123	一卡通号	100023
用户邮编	100023	用户类型	VIP
Emial	sure_mail@163.com	地址	北京市朝阳区万达广场 *

提交

图 7-9　修改删除界面

在这里不但能修改会员信息，还可以升级会员，把会员变为 VIP，只需要把“用户类型”改为 VIP 即可。升级为 VIP 后，该用户就可以进入后台执行操作。

在这里还可以修改其他安全设置，但是一定要符合规则，如邮编一定是 6 位，Email 一定要符合正确的格式。

（二）会员银行账号管理

第一步：新增银行柜员

用户打开 IE，输入银行管理系统地址“http://192.168.1.20:8060/corebank/corebank”后，进入系统首页，如图 7-10 所示。此时处于未登录状态，在图中输入用户名和密码即可登录系统。

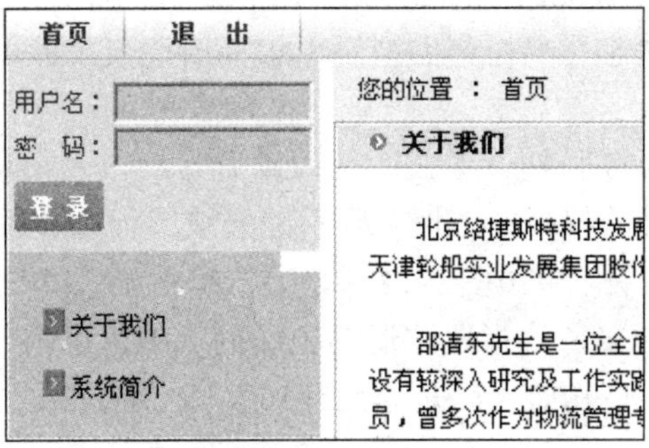

首页　退　出
用户名：
密　码：
登录
关于我们
系统简介
您的位置 ： 首页
关于我们
北京络捷斯特科技发
天津轮船实业发展集团股
邵清东先生是一位全
设有较深入研究及工作实
员，曾多次作为物流管理

图 7-10　登录系统首页

首先学习如何使用管理员操作。输入用户名/密码（admin/admin）登录系统，可以进入管理员操作界面，如图 7-11 所示。

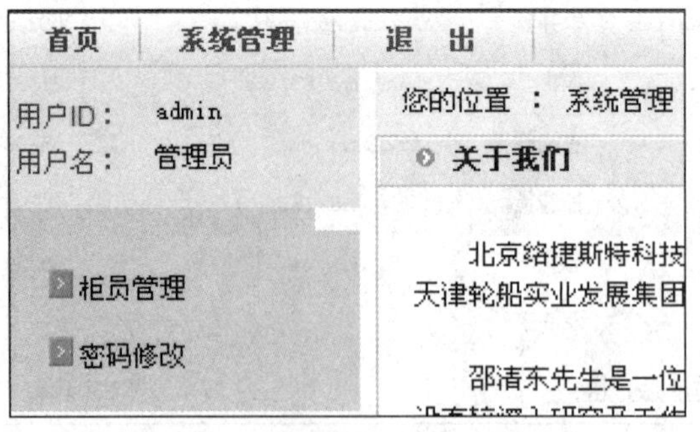

图 7-11 管理员操作页面

在管理员操作界面，可以看到“柜员管理”、“密码修改”等操作功能模块。“柜员管理”用于创建新的柜员，注销以前的账号，单击“柜员管理”，进入如图 7-12 所示界面。

您的位置 ： 系统管理

柜员管理

柜员号 [ ] 姓名 [ ] 查询 新增柜员

	柜员号	柜员姓名	柜员类型	柜员状态		
	0003	张彬	GEN	NORMAL	密码重置	注销
	0001	苏兆河	GEN	NORMAL	密码重置	注销
	0002	兰凤硕	GEN	NORMAL	密码重置	注销
	admin	管理员	ADM	NORMAL	密码重置	注销
	0005	chuanbinglian	GEN	NORMAL	密码重置	注销
	0006	weiheshan	GEN	NORMAL	密码重置	注销

首页 上页 下页 末页 搜索 打印 导出 转至第 页 每页 10 条 设置

图 7-12 柜员管理界面

最上面的是页面导航功能，提示用户所在的位置是“系统管理”中的“柜员管理”。

根据“柜员号”和“姓名”，可以快速查询出柜员的信息。

下面的通用列表显示出系统已经创建的柜员的信息，列表中显示出“柜员号”、“柜员姓名”、“柜员类型”和“柜员状态”。“柜员类型”中的“GEN”表示该用户的权限是柜员，“ADM”表示用户的权限为管理员。

在通用列表中有两个操作按钮，单击“密码重置”后，当前柜员的密码被设置为空。单击“注销”按钮，取消柜员的权限，该柜员则不能登录银行管理系统。

其次，介绍如何新增柜员。单击图 7-12 中的“新增柜员”按钮，进入如图 7-13 所示界面。

进入界面后输入柜员姓名，选择要注册的柜员的类型，单击“确认”完成注册。在这里要特别说明一下，新增的柜员初始密码是“123456”。柜员修改密码，可以使用柜员账号登录银行系统进行修改。

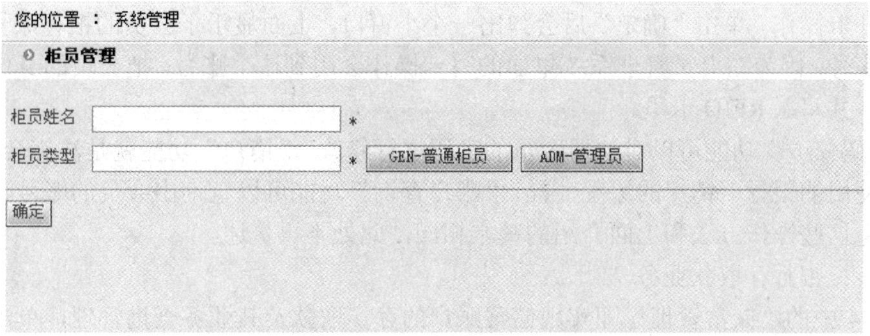

您的位置 ： 系统管理
柜员管理
柜员姓名
柜员类型
GEN-普通柜员
ADM-管理员
确定

图 7-13　新增柜员操作

第二步：以柜员身份为会员开通银行账号

以银行柜员的身份进入系统，再输入密码（0006/123456）。进入如图 7-14 所示界面。

首页
账户管理
储蓄管理
系统管理
退　出
用户ID： 0006
用户名： weiheshan
您的位置 ： 首页
关于我们
关于我们
系统简介

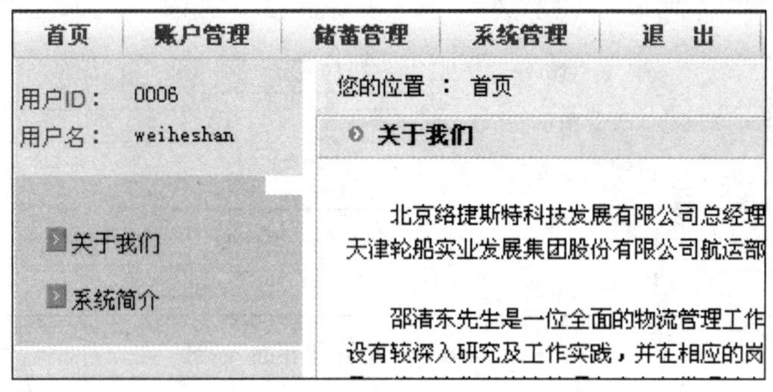

图 7-14　系统首页界面

系统设有“账户管理”“储蓄管理”“系统管理”等操作模块。

在“账户管理”中，柜员可以为会员开户、修改密码、注销账号、查询账户。单击“账户管理”并执行“开户”操作，进入如图 7-15 所示界面。

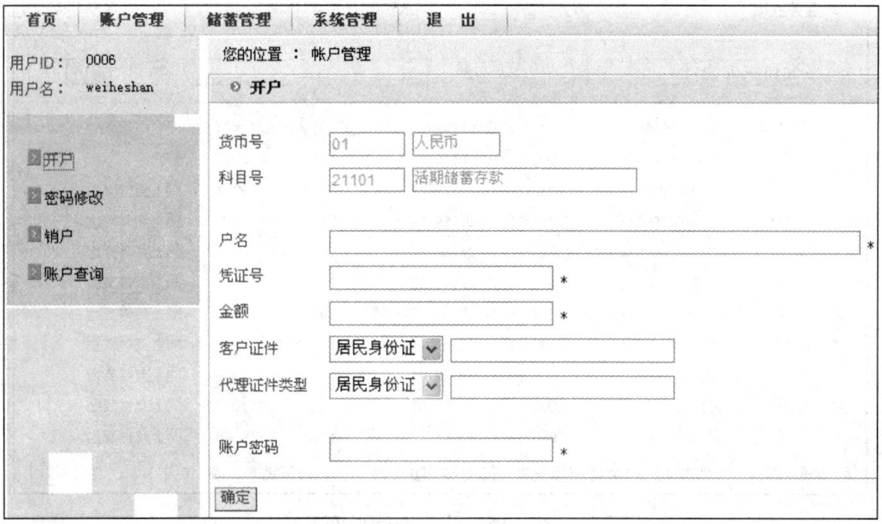

首页
账户管理
储蓄管理
系统管理
退　出
用户ID： 0006
用户名： weiheshan
您的位置 ： 帐户管理
开户
开户
密码修改
销户
账户查询
货币号
01
人民币
科目号
21101
活期储蓄存款
户名
凭证号
金额
客户证件
居民身份证
代理证件类型
居民身份证
账户密码
确定

图 7-15　账户管理界面

“货币号”、“科目号”不需要填写，只需按要求把下面的信息填好单击“确定”即可完成会员的开卡操作。单击“确定”后会弹出一个小窗口，上面显示了会员的银行账号，一定要记住这个账号，因为在会员管理系统里面的写卡操作会用到这个账号，把会员的身份卡与银行账号关联，并写入 RFID 卡里。

“密码修改”功能可以对注册会员的密码进行修改，“销户”功能就是注销会员的账号，和现实中使用的银行卡销户的原理一样，“账户查询”功能可以查询出会员的账号、余额、开户日期等。这些操作方法和上面介绍的基本相同，此处不再赘述。

第三步：银行存取款业务

图 7-14 中的“储蓄管理”即实现储蓄账户的存、取款及其业务查询管理，单击“存款”进入如图 7-16 所示界面。

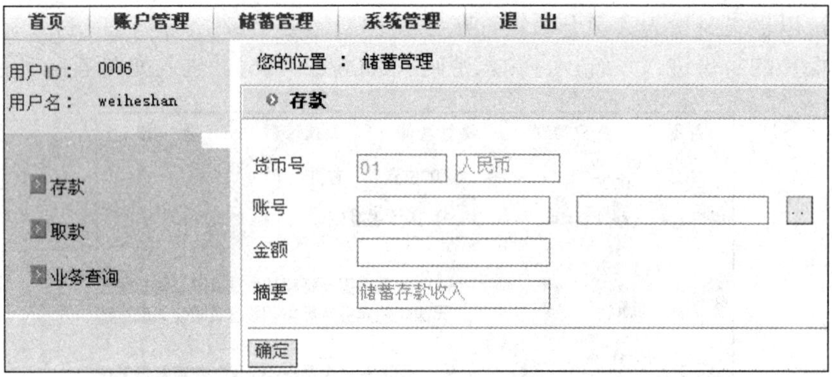

图 7-16　储蓄管理界面

选择账号，输入要存入的金额，单击确认后即可完成存款操作。

取款操作和存款相似，只是多了一个密码。这和现实中的存、取款是一样的，存款时只需要知道要存入的账号，存入相应的金额即可，取款则需要输入密码。

单击“业务查询”，进入如图 7-17 所示操作界面。

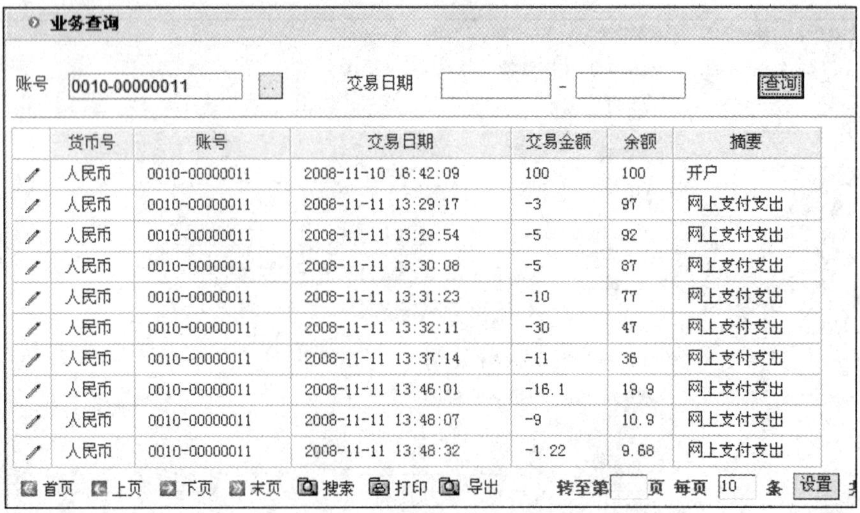

货币号	账号	交易日期	交易金额	余额	摘要
人民币	0010-00000011	2008-11-10 16:42:09	100	100	开户
人民币	0010-00000011	2008-11-11 13:29:17	-3	97	网上支付支出
人民币	0010-00000011	2008-11-11 13:29:54	-5	92	网上支付支出
人民币	0010-00000011	2008-11-11 13:30:08	-5	87	网上支付支出
人民币	0010-00000011	2008-11-11 13:31:23	-10	77	网上支付支出
人民币	0010-00000011	2008-11-11 13:32:11	-30	47	网上支付支出
人民币	0010-00000011	2008-11-11 13:37:14	-11	36	网上支付支出
人民币	0010-00000011	2008-11-11 13:46:01	-16.1	19.9	网上支付支出
人民币	0010-00000011	2008-11-11 13:48:07	-9	10.9	网上支付支出
人民币	0010-00000011	2008-11-11 13:48:32	-1.22	9.68	网上支付支出

图 7-17　业务查询界面

选择要查询的账号，交易日期是表示某一段时间内的交易记录，单击“查询”会列出会员这一段时间的交易记录。

第四步：网上银行查询消费记录

如果会员想查看具体消费记录，查看其他关于网上银行的详细信息，可以登录网上银行系统“http://127.0.0.1:8060/corebank/netbank”，用户名就是银行账号。

（三）电子商务管理系统

第一步：会员登陆

用户打开 IE，输入网上购物系统地址后，进入系统首页，此时处于未登录状态，只能查看产品信息，不能购买，一些功能是不开放的。

如果用户已经是本站会员，可以直接在登录界面进行登录，如图 7-18 所示。

用户登陆
客户：
密码：
用户注册
登陆

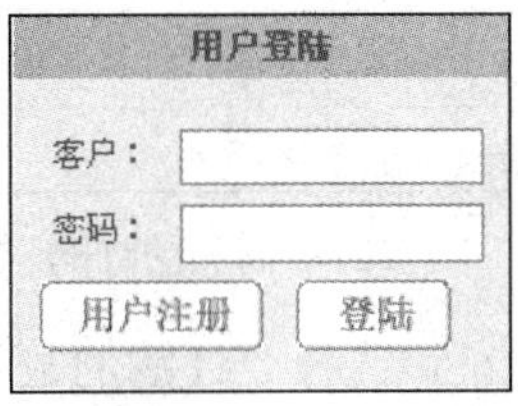

图 7-18　用户登录界面

如果还不是本站会员，可以单击“用户注册”按钮进入注册界面，如图 7-19 所示。

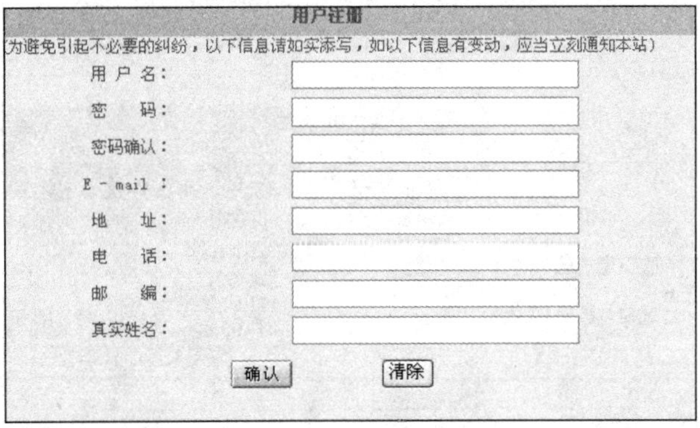

用户注册
(为避免引起不必要的纠纷，以下信息请如实添写，如以下信息有变动，应当立刻通知本站)
用 户 名：
密　　码：
密码确认：
E - mail ：
地　　址：
电　　话：
邮　　编：
真实姓名：
确认
清除

图 7-19　用户注册界面

根据上面的要求填写要注册的信息，但一定要记住自己的用户名和密码。

更改个人信息：单击“更改资料”进入个人信息维护界面，如图 7-20 所示。

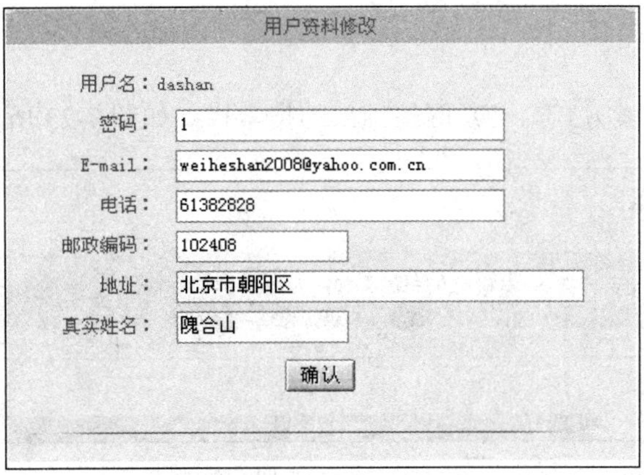

用户资料修改
用户名：dashan
密码：
1
E-mail：
weiheshan2008@yahoo.com.cn
电话：
61382828
邮政编码：
102408
地址：
北京市朝阳区
真实姓名：
隗合山
确认

图 7-20　用户资料修改界面

进入界面后可以修改注册信息，进行安全设置。

第二步：完成购物清单的网上预订

在登录状态下购买货品，可以直接在商品上单击订购，也可以在商品详细信息中单击订购，效果是一样的，如图 7-21 所示。

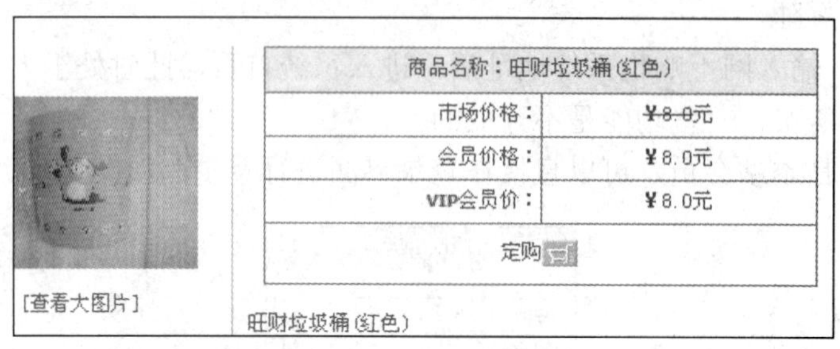

图 7-21　商品的订购

单击“订购”后就可以进入购物车，选择要订购的数量单击“确认”完成购物，如图 7-22 所示。

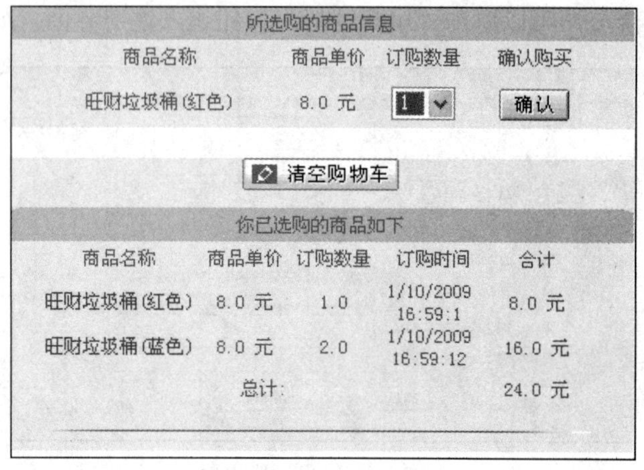

图 7-22　购物车界面

购物车中会显示用户所购买的商品，并会计算出所购买商品的价格总和。如果想取消所购货品，可以单击“清空购物车”。

系统其他功能介绍：

（1）搜索功能。

本网站提供两种搜索方式，一是网站顶部的搜索栏，如图 7-23 所示。

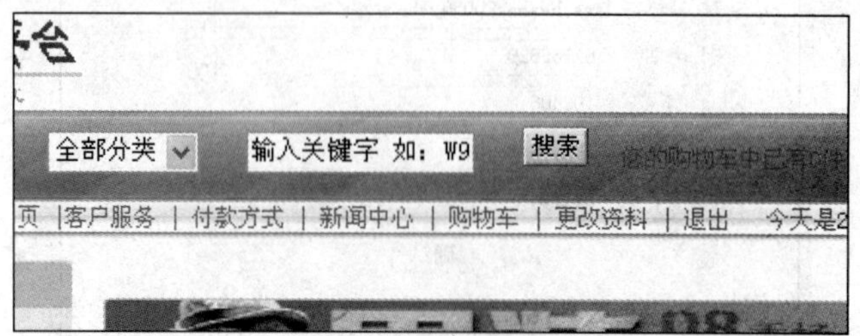

图 7-23　网站的搜索功能

此处的搜索功能可以根据分类进行搜索，选择要搜索商品的类别，单击“搜索”后就会列出符合搜索条件的商品分类的信息。还可以根据关键字进行模糊搜索，输入要搜索的商品的部分信息，就可以找到相关的信息。

二是网站左边的“型号搜索”功能，如图 7-24 所示。

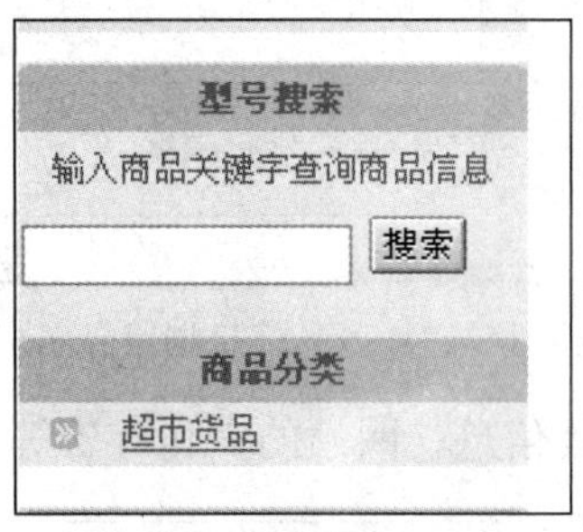

图 7-24　型号搜索界面

本搜索功能也支持模糊搜索，系统会根据所输入的信息在本站进行查询，列出符合条件的商品。例如，输入“旺财”，单击搜索后会显示如图 7-25 所示的界面。

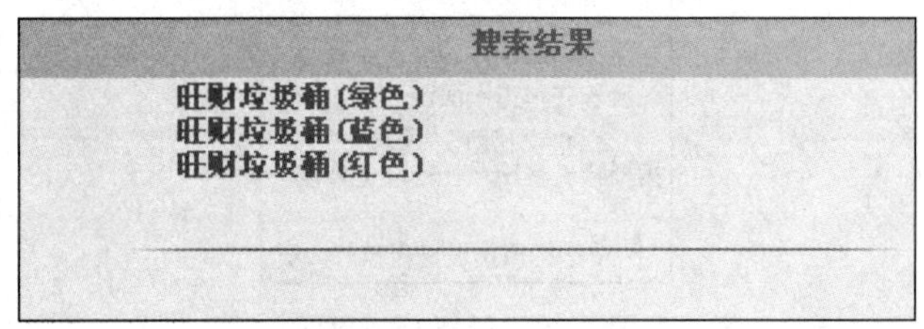

图 7-25　搜索结果界面

（2）信息浏览。

销售排行：是从本站销售记录中进行查询，根据商品销售数量进行排行，列出销量前 10 位的商品，这一项能够反映出商品的受欢迎程度，反映商品的热度，能够很好地给顾客提示进行购物导航，如图 7-26 所示。

图 7-26　销售排行界面

商品信息浏览：顾客可以看到商品的具体信息，如商品的、价格详细介绍等。单击商品图片或者商品详情进入如图 7-27 所示界面。

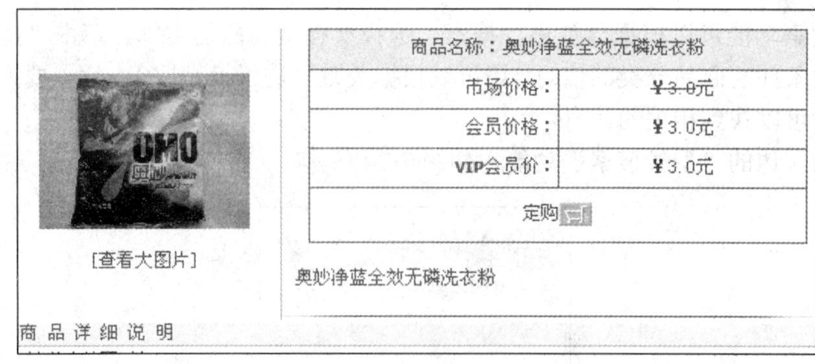

图 7-27　商品信息浏览界面

最新新闻：可以是商品的促销信息、网站的宣传广告等，如图 7-28 所示。

图 7-28　最新新闻界面

（3）信息维护。

关于网站基本信息的维护，由网站的管理员负责。管理员输入网址进入登录界面，输入用户名/密码，进入管理员界面，这样就可以管理维护网站的基本信息了。

添加新闻：在首页单击此功能，进入如图 7-29 所示界面，进行新闻的添加。

图 7-29　添加新闻界面

输入新闻标题，录入新闻内容，单击“提交”后就完成了新闻的添加。在前台界面的“最新新闻”里就可以看到所添加的新闻信息。

新闻修改删除：在首页单击此功能，进入如图 7-30 所示界面，进行新闻的维护。

编号	标题	操作	
31	logis仓储管理系统获中国仓储协会推荐	删除	修改
28	北京络捷斯特科技发展有限公司与北京物资学院签订捐赠奖学金项目	删除	修改
27	Logis公司副总经理庞然出席“2008中国物流教育发展研讨会”并作主题演讲	删除	修改
26	2008年北京市中职学校“络捷斯特”杯现代物流职业技能大赛	删除	修改
25	中国物流报对物流技能大赛进行了相关报道	删除	修改
24	“络捷斯特”杯物流大赛	删除	修改

图 7-30　新闻修改删除界面

单击“修改”按钮对新闻进行修改，单击“删除”按钮可删除新闻。

首页公告设置：在首页单击此功能，进入如图 7-31 所示界面，维护首页公告。

邵清东总经理论文获奖	删除
邵清东总经理的<实用型物流实验室建设分析>一文，被中国物流生产力促进中心和<物流技术>杂志社评为优秀论文三等奖.	
JspShop购物系统发布	删除
JspShop V1.0 jsp网络购物系统正式发布，采用jsp+access/jsp+mysql 更高安全性，更快的运行速度，欢迎测试使用	
Logis公司捐款赈灾	删除
2008年5月16日上午，北京络捷斯特科技发展有限公司在“中国红十字基金会”初次向四川地震灾区捐款3万元，并组织公司员工通过各种渠道进行捐款捐物。	

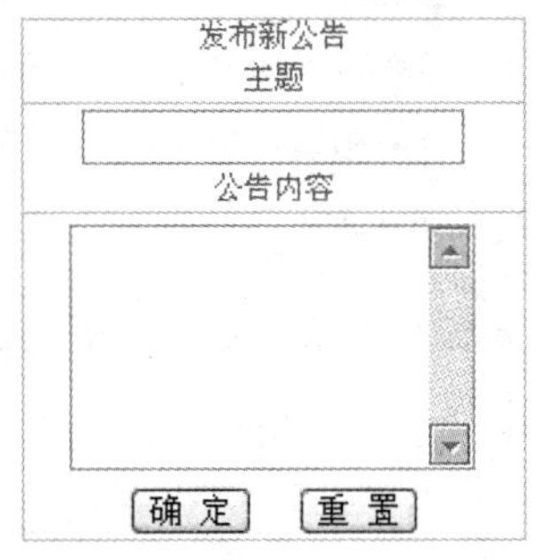

图 7-31　首页公告设置界面

在这里可以发布新的公告，输入公告主题、公告内容，单击“确认”，完成公告的添加。还可以单击“删除”，删除过期的公告信息。

网站信息管理：在首页单击此功能进入如图 7-32 所示界面，维护网站的基本信息。

联系人	Logis.cn	
联系电话	010-58206796	
联系传真	010-58206796-800	
电子邮件	webmaster@Logis.cn	
OICQ	12511016	
网站名称	LogisShop	
网址	logis网络购物系统	例如：www.jspshop.cn
银行汇款地址	招商银行一卡通	
银行汇款帐号	6225500102716197	
收款人姓名	兰凤硕	
邮局汇款地址	北京大学	
邮递接收人	兰先生	
邮政编码	100022	
提交		

图 7-32　网站信息管理界面

网站广告设置：此功能是修改网站首页的大广告以及广告链接的网址。如图 7-33 所示。

网站广告设置

	图片地址	图片链接
网站首页广告设置：		
395*110大广告：	img/banner1.gif	http://www.logis.cn

提交更改

图 7-33 网站广告设置界面

友情链接管理：此功能用于添加修改首页的友情链接，如图 7-34 所示。

管理合作伙伴

网站名称	网站地址	排序	操作
新浪首页	http://www.sina.com.cn	0	修改 删除
北京络捷斯特科技发	http://www.logis.cn	1	修改 删除
网上银行	http://192.168.1.20:8060/co	2	修改 删除
进销存管理系统	http://192.168.1.20:8050/js	3	修改 删除
会员管理系统	http://192.168.1.20:8050/js	4	修改 删除
购物小车	http://192.168.1.20:8050/js	10	修改 删除

添加合作伙伴

网站名称	网站地址	排序	操作
		7	添加

图 7-34 友情链接管理界面

在这里既可以添加新的链接，也可以修改或删除已有的链接。

（四）未来超市购物操作

第一步：启动电脑

启动超市内所有电脑（共 4 台），启动远程桌面连接（进门第一台电脑连接收银处的服务器），在本电脑上打开 corebank.bat，shop2.bat，shop.bat 应用程序。

备注：门口电脑打开，启动设备，若显示“OK”则关闭，否则重新启动服务器。

第二步：注册会员

（1）进入会员管理系统增加会员、用户名和密码。

（2）进入银行核心系统（corebank），以银行柜员的身份给会员开卡。用户名为 0001，密码为 123，进行账户开户，记住账号（0100-00000062）。

（3）进入会员管理系统进行写卡操作，找到会员，录入账号（一卡通号）。

第三步：写卡

751+IP4 写卡步骤：

开始→设置→系统→INTERMACSETTING

（1）设置 IP 信息。

1）COMMUNSCATIONS→802.11 RADIO→IPSETTINGS

2）勾选掉 DHCP 选项。

3）设置 IP：192.168.1.70/71（保证两台不冲突）。

4）设置子网掩码: 255.255.255.0。

BLUETOOTH 为关闭状态

开始→设置→系统→无限网络勾选“是”，启用 ZERO CONFIG。

（2）在桌面单击双项箭头→设置→高级→网卡→选择无限网络→单击住 NETGEAR→连接。

（3）打开 RFID 读写器。

开始→设置→系统 INTERMACSETTING→RFID→reader1——ENABLE（如果提示不能保存，重新拔下 IP4）。

（4）写卡。

开始→程序→未来超市管理系统英文版→VIP 管理→选择会员（会员系统中存在的）→1 写入→若出现 OK 则写卡成功。

注意事项：

1）若 751 上可以进 VIP 管理，但不显示会员，则执行开始→程序→资源管理器→url→检查服务器 IP 地址是否正确。

2）两个手持 IP 不能冲突。

第四步：超市购物

（1）打开网上购物系统列出将要购买的商品，客户即会员中心的用户英文名，必须有密码。

（2）小车购物。

未来超市小车使用指南：

1）小车电源开启后，等待小车屏幕（cv30）进入界面后，启动远程桌面连接。

2）选择 IP 地址“192.168.1.20”。

3）用户名为“administration”，密码为“1”。

4）进入后，启动浏览器。

5）打开收藏夹，根据小车颜色，选择不同的连接地址。

6）用 VIP 卡在小车后面稍等片刻，进行登录操作。

7）登录成功后，进行购物。

启动远程服务器时，须注意：①等待远程服务器开机后，选择远程桌面连接，分别启动 3 个桌面的 bat 程序（不要关闭）；②如果服务后面刷新很快（错误），请先停止数据库，再重新打开数据库。

第五步：结账

选择自助结账或者到结账通道稍等片刻，按提示结账。

第六步：网上购物系统查询

（五）超市进销存系统使用

第一步：功能介绍

超市进销存系统主要实现以下功能：

超市补货管理：实现超市货架的补货管理，系统根据商品补货点的设置产生补货单。

补货作业管理：补货主要包括超市货架的上架单，补货人员根据补货要求把货物补充到超市货架中相应的储位。补货员补货的过程中需要使用手持 RFID 设备扫描货品和储位，以确定货物被放在储位上。

盘点管理：通过手持式 RFID 扫描设备对超市货架上的货品自助扫描完成盘点作业。

电子价格管理：通过货架上配置电子标签系统实现电子价格显示，系统提供统一的价格管理界面对这些价格进行控制和管理。

电子货签管理：通过 RFID+条码标签粘贴在具体超市货架上，实现相应超市货架上所放商品的名称、货位 RFID+条码标签的信息展示，补货时通过 RFID 手持设备对商品信息和货位信息进行确认。

货品信息打印：通过 RFID 打印机打印出商品的信息，将标签贴在对应的货品上。

第二步：操作说明

（1）登录首页。用户打开 IE，输入会员管理系统地址后，系统会显示登录界面，在此界面输入用户名和密码后，单击“登录”即可进入系统。如图 7-35 所示。

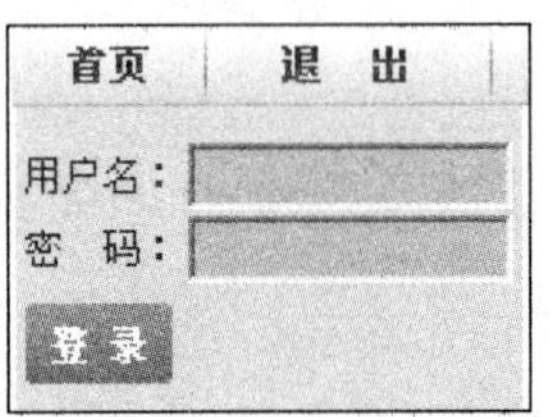

图 7-35 系统登录界面

系统主界面包括主菜单、系统功能栏、导航栏、主工作页面和状态栏几部分，如图 7-36 所示。

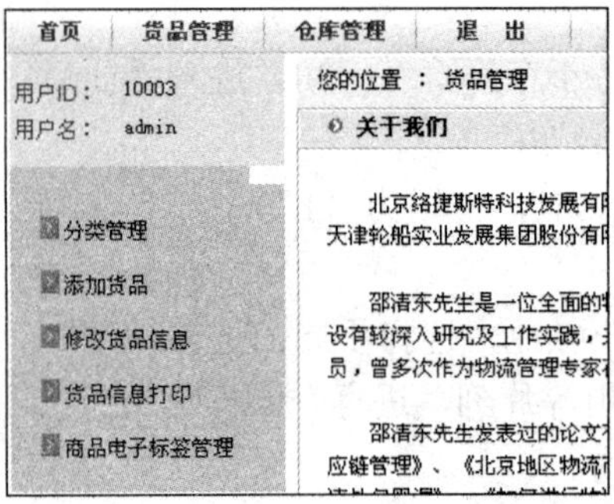

图 7-36 系统主界面

用户进入系统后来到系统首页，单击主菜单上的按钮，选择相应的操作后，在主工作界面上就会显示信息内容。系统默认主工作界面上显示的是关于公司的介绍。

系统的主菜单栏上主要有“首页”、“货品管理”、“仓库管理”、“退出”等功能。

单击首页，左侧功能栏会显示出“关于我们”、“系统简介”等功能模块。如图 7-37 所示。

关于我们：主要是关于公司的一些简单介绍。

系统简介：介绍进销存系统的一些基本的功能和操作。

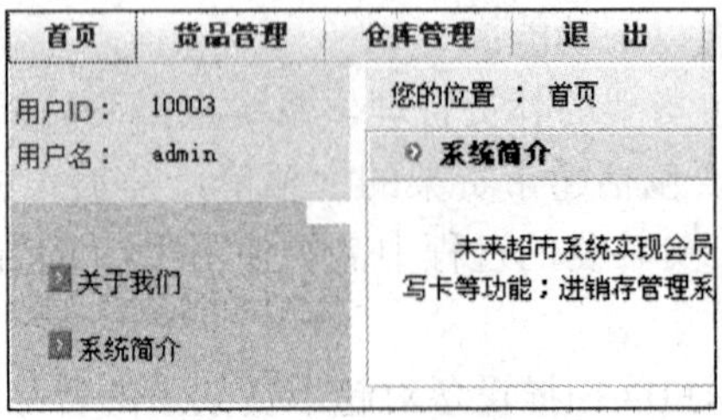

图 7-37 系统首页界面

（2）货品管理。单击货品管理，左侧功能栏会显示出“分类管理”“添加货品”“修改货品信息”“货品信息打印”“商品电子标签管理”等功能模块，如图 7-38 所示。

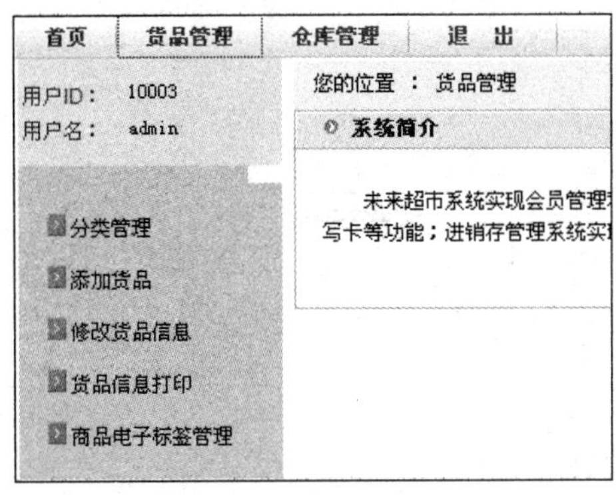

图 7-38　货品管理界面

1）分类管理：分类管理用于维护商品的分类，实现了商品类别的新增、修改、查看等功能。单击分类管理进入如图 7-39 所示界面。

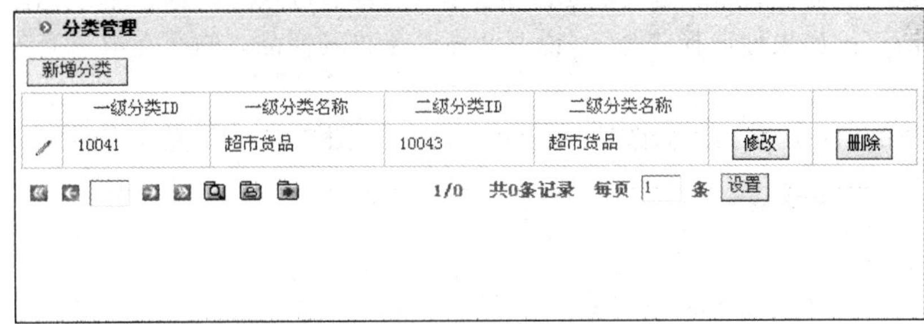

图 7-39　分类管理界面

单击“新增分类”，对货品种类进行添加，比如食品类、电子产品等。具体操作界面如图 7-40 所示，按要求填入相应信息，单击“提交”后完成增加操作。

分类管理
一级分类
货品ID
货品名称
添加
二级分类
一级货品
货品ID
货品名称
提交

图 7-40　新增分类界面

2）添加货品。添加货品操作，是为系统中添加具体的商品，比如小浣熊方便面等，在此处添加的商品可以在电子商务系统中看到商品信息，具体操作界面如图 7-41 所示。

添加货品

一级货品　二级货品
货品名称　市场价
会员价　VIP价
尺码　生产日期
颜色　编号
商品图片　浏览...
是否推荐 ○是 ○否　是否特价 ○是 ○否
简单介绍
详细介绍
提交

图 7-41　添加货物界面

在填写货品信息时，有一些选项需要特别说明：

“商品图片”：上传的图片必须是 gif，jpg（一定要小写）格式的，否则无法显示。

“是否推荐”：如果你选择“是”，说明此商品是推荐商品，它会在电子商务系统首页的精品推荐中显示。

3）修改货品信息。单击“修改信息功能”，进入如图 7-42 所示操作界面。

修改货品信息

货品ID　查询

	货物ID	货物名称	市场价	会员价	VIP价		
	10087	凝萃玫瑰营养滋润香皂	15	15	15	修改	删除
	10088	舒肤佳苦艾爽洁型香皂	15	15	15	修改	删除
	10089	滴露抑菌香皂	6	6	6	修改	删除
	10090	Vinda维达迷你纸巾	5	5	5	修改	删除
	10091	熊仔鲁尼-儿童水彩笔(黄色)	8	8	8	修改	删除
	10092	中华中草药牙膏(普通装)	6	6	6	修改	删除
	10093	雕牌香樟保护无磷洗衣粉300g	3	3	3	修改	删除
	10094	汰渍净白去渍580克 无磷	6	6	6	修改	删除
	10095	奥妙净蓝全效无磷洗衣粉	3	3	3	修改	删除
	10096	立白椰油精华洗衣皂	3	3	3	修改	删除

1/3　共30条记录　每页 10 条　设置

图 7-42　修改货品信息界面

在“货品 ID”中选择要搜索的货品，单击“查询”，系统会根据货物 ID 查询出对应的货品，这个功能可以方便使用。

单击“修改”按钮可进入修改界面，可以进行图片上传、文本编辑等操作。建议在添加货品的时候不要上传图片，在修改里面执行此操作。

在修改界面添加详细介绍的时候，先单击“HTML 编辑”，使用编辑器写好文档，然后粘贴在详细介绍里面，如图 7-43、图 7-44 所示。

4）货品信息打印。

批量写入 RFID 标签：单击此功能进入货品信息打印界面，如图 7-45 所示。

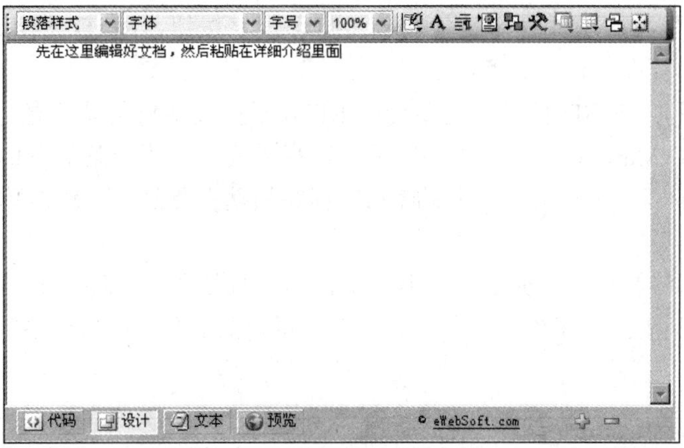

段落样式　字体　字号　100%

先在这里编辑好文档，然后粘贴在详细介绍里面

代码　设计　文本　预览　© eWebSoft.com

图 7-43　编辑文档界面

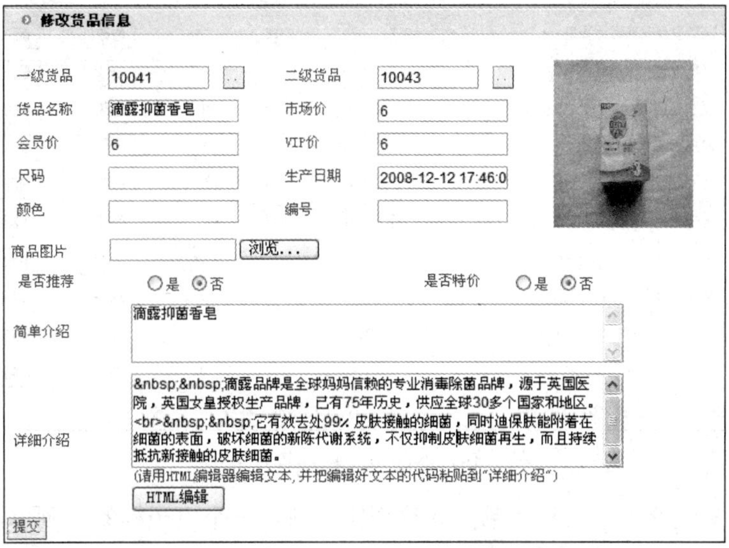

修改货品信息

一级货品 10041　二级货品 10043

货品名称 滴露抑菌香皂　市场价 6

会员价 6　VIP价 6

尺码　生产日期 2008-12-12 17:46:0

颜色　编号

商品图片　浏览...

是否推荐 ○是 ⊙否　是否特价 ○是 ⊙否

简单介绍 滴露抑菌香皂

详细介绍   滴露品牌是全球妈妈信赖的专业消毒除菌品牌，源于英国医院，英国女皇授权生产品牌，已有75年历史，供应全球30多个国家和地区。
  它有效去处99% 皮肤接触的细菌，同时迪保肤能附着在细菌的表面，破坏细菌的新陈代谢系统，不仅抑制皮肤细菌再生，而且持续抵抗新接触的皮肤细菌。

(请用HTML编辑器编辑文本,并把编辑好文本的代码粘贴到"详细介绍")

HTML编辑

提交

图 7-44　修改货品信息界面

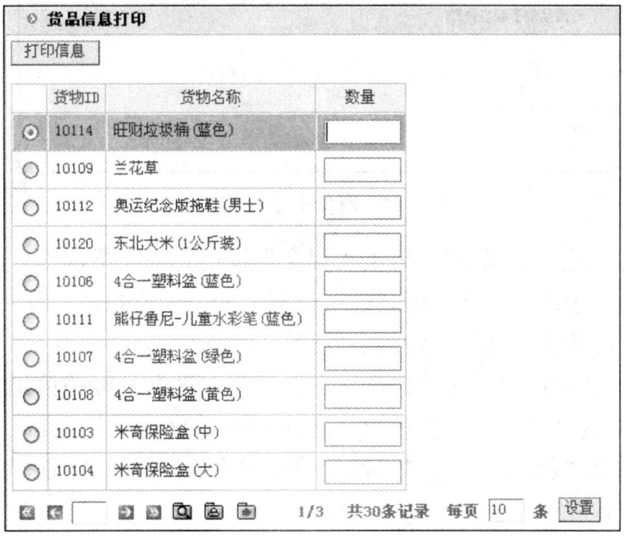

货品信息打印

打印信息

	货物ID	货物名称	数量
⊙	10114	旺财垃圾桶(蓝色)	
○	10109	兰花草	
○	10112	奥运纪念版拖鞋(男士)	
○	10120	东北大米(1公斤装)	
○	10106	4合一塑料盆(蓝色)	
○	10111	熊仔鲁尼-儿童水彩笔(蓝色)	
○	10107	4合一塑料盆(绿色)	
○	10108	4合一塑料盆(黄色)	
○	10103	米奇保险盒(中)	
○	10104	米奇保险盒(大)	

1/3　共30条记录　每页 10 条　设置

图 7-45　货品信息打印界面

选择要打印的货品，输入打印数量后单击打印信息按钮，RFID 打印机会打印出相应的 RFID 条码。

单个货品信息写入 RFID 标签：需要使用 RFID 手持设备将货品信息写入 RFID 标签，打开 Future-Store RFID Manage 软件的货品管理，选择需要写入的一条信息单击写入后，就完成了货品 RFID 标签的写入工作。将写入的 RFID 标签粘贴在货品上，顾客购买货品时，就可以扫描到该货品的信息了。

5）商品电子标签管理。首先必须打开桌面的电子标签监控程序。商品电子标签管理是维护未来超市商品货架上的电子价签的信息，上面显示商品名称、商品价格等信息。管理界面如图 7-46 所示。

商品电子标签管理

新增电子标签　生成电子标签

	货品名称	货品ID	标签ID	价格		
	凝萃玫瑰营养滋润香皂	10087	07F6	15	修改	删除
	舒肤佳苦艾爽洁型香皂	10088	07E0	15	修改	删除
	舒肤佳苦艾爽洁型香皂	10088	07E3	15	修改	删除
	滴露抑菌香皂	10089	07FE	6	修改	删除
	Vinda维达迷你纸巾	10090	0814	5	修改	删除
	熊仔香尼-儿童水彩笔(黄色)	10091	0815	8	修改	删除
	中华中草药牙膏(普通装)	10092	07F0	6	修改	删除
	雕牌香樟保护无磷洗衣粉300g	10093	07E8	3	修改	删除
	汰渍净白去渍560克 无磷	10094	07ED	6	修改	删除
	奥妙净蓝全效无磷洗衣粉	10095	07FD	3	修改	删除

1/3　共30条记录　每页 10 条　设置

图 7-46　商品电子标签管理界面

如果电子货架上增加了一种货品，在这里需要新增一个电子标签，则单击“新增电子标签”按钮，进入如图 7-47 所示界面。

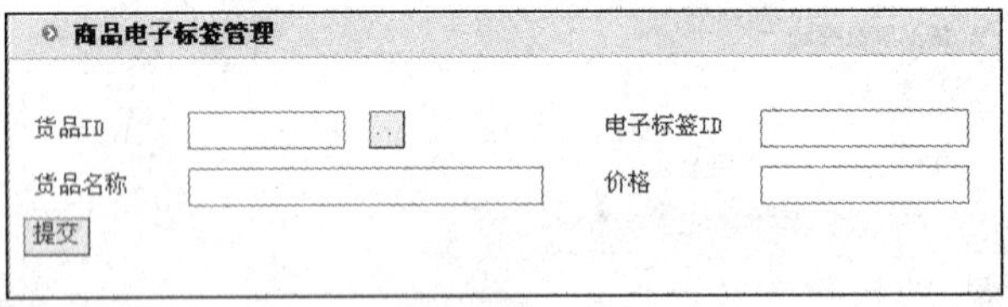

商品电子标签管理

货品ID　　电子标签ID

货品名称　　价格

提交

图 7-47　新增电子标签界面

选择货品 ID，输入电子标签 ID，单击“提交”按钮完成新增操作。添加完所有的电子价签后，单击“生成电子标签”操作，这时超市货架上的电子价签才会显示所注册的货品信息。由于生成电子价签需要很长的时间，请耐心等待。

（3）仓库管理。仓库管理是对储位、库存、补货、地面坐标的信息进行维护与管理。

1）储位管理。单击“储位管理”模块，进入如图 7-48 所示界面。

在图 7-48 界面看到“新增货位”、“打印储位标签”、“修改”、“删除”四个按钮，单击“新增货位”进入如图 7-49 所示界面。

新增货位 打印储位标签

□	区编码	区名称	储位编码		
□	001	超市	A0101	修改	删除
□	001	超市	A0202	修改	删除
□	001	超市	A0303	修改	删除
□	001	超市	B0101	修改	删除
□	001	超市	B0104	修改	删除
□	001	超市	B0202	修改	删除
□	001	超市	B0205	修改	删除
□	001	超市	B0303	修改	删除
□	001	超市	B0306	修改	删除
□	001	超市	C0101	修改	删除

1/3 共30条记录 每页 10 条 设置

图 7-48 储位管理界面

区编码 [ ] ... 区名称 [ ]

储位编码 [ ]

促销信息 [ ] 浏览...

提交

图 7-49 新增货位界面

第一步，增加区：输入“区编码”、“区名称”，单击“提交”操作按钮，增加一个新的区。

第二步，增加储位：选择“区编码”，输入储位编码并且选择促销图片单击“提交”操作，这样就完成了储位的添加。每个储位对应超市上的一个货架，每个货架上对应一种货品。

打印储位标签：选择要打印的货品储位信息，单击“打印”即可。这时条码打印机会打印出储位信息的标签。

2）库存管理。单击“库存管理”，可进行库存设置，设置库存下限，如图 7-50 所示。当货物的库存量小于下限时应及时进行补货操作。

库存管理

	区编码	储位编码	货品编码	货品名称	数量	库存下限	
✎	001	A0101	10116	維达面巾纸	2	10	库存设置
✎	001	A0202	10098	圆形摇盖果皮桶	15	10	库存设置
✎	001	A0303	10104	米奇保险盒(大)	10	10	库存设置
✎	001	B0101	10090	Vinda维达迷你纸巾	10	10	库存设置
✎	001	B0104	10120	东北大米(1公斤装)	10	10	库存设置
✎	001	B0202	10103	米奇保险盒(中)	10	10	库存设置
✎	001	B0205	10111	熊仔鲁尼-儿童水彩笔(蓝色)	10	10	库存设置
✎	001	B0303	10101	米奇保险盒(小)	10	10	库存设置
✎	001	B0306	10091	熊仔鲁尼-儿童水彩笔(黄色)	10	10	库存设置
✎	001	C0101	10109	兰花草	1	2	库存设置

1/3 共30条记录 每页 10 条 设置

图 7-50 库存管理界面

该界面显示“区编码”、“储位编码”、“货品编码”、“货品名称”，以及当前库存数量、库存下限。选中某一货品单击“库存设置”进入如图 7-51 所示界面，在此处可修改库存下限。

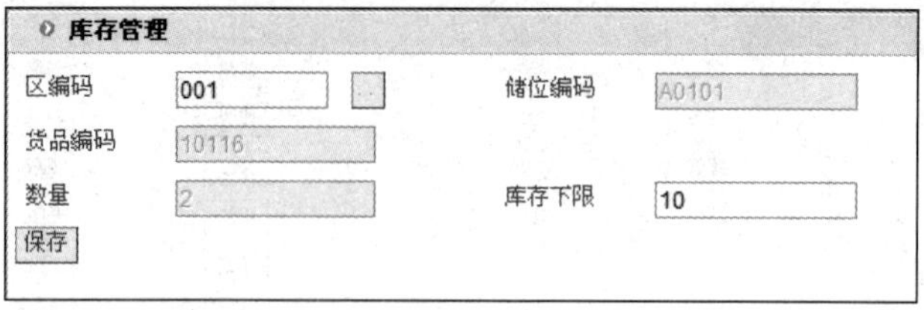

库存管理

区编码	001	储位编码	A0101
货品编码	10116		
数量	2	库存下限	10

保存

图 7-51　库存设置界面

3）库存查询。库存查询模块的目的是对超市货品的库存进行实时监控，库存不足时及时补货，起到一个监控的作用。该模块有一个多条件查询功能，可以单个条件查询，也可以选择多个条件进行联合查询，如图 7-52 所示。

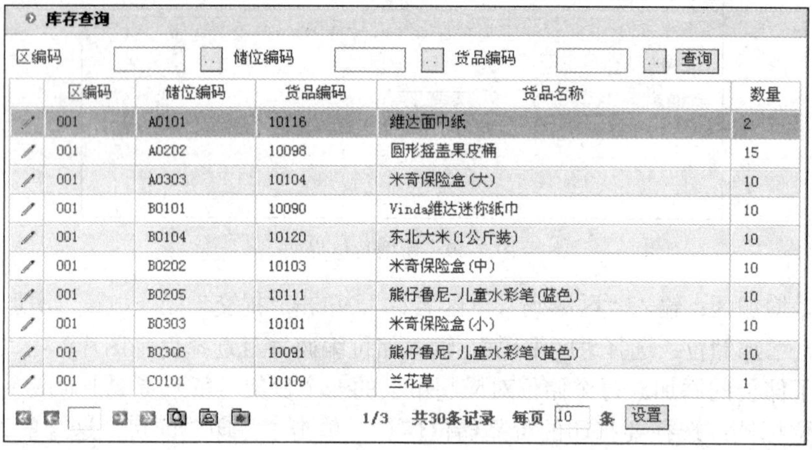

库存查询

区编码　　储位编码　　货品编码　　查询

	区编码	储位编码	货品编码	货品名称	数量
✎	001	A0101	10116	维达面巾纸	2
✎	001	A0202	10098	圆形摇盖果皮桶	15
✎	001	A0303	10104	米奇保险盒(大)	10
✎	001	B0101	10090	Vinda维达迷你纸巾	10
✎	001	B0104	10120	东北大米(1公斤装)	10
✎	001	B0202	10103	米奇保险盒(中)	10
✎	001	B0205	10111	熊仔鲁尼-儿童水彩笔(蓝色)	10
✎	001	B0303	10101	米奇保险盒(小)	10
✎	001	B0306	10091	熊仔鲁尼-儿童水彩笔(黄色)	10
✎	001	C0101	10109	兰花草	1

1/3　共30条记录　每页 10 条　设置

图 7-52　库存查询界面

4）补货管理。补货管理根据库存中的货品进行补货操作，当库存里面货品数量不足时，需要执行此操作。单击“补货管理”即可进入如图 7-53 所示界面。

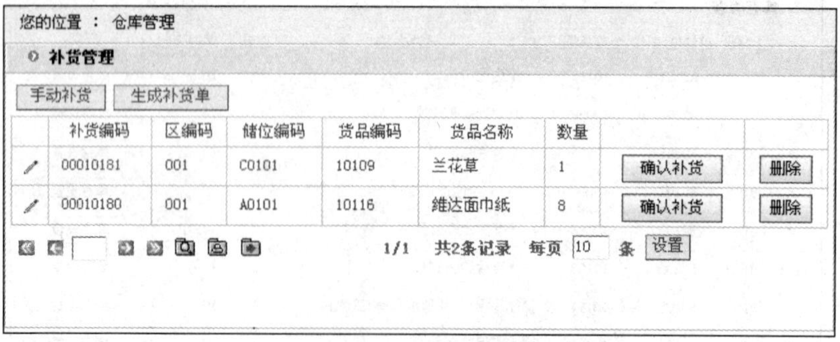

您的位置 ： 仓库管理

补货管理

手动补货　生成补货单

	补货编码	区编码	储位编码	货品编码	货品名称	数量		
✎	00010181	001	C0101	10109	兰花草	1	确认补货	删除
✎	00010180	001	A0101	10116	维达面巾纸	8	确认补货	删除

1/1　共2条记录　每页 10 条　设置

图 7-53　补货管理界面

补货操作有两种形式：手动补货和自动生成补货单。

手动补货：手动补货可以自己设定补货货品和补货数量，生成补货订单，单击“确认补货”完成补货操作，如图 7-54、图 7-55 所示。

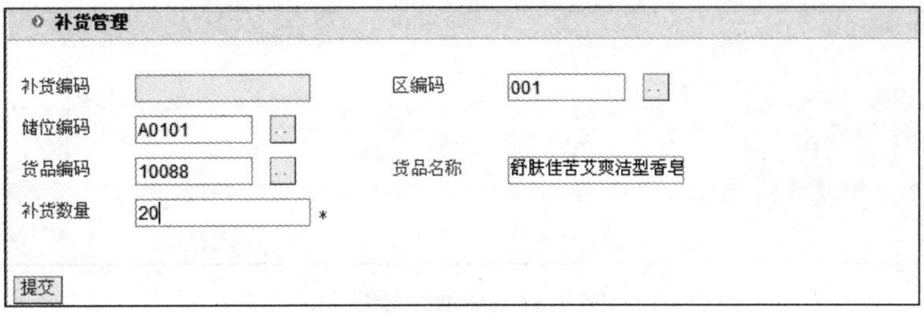

补货管理

补货编码　　区编码 001

储位编码 A0101

货品编码 10088　　货品名称 舒肤佳苦艾爽洁型香皂

补货数量 20 *

提交

图 7-54　提交补货作业单操作界面

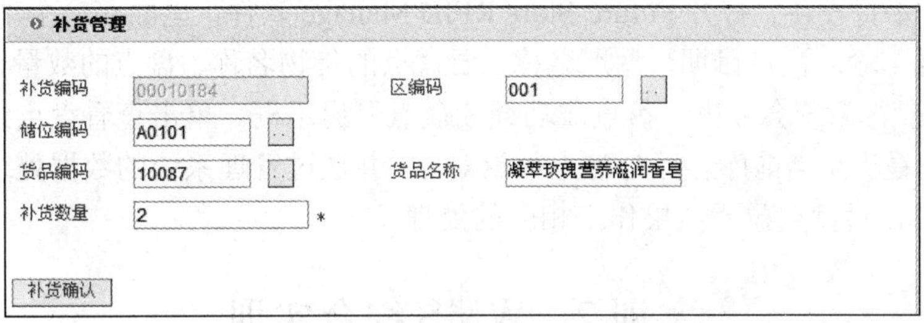

补货管理

补货编码 00010184　　区编码 001

储位编码 A0101

货品编码 10087　　货品名称 凝萃玫瑰营养滋润香皂

补货数量 2 *

补货确认

图 7-55　“补货确认”操作界面

自动生成补货单：此功能是系统根据当前库存量和系统库存下限来确定哪些货品需要补货，补多少量的货，自动生成一个或多个补货订单，把货物库存量补到库存下限。单击按钮后，系统生成订单。如图 7-53 所示，就是单击该按钮生成的自动补货订单。

5）地面坐标。地面坐标的作用是能够定位货品储位的位置，也就是商品的位置，实现购物车导购系统对商品的导航功能，如图 7-56 所示。

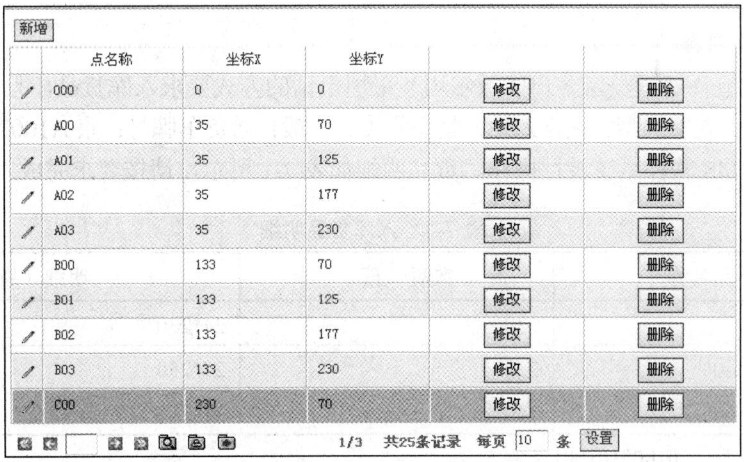

新增

	点名称	坐标X	坐标Y		
	000	0	0	修改	删除
	A00	35	70	修改	删除
	A01	35	125	修改	删除
	A02	35	177	修改	删除
	A03	35	230	修改	删除
	B00	133	70	修改	删除
	B01	133	125	修改	删除
	B02	133	177	修改	删除
	B03	133	230	修改	删除
	C00	230	70	修改	删除

1/3　共25条记录　每页 10 条　设置

图 7-56　地面坐标界面

该模块有“新增”、“修改”和“删除”功能，操作很简单。单击“新增”实现地面坐标的新增功能，操作界面如图 7-57 所示，填写好相应的信息单击“提交”完成操作。

注册的地面信息写入 RFID 标签，需要使用 RFID 手持设备，打开 Future-Store RFID Manage 软件的地面管理，选择要写入的一条信息单击写入后，就完成了地面 RFID 标签的写入工作。

RFID 地面标签的作用是定位货品在未来超市的位置和会员所在的位置，实现导航功能。

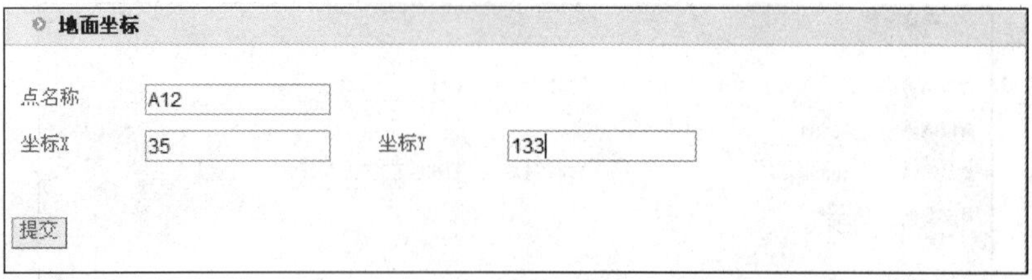

图 7-57　新增功能界面

（4）盘点管理系统概述。

使用 RFID 手持设备，打开 Future-Store RFID Manage 软件，里面有一个“盘点管理”，单击进入盘点界面，输入盘点日期、盘点名称、要盘点的货物名称、盘点的数量、储位编码等信息后单击“提交”，系统会弹出“盘点成功继续盘点”提示框。单击查看盘点结果，会显示货品信息，通过查看货品当前库存数与盘点数量对比，并通过管理系统的数据处理形成盘点盈亏结果，然后可以针对盘点盈亏结果作出相应的处理。

实训 2　WMS 综合实训

【实训目标】

- 能够正确运用 WMS 信息管理系统进行进、销、存管理业务；
- 熟练掌握 WMS 系统管理软件及操作技巧。

【实训内容及要求】

（一）实训内容

你作为一名仓库管理员，客户（沃尔玛）采用电话的方式要求入库货品，且入到第一库房。入库方式：送货；入库类型：正常入库；紧急程度：一般；送货车牌号：京 A10023；司机：王凯。使用 Logis 的 WMS 软件系统进行操作。货品明细如表 7-1 所示，请按要求完成入库作业。

表 7-1　入库货品明细

入库货品名称	数量（箱）	明细（袋）
统一老坛酸菜面	230	24*230
五谷道场庖丁鲜蔬面	250	24*250
五谷道场香辣牛肉面	240	24*240

注：客户指令为（201005101001）。

（二）实训要求

（1）根据入库作业需要，自行进行仓库基础信息维护。

（2）完成该入库作业任务操作。

【实训分析】

由表 7-1 的入库信息可知，入库货品为统一老坛酸菜面，数量为 230 箱，明细（袋）为 24*230；五谷道场庖丁鲜蔬面，数量为 250 箱，明细（袋）为 24*250；五谷道场香辣牛肉面，数量为 240 箱，明细（袋）为 24*240。入库方式为送货，属仓库的原有规划，该类商品是入库。入库的一般流程包括新增订单、收货、准备托盘、入库理货、入库上架、入库完成等步骤，如图 7-58 所示。

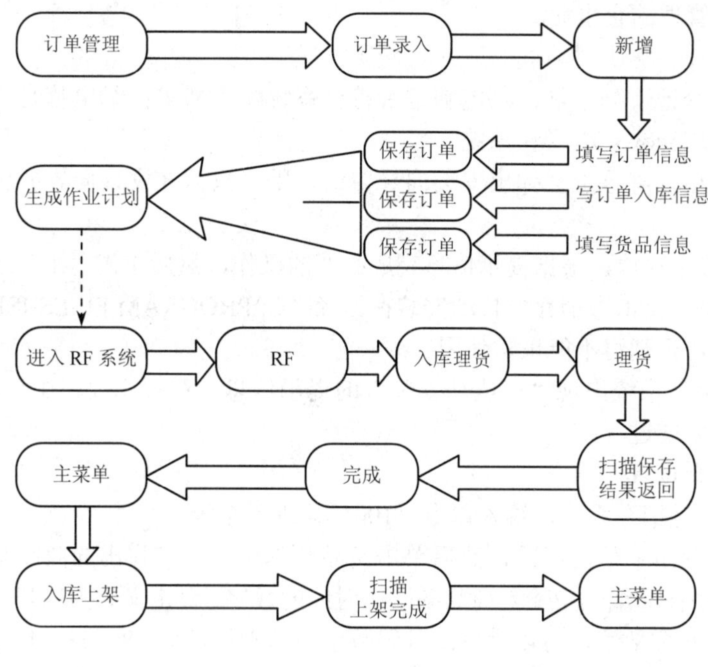

图 7-58　入库流程图

实训 3　POS 综合实训

【实训目标】

- 能够正确运用 POS 信息管理系统进行业务管理；
- 熟练掌握 POS 软件及操作技巧。

【实训内容及要求】

（一）实训内容

你作为一名超市前台售货员，利用 POS 完成一位顾客的销售作业。顾客消费的内容如下：1 瓶可乐；1 包清风面巾纸。使用超市进销存管理系统 2.55（POS 增强版）完成操作。

（二）实训要求

利用 POS 完成后台的基础维护，并完成该项消费业务作业。

【实训分析】

（一）系统简介及安装方法

（1）系统简介。

超市进销存管理系统是目前较为先进的超市管理系统，运行稳定、使用简便、功能强大。

其注册用户遍布全国100多个市县，用户总数达400多家，包括商店、书店、药店、服装店、建材店等多行业。

适用范围：①大中型超市、书店、药店、音像店；②建材装饰业、肉品副食业、服装业；③其他需要进销存管理的企事业。

（2）安装方法。

安装之前，应查证下列事项：①电脑是否符合系统配置需求；②电脑是否已正确安装中文Windows 95或Windows 98操作系统。

进入安装过程后，屏幕上会弹出安装向导窗口，用户只需在安装向导的引导下，完成每一步操作就可以了。

1）在每一个提示窗口，根据提示信息完成必要的操作，然后单击“下一步”。

2）安装程序将“超市进销存”自动安装在路径“C:\PROGRAM FILES\ISD2001”下。一定要在此路径安装，否则将不能正常使用。

3）安装完成后，系统出现“已成功安装”的提示信息，在提示窗口中单击“结束”。这样就可以完成整个安装过程。

（二）系统后台设置

（1）打开超市进销存系统，输入口令“1001”，进入系统。

在系统导航器界面中单击商品，然后单击商品基本信息，在弹出的商品基本信息界面中输入各种信息，其中商品编码应输入商品条码所对应的数字，自定义码为用户对该种商品的编码，推荐编为4至6位数字，可以是商品条码数字的后六位，如480023。自定义码在无条码扫描器的情况下可以方便地输入商品信息。在输入单位时可以用上下箭头（光标移动键）来进行选择，如果还没有单位信息，可以单击单位对应的空格，选新增，在弹出的包装单位信息对话框中，单击“增加”，在下面输入单位即可，输入后要点保存，然后退出。通过“类别”一项可以增加多种类别，如：烟酒类、饮料类、五金类等。基本定义填完后，单击“附加信息”、“商品价格”进行输入，商品价格中的基准价可以为商品进价。完成了该种商品信息的输入后，单击“增加”可继续输入下一种商品，输入完成后，单击保存后退出。

（2）单击“采购与供应商”，点进货入库单，在弹出的进货入库单界面中，填入相应的信息，在供应商处点“新增”，在供应商对话框中新增供应商即可，如果是自己做主进货，可以新增供应商为“自主进货”，然后保存退出。输入完商品进货单后点保存，在审核时一定要进行审核。然后退出，这样就完成了几种商品的入库工作。

（3）单击“POS销售”，点“收银员信息”，进行收银员信息设置，可以建立多个收银员。收银员的权限由用户按需要选择。

（4）在每天工作结束前，推荐进行日结处理，单击“前台销售日结处理”，点“开始”即可。

（5）单击“前台POS机设置”，在弹出的对话框中进行合理设置。对于其他的设置用户可以按照以上说明自己进行摸索。

（三）系统前台设置

（1）打开前台POS，输入收银员代码和口令，按F1键或者点“设置”按钮，进入应用设置界面，选“键盘设置”，单击“设置”，所有的设置用的符号尽量在小键盘（数字键盘）上选择。如果提示收银员没有权限，可到进销存系统的POS销售部分的收银员信息模块进行设置。

推荐设置如下：数量：* ；单价：d ；PLU：u ；自定义码：/ ；部类：b ；柜台：a ；

取消：F12 ；作废：- ；折扣：z ；挂单：g ；退货：t ；赠送：s ； 结算：+ ；人民币：Enter ；改口令：p ；开钱箱：k ；日结：r ；查询交易：c ；不需要设置的选项按 Ctrl 跳过即可。设置好后单击“确认”，如图 7-59 所示。

（2）在 POS 机设置中，用户可以根据具体外设情况具体进行。

（3）其他普通设置中，在数据交换项中选择“每次程序启动时自动执行”。前台销售使用例子：商品名称：可口可乐，条码：6914986023110，自定义码：023110，如果有条码扫描器，打开前台系统，用扫描器扫条码，自动完成销售输入，数量为 1；如果客户一次买了 3 瓶该商品，则先顺序键击：3、* ，然后扫描条码，即可完成。如果没有扫码器，在输入商品时可以先键入“023110”，后键入“/”，即可完成数量为 1 的商品输入；如果客户一次购买 3 瓶，则先顺序键击：3、* ，然后键入“023110”即可完成。在输入完所有商品后，客户需要付钱了，此时点“＋”，然后输入客户所付现金数额，按回车键就可完成该单交易。如果客户需要再去购买其他商品暂缓付款，而其他客户也要付款，则可键“g”，完成挂单，先收其他顾客的，等原来的返回后再键“g”，调出原来的单据，继续完成付款。如果客户不要某种商品，这种商品在最后一行，按“－”即可，如果在其他行，则先键入该商品的编码，然后按“F12”或“U”。如果对某种商品打折，可以先输入商品后，要打 8 折，就键入“80z”，即可；对整单打折，可以键入“＋”后，再键入“80z”，就可对整单打 8 折。如图 7-60 所示。

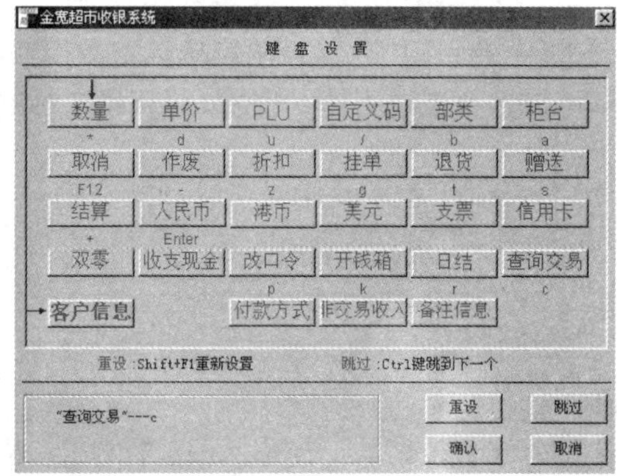

图 7-59　键盘设置界面

图 7-60　前台收银设置

（4）关于商品议价的操作：首先打开进销存系统点“POS 销售”→“部类信息”→“增加”，输入要议价的商品部类编码如“1001”、部类名称“可乐”，再点“增加”继续新的议价商品。最后保存退出。在前台 POS 中需议价销售时，可以输入议价商品编码“1001”，按部类键“B”，再输入议价金额，再按单价键“D”即可。注意：输入商品部类编码时推荐与该商品基本信息编码中的自定义码一致。

（5）如果销售情况不能在各种报表中正确反映，应该检查是否作了日结处理，可在进销存系统 POS 销售部分点“前台销售日结处理”即可。

实训 4　电子标签综合实训

【实训目标】

- 能够正确运用电子标签完成库内分拣作业；
- 熟练掌握电子标签软件及操作技巧。

【实训内容及要求】

（一）实训内容

作为一名仓储管理员接到一个拣选作业单，根据拣选业务需要进行货品拣选操作，请根据面选单完成电子标签的基础设置及拣选工作。使用 Logis 电子标签软、硬件系统完成操作。

（二）实训要求

（1）能够完成电子标签的基础设置操作。

（2）根据电子标签作业需要，完成拣选操作。

【实训分析】

（一）设备的基本构成和连接

电子标签控制器和电子标签的基本构架，如图 7-61、图 7-62 所示。

①网线；②连接电子标签；③控制器电源线

图 7-61　电子标签控制器

①接控制器；②订单显示标签；③储位电子标签；④结束位电子标签

图 7-62　电子标签

（二）设定控制器的 IP 地址

运行 monitor.exe。

选中 IP Address 下的 IP，单击“Config”进行控制器 IP 地址的设置，如图 7-63、图 7-64 所示。

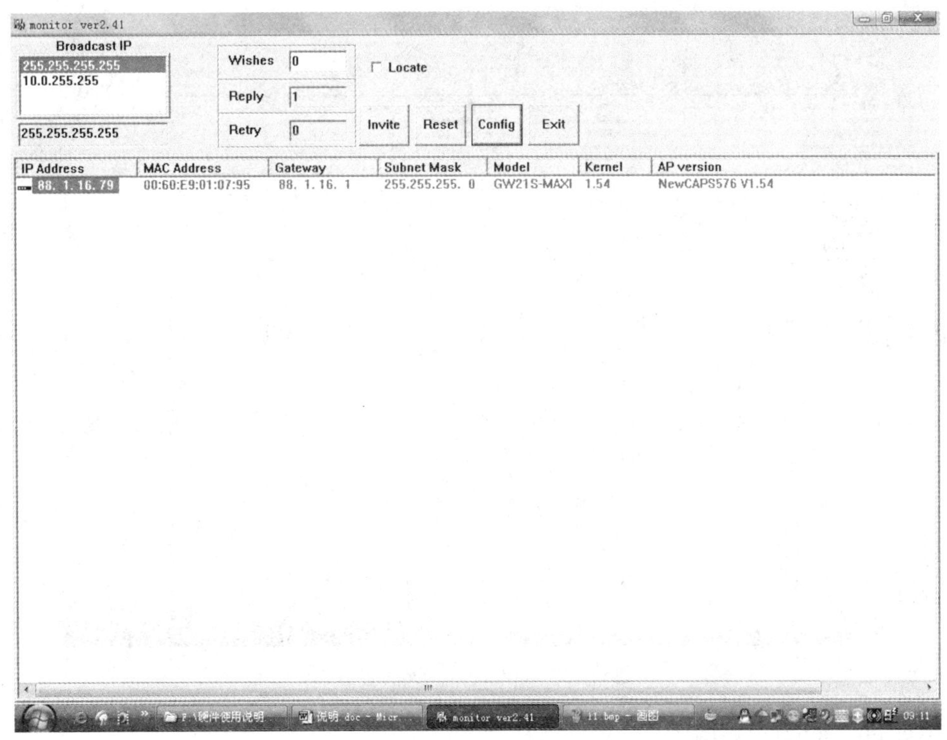

图 7-63　IP 地址的设置 1

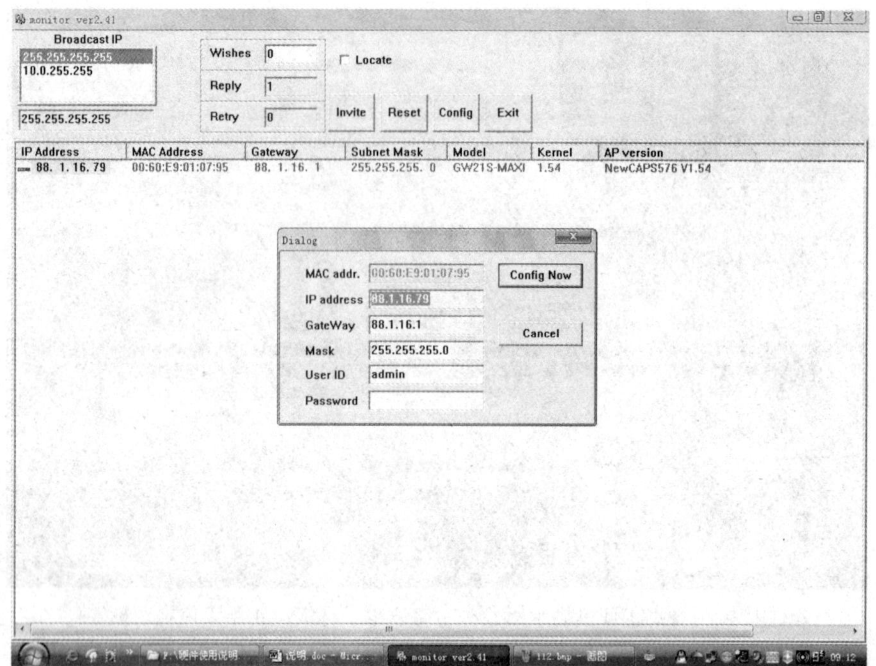

图 7-64　IP 地址的设置 2

（三）设定电子标签地址

修改控制器的 IP 后，对主程序所在路径下的“ipindex”的地址也要进行相应修改，如图 7-65 所示。

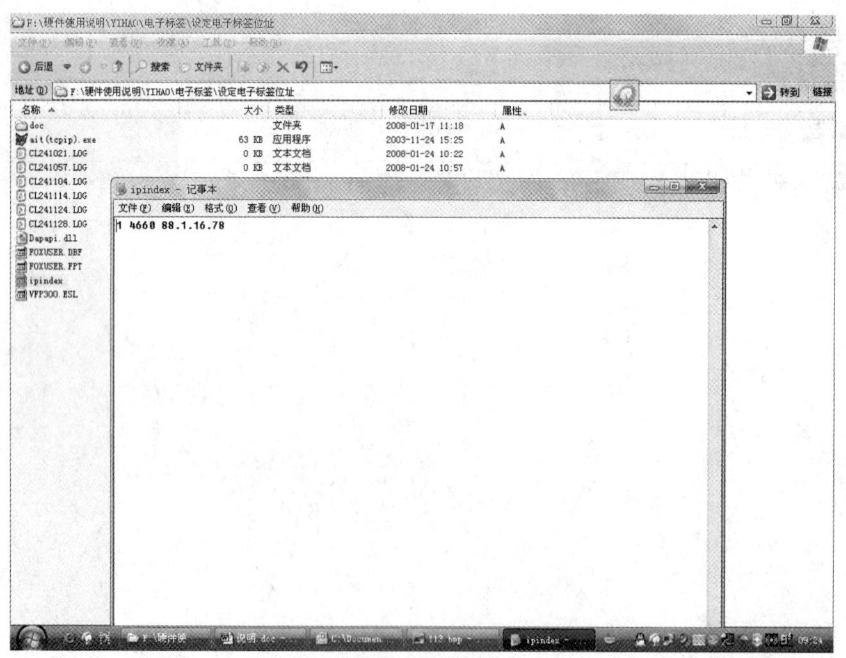

图 7-65　ipindex 地址的设置

再运行 ait（tcpip）.exe。

单击“connecting”，连接成功即可在“Assign node address”右侧的文本框中输入号码，单击“Send”发送电子标签地址，如图 7-66 所示。

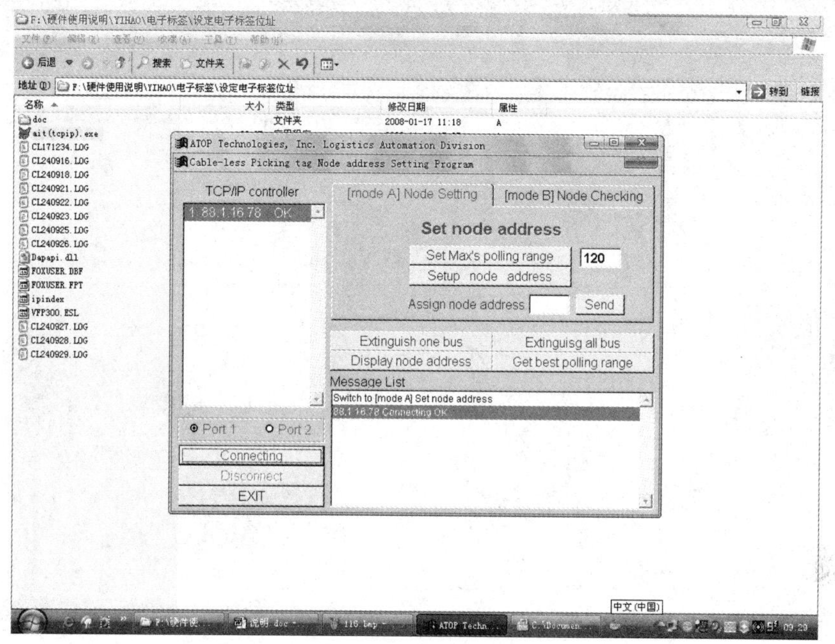

图 7-66 设定电子标签地址

（四）供应链下使用

（1）注册控件：运行 setup.bat，如图 7-67 所示。

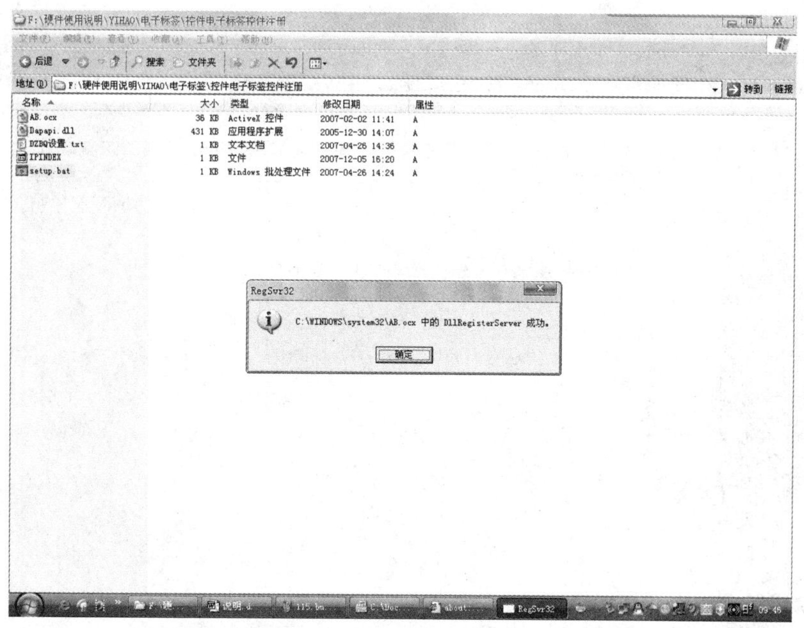

图 7-67 电子标签控件注册

（2）将 ipinex 拷贝到桌面，并配置其中的地址指向电子标签控制器的 IP 地址。注意将订单结束标签的地址设置为 99。

（3）在“仓储管理”系统中设置“电子拣选配置”，如图 7-68 所示。

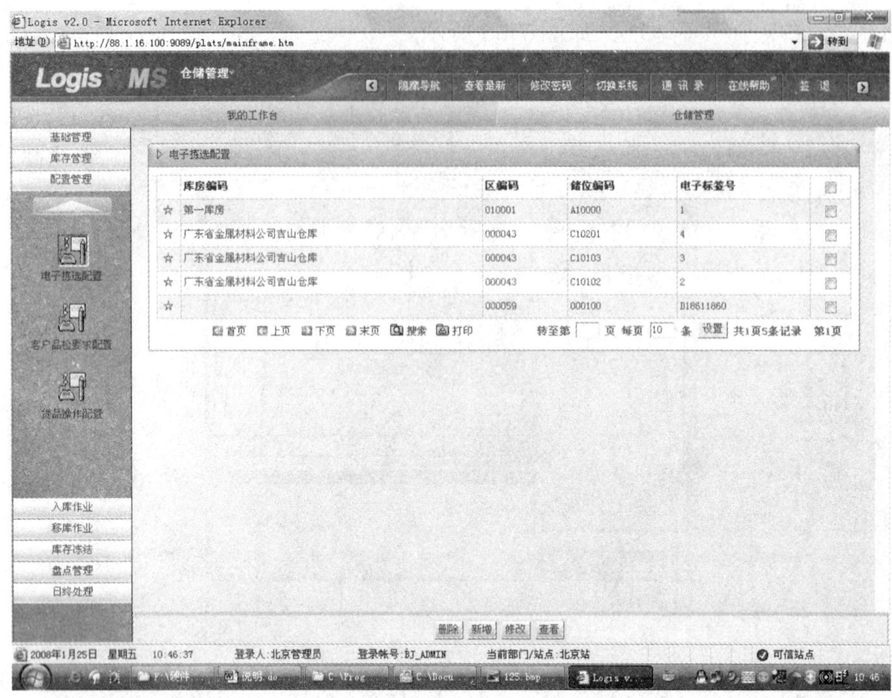

图 7-68 “电子拣选配置”设置

（4）当出入库单进行作业反馈的时候，如果使用的是电子标签库房，可以选择“触发电子标签”，如图 7-69 所示。

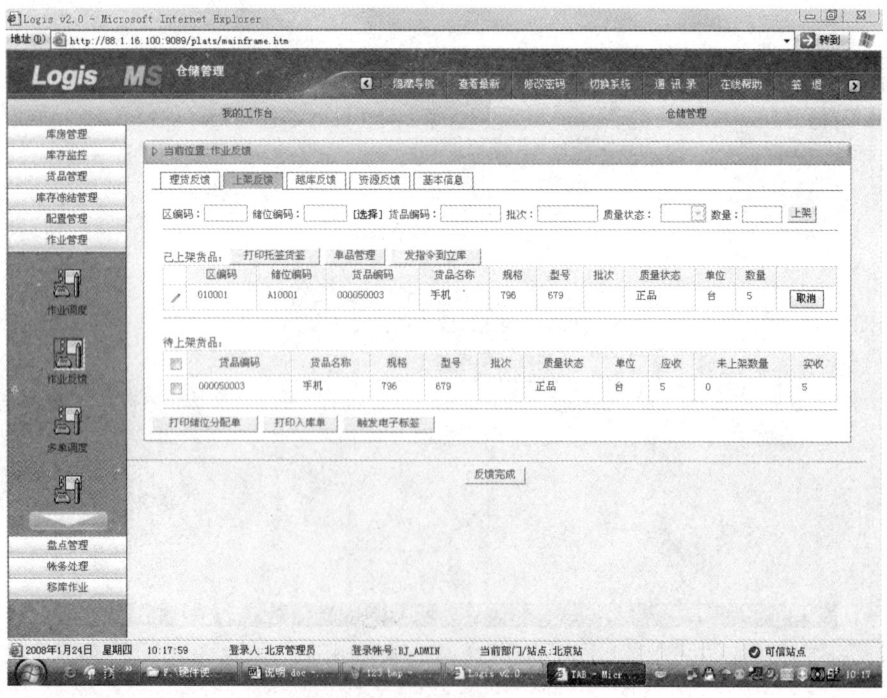

图 7-69 触发电子标签的选择

（5）电子标签的显示，如图 7-70 所示。

图 7-70　电子标签的显示

（6）作业结束，按下电子标签结束位，系统显示如图 7-71 所示。

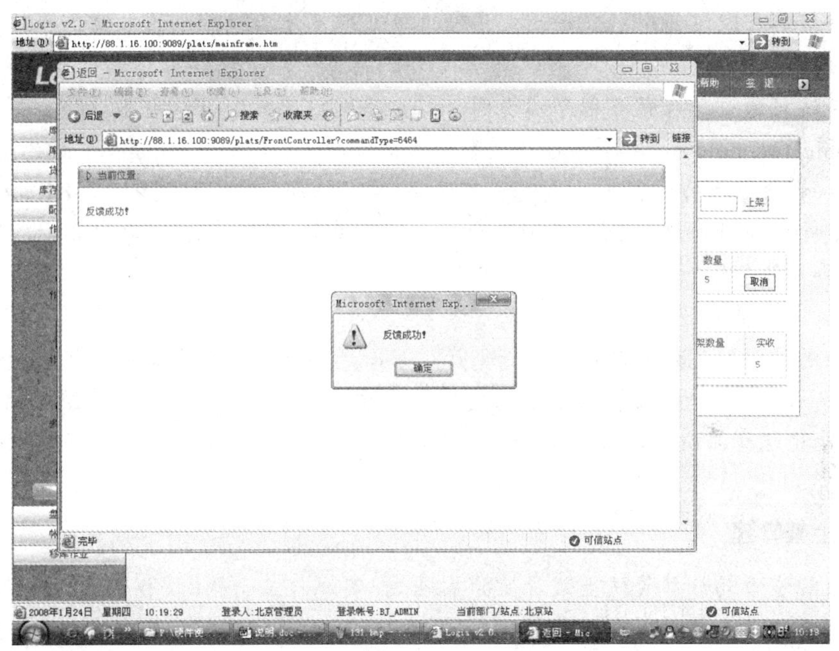

图 7-71　电子标签设置成功

【实训链接】

一、WMS 的支持技术

WMS 系统集成了信息技术、无线射频技术、条码技术、电子标签技术、Web 技术及计算机应用技术等将仓库管理、无线扫描、电子显示、Web 应用有机地组成一个完整的仓储管理系统，从而提高作业效益，实现信息资源充分利用，加快网络化进程。其中的关键技术主要有无线射频技术、电子标签和数据接口技术。因为 WMS 的高效率运作，是以快速、准确、动态地获取货物处理数据作为其系统运行的基础。而 RF 通讯系统使得 WMS 实时数据处理成为可能，从而大大简化了传统的工作流程。在实际应用中，电子标签附着在待识别物体的表面。阅读器可以无接触地读取并识别电子标签中保存的电子数据，从而达到自动识别的目的。通常阅读器和电脑相连，所读取的标签信息被传送到电脑商进行下一步处理。

同时，要使企业有效实施快速响应战略（QR）或有效客户响应战略（ECR）。WMS 能否与企业的资源管理系统（ERP）等实现无缝连接，成为实现这一战略的关键因素，同时也是企业尤其是制造企业在实施供应链管理或物流一体化管理的重要基础。这样就能够在企业资源计划上实现整合规划。

二、WMS 的系统功能

仓库管理系统（WMS）的目的是独立实现仓储管理的各种功能，如：收货、在正确的地点存货、存货管理、订单处理、分拣和配送控制等。WMS 将关注的焦点集中于对仓储执行的优化和有效管理，同时延伸到运输配送计划、和上下游供应商客户的信息交互，从而有效提高仓储企业、配送中心和生产企业的仓库执行效率和生产率，降低成本，提高企业客户的满意度，进而提升企业的核心竞争力。

WMS 一般具有以下几个功能模块：单独订单处理及库存控制、基本信息管理、货物流管理、信息报表、收货管理、拣选管理、盘点管理、移库管理、打印管理和后台服务系统。

WMS 系统可通过后台服务程序实现同一客户不同订单的合并和订单分配，并对基于 PTL（Photographic Technology Laboratory，摄影技术试验所）、RF、纸箱标签方式的上架、拣选、补货、盘点、移库等操作进行统一调度和下达指令，并实时接收来自 PTL、RF 和终端 PC 的反馈数据。整个软件业务与企业仓库物流管理各环节吻合，实现了对库存商品管理实时有效的控制。其主要功能包括：

（一）基本信息管理

WMS 系统可以对包括品名、规格、生产厂家、产品批号、生产日期、有效期和箱包装等商品基本信息进行设置，而且货位管理功能对所有货位进行编码并存储在系统的数据库中，使系统能有效地追踪商品所处位置，也便于操作人员根据货位号迅速定位到目标货位在仓库中的位置。

（二）上架管理

WMS 系统在自动计算最佳上架货位的基础上，实现人工干预，提供已存放同品种的货位、剩余空间，并根据避免存储空间浪费的原则给出建议的上架货位并按优先度排序，操作人员可以直接确认或人工调整。

（三）拣选管理

WMS 系统的拣选模块可以实现位置信息和最优路径选择等指令，根据货位布局和确定拣选指导顺序，系统自动在 RF 终端的界面等相关设备中根据任务所涉及的货位给出指导性路径，避免无效穿梭和商品找寻，提高了单位时间内的拣选量。

（四）库存管理

WMS 系统可以实现自动补货，通过自动补货算法，不仅确保拣选面存货量，也能提高仓储空间利用率，降低货位蜂窝化现象出现的概率。系统能够对货位通过深度分析进行逻辑细分和动态设置，在不影响自动补货算法的同时，有效地提高了空间利用率和控制精度。

三、WMS 系统的优点及应用效益

WMS 系统是一种标准化、智能化过程导向管理的仓库管理软件，能够准确、高效地管理跟踪客户订单、采购订单以及仓库的综合管理。从传统的“结果导向”转变成“过程导向”；从“数据录入”转变成“数据采集”，同时兼容原有的“数据录入”方式；从“人工找货”转变成了“导向定位取货”；同时运用“监控平台”让管理更加高效、快捷。通过条码技术管理过程，使过程精细可控，提升仓储管理质量，为企业带来巨大效益。主要表现在：

（1）数据采集及时、过程精准管理、全自动化智能导向，提高工作效率；

（2）库位精确定位管理、状态全面监控，充分利用有限仓库空间；

（3）货品上架和下架，按先进先出全智能自动分配上下架库位，避免人为错误；

（4）实时掌控库存情况，合理保持和控制企业库存；

（5）通过对批次信息的自动采集，实现了对产品生产或销售过程的可追溯性。

因此，WMS 系统管理从传统的依靠经验管理转变为依靠精确的数据分析管理，从事后管理转变为事中管理、实时管理，加速了周转效率，提升供应链响应速度，必将成为提高企业竞争能力的重要途径。

项目小结

该项目主要说明诸多物流信息管理相关的各类应用，描述各类应用软件的使用方法和操作步骤。熟练掌握这些应用的方法可以便于运用在物流业务操作过程中，达到高效、准确并快捷的管理。

项目考核

一、选择题

1．（　　）是一个实时的计算机软件系统，它能够按照运作的业务规则和运算法则，对信息、资源、行为、存货和分销运作进行更完美地管理，使其最大化满足有效产出和精确性的要求。

A．POS　　B．WMS

C．未来超市　　D．信息流

2．仓储管理系统（WMS）是仓储管理信息化的具体形式，它在我国的应用还处于（　　）阶段。

A．起步　　B．完善

C．成熟　　D．发展

3．（　　）即电子订货系统，指不同组织间利用通信网络和终端设备以在线联结方式进行订货作业与订货信息交换的体系。

A．EOS　　B．POS

C．RFID　　D．WMS

4．（　　）是公共的情报中心，它是通过通信网络让不同机构的计算机或各种连线终端相通，促进情报的收发更加便利的一种共同的情报中心。

A．VAN　　B．WMS

C．EOS　　D．POS

5．（ ）即销售时点信息系统，它包含前台 POS 和后台 MIS 系统两大基本部分。

A．VAN　　B．WMS

C．EOS　　D．POS

二、判断题

1．POS 系统最早应用于军事领域，以后逐渐扩展至金融、旅馆等服务性行业，利用 POS 信息的范围也从企业内部扩展到整个供应链。（ ）

2．后台 MIS（Management Information System）又称管理信息系统。（ ）

3．连锁企业每个店铺的销售时点信息通过 VAN 以在线联结方式即时传送给总部或物流中心。（ ）

三、简答题

1．连锁超市的综合物流中心利用了 WMS 管理库存后，能够解决哪些主要问题？

2．自动分拣的方式有哪些？

四、进阶应用题

小刘作为一家连锁未来超市的仓储配送中心的物流专员。为更好地做好物流仓储配送的本职工作，近期来到一家未来超市进行实际的业务学习。为了尽快让他掌握未来超市的信息化业务操作流程，并熟悉超市内部的系统业务功能。请罗列出未来超市管理中的系统功能模块。

项目考核答案

项目一

一、选择题：1. A 2. C 3. C 4. B 5. A

二、判断题：1. √ 2. × 3. √

三、简答题：

1. 物流信息是指与物流活动（如运输、仓储、装卸、搬运、包装、流通加工和配送）有关的信息。

2. 物流信息系统的层次结构分为：作业层、战术层和战略层。

3. 物流信息的特点有：①信息量大；②更新速度快；③来源广泛；④信息编码趋于标准。

四、进阶应用题：自由发挥，教师点评，略。

项目二

一、选择题：1. C 2. A 3. A 4. A 5. A

二、判断题：1. √ 2. × 3. √

三、简答题：

1. 条形码是由宽度不同、反射率不同的条和空，按照一定的编码规则（码制）编制成的，用以表达一组数字或字母符号信息的图形标识符。

2. 条形码技术在物流中有较为广泛的应用，主要在以下几个方面：

（1）销售信息系统（POS 系统）；

（2）库存系统；

（3）分货拣选系统。

3. 常用的一维码的码制包括：EAN 码、39 码、交叉 25 码、UPC 码、128 码、93 码，ISBN 码，及 Codabar（库德巴码）等。

4. 它具有条码技术的一些共性：每种码制有其特定的字符集；每个字符占有一定的宽度；具有一定的校验功能等。同时还具有对不同行的信息自动识别功能、及处理图形旋转变化等特点。

5. RFID 标签通常由三部分组成：读出器、硅芯片以及相关的天线。

6. 射频识别系统的基本工作流程是（针对无源系统）：读写器通过发射天线发送一定频率的射频信号，当射频卡进入发射天线工作区域时产生感应电流，射频卡获得能量被激活；射频卡将自身编码等信息通过卡内置发送天线发送出去；系统接收天线接收到从射频卡发送到后台主系统进行相关处理；主系统根据逻辑运算判断该卡的合法性，针对不同的设定做出相应的处理和控制，发出指令信号控制执行机构动作。

四、进阶应用题：自由发挥，教师点评，略。

项目三

一、选择题：1. B 2. A 3. A 4. B 5. C

二、判断题：1. √　2. ×　3. √

三、简答题：

1. EDI（Electronic Data Interchange），中文可译为“电子数据交换”。它是一种在公司之间传输订单、发票等作业文件的电子化手段。它通过计算机通信网络将贸易、运输、保险、银行和海关等行业信息，用一种国际公认的标准格式，实现各有关部门或公司与企业之间的数据交换与处理，并完成以贸易为中心的全部过程。

2. EDI 技术实现的是结构化标准报文在计算机应用系统之间的自动交换和处理。其单证处理过程可分为以下四个步骤：①生成 EDI 平面文件；②翻译生成 EDI 标准格式文件；③通信；④EDI 文件的接收和处理。

3. 配送中心引入 EDI 可改善作业流程。如引入 EDI 出货单后可与自己的拣货系统集成，生成拣货单，这样就可以加快内部作业速度，缩短配货时间；在出货完成后，可将出货结果用 EDI 通知客户，使客户及时知道出货情况，也可尽快处理缺货情况。

4. 采购的 EDI 应用；配送中心的 EDI 应用；运输商的 EDI 应用；海关的 EDI 应用；商检的 EDI 应用。

四、进阶应用题：自由发挥，教师点评，略。

项目四

一、选择题：1. A　2. B　3. B　4. A　5. D

二、判断题：1. ×　2. √　3. √

三、简答题：

1. 全球定位系统（Global Positioning System，简称 GPS）是利用空间卫星星座（通信卫星）、地面控制部分及信号接收机对地球上任何地方的用户都能进行全方位导航和定位的系统。

2. GPS 全球卫星定位系统由三部分组成：空间部分——GPS 星座；地面控制部分——地面监控系统；用户设备部分——GPS 信号接收机。

3. GPS 在物流中的应用：

（1）用于汽车自定位、跟踪调度。

（2）用于内河及远洋船队最佳航程和安全航线的测定、航向的实时调度、监测及水上救援。

（3）用于铁路运输管理。

（4）用于空中交通管理、精密进场着陆、航路导航和监视。

（5）用于铁路运输管理。

（6）用于军事物流。

4. 地理信息系统（Geographic Information System ，GIS）是以地理空间数据为基础，采用地理模型分析方法，适时地提供多种空间的和动态的地理信息，是一种为地理研究和地理决策服务的计算机技术系统。

5. GIS 的基本功能：

（1）空间信息查询和分析功能；

（2）可视化功能；

（3）制图功能；

（4）辅助决策功能。

四、进阶应用题：自由发挥，教师点评，略。

项目五

一、选择题：1. D 2. B 3. A 4. B 5. B

二、判断题：1. √ 2. √ 3. ×

三、简答题：

1. 电子商务物流又称网上物流，就是基于互联网技术，旨在创造性地推动物流行业发展的新商业模式；通过互联网，物流公司能够被更大范围内的货主客户主动找到，能够在全国乃至世界范围内拓展业务；贸易公司和工厂能够更加快捷地找到性价比最适合的物流公司；网上物流致力把世界范围内最大数量的有物流需求的货主企业和提供物流服务的物流公司都吸引到一起，提供中立、诚信、自由的网上物流交易市场，帮助物流供需双方高效达成交易。

2. 自动化、信息化、网络化、智能化、柔性化。

四、进阶应用题：

仓配中心信息管理模块分为：系统管理模块、市场管理模块、管理中心模块、仓储管理模块、营运中心模块、配送中心模块、综合查询与统计分析模块等。

项目六

一、选择题：1. A 2. A 3. C 4. C 5. A

二、判断题：1. √ 2. × 3. √

三、简答题：

1. 实时数据库、DB2、Oracle、Informix、Sybase、SQL Server、Access

2. ①使用恶意软件扫描器；②查看内存；③查看开放的端口；④查看网络流量；⑤对付恶意软件的方法。

四、进阶应用题：

字段变量包括：货物、供应商、货主、客户、预先收货通知、收货、上架、质检、补货、物料拣货单、拣配、退库、出库、出库单、采购订单、循环盘点、停仓盘点、承运商、退货、货位、货架区域、作业点、分库、库存等

项目七

一、选择题：1. B 2. A 3. A 4. A 5. D

二、判断题：1. × 2. √ 3. ×

三、简答题：

1. ①配送费率高；②配送差错率高；③收货量波动大；④门店满足度低、作业人员效率低。

2. ①按入库日期“先进先出”拣货；②根据生产日期先后自动分拣；③按照货物批次号自动拣货；④按照货位以某种顺序拣货；⑤按照客户其他特殊要求自动拣货。

四、进阶应用题：

①网上购物系统；②会员管理系统；③购物车导购系统；④电子货架系统；⑤超市进销存系统；⑥结账系统；⑦银行系统。

参考文献

[1] 欧阳文霞．物流信息系统[M]．北京：机械工业出版社，2005．
[2] 林自葵，刘建生．物流信息管理[M]．北京：机械工业出版社，2006．
[3] 王少愚．物流管理信息系统[M]．北京：中国劳动社会保障出版社，2006．
[4] 方轮．物流信息技术与应用[M]．广州：华南理工大学出版社，2006．
[5] 张铎，王新培．电子商务物流管理案例评析[M]．北京：高等教育出版社，2006．
[6] 张成海，张铎．现代自动识别技术与应用[M]．北京：清华大学出版社，2007．
[7] 叶萍，孙丽芳．物流信息技术与信息系统[M]．北京：电子工业出版社，2007．
[8] 宋文官．电子商务概论[M]．北京：清华大学出版社，2007．
[9] 杜学森．物流管理[M]．北京：中国铁道出版社，2008．
[10] 周旻．物流信息技术[M]．北京：科学出版社，2008．
[11] 张谦，张铎．现代物流与自动识别技术[M]．北京：中国铁道出版社，2008．
[12] 白丽君，彭扬．物流信息系统分析与设计[M]．北京：中国物资出版社，2009．
[13] 张劲珊．物流信息技术应用[M]．北京：清华大学出版社 2009．
[14] 翁心刚．第三方物流实务：信息系统与业务实训[M]．北京：中国物资出版社，2009．
[15] 张成海，张铎，张志强．条码技术与应用（高职高专分册）[M]．北京：清华大学出版社，2010．
[16] 鲍吉龙，江锦祥．物流信息技术[M]．北京：机械工业出版社，2010．
[17] 宋文官．物流基础（第 2 版）[M]．北京：高等教育出版社，2010．
[18] 蔡淑琴，夏火松，梁静．物流信息系统（第 3 版）[M]．北京：中国物资出版社，2010．
[19] 王世文．物流管理信息系统（第 2 版）[M]．北京：电子工业出版社，2010．
[20] 王爽．现代物流基础（第二版）[M]．北京：首都经济贸易大学出版社，2011．
[21] 王爽，翟玲．零售物流管理[M]．北京：首都经济贸易大学出版社，2011．
[22] 张铎．物流标准化教程[M]．北京：清华大学出版社，2011．
[23] 王晓平．物流信息技术[M]．北京：清华大学出版社，2011．
[24] 牛东来．现代物流信息系统[M]．北京：清华大学出版社，2011．
[25] 中国物流与采购联合会．中国物流与采购信息化优秀案例集[M]．北京：中国物资出版社，2011．
[26] 中国物流与采购网（http://www.chinawuliu.com.cn）．
[27] 董丽华．RFID 技术与应用[M]．北京：电子工业出版社，2008．
[28] 刘云浩．物联网导论[M]．北京：科学出版社，2011．